高齢者の介護・地域活動に使える

# 福祉イラストカット CD-ROM

佐久間ちかこ 著

マール社

**ポスター・案内・お知らせ・お便り・名札……**
**アイディア次第でいろいろな使い方ができます**

### カラーデータをプリントして作る
## お知らせや案内・葉書など

P18「4_02_J」・「4_12_J」

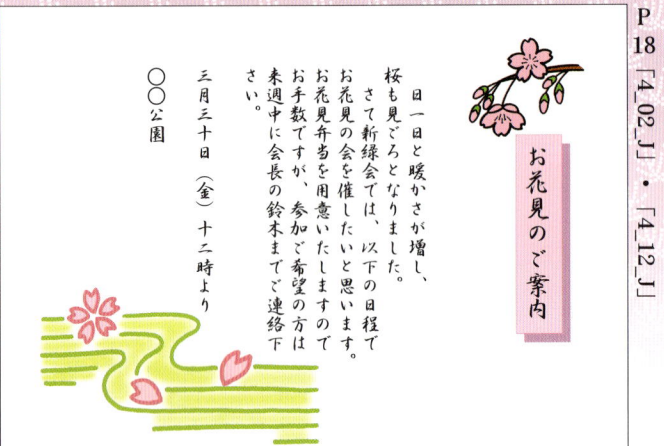

P67「syumi_25_J」

カラオケ大会

日時：10月12日（水）
　　　10：00〜
場所：○×会館
申し込み：参加希望者は、
　　　　　10月1日までに
　　　　　連絡下さい
　　　　　（担当：山田）

なお、飛び入り参加も可能ですので
ぜひ足をお運び下さい。

P26「6_03_J」／P29「6_59b_J」

P33「7_64a_J」
P66「syumi_03_J」・「syumi_04_J」

P54「1_17_J」／P75「moji_02_J」

P69「kenko_33a_J」　P69「kenko_35_J」

インフルエンザの
予防接種を
受けましょう。

12月半ばまでに受けることを
お勧めします。予防接種は流
行し始めてから受けても効果
は期待できません。

## 厚紙にプリントして
## 便利な名札

ミニ囲み罫を入れた名札を洗濯バサミでちょっと留めるだけで、荷物や靴の間違いを防ぐことができます。

P76「kei_04a_J」
P76「kei_26_J」

協力：東京靴流通センター

## 白黒データをプリントしてコピー
## 配布するお便り

P82「4_15_B」・「4_16_B」／P83「4_28_B」
P84「4_40_B」

パソコンはちょっと苦手という方は、ページをコピーして手書き原稿に張り付けましょう。完成した原稿をコピーして配ると便利です。

## ページをそのままコピーして作る
## 手書きのお便り

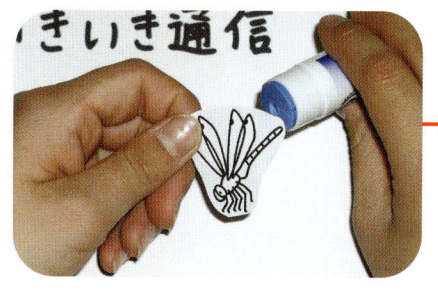

P129「9_31_B」・「9_34_B」・「9_43_B」
P131「9_53_B」

## GIFデータを使って作る
## 簡単ホームページ

P68「kenko_23_G」／P73「hana_58_G」／P77「kei_32_G」

P70「sigoto_09_G」・「sigoto_21_G」
P76「kei_02a_G」・「kei_02b_G」・「kei_02c_G」

## 目次

- ◆CD-ROMについて ……P5
- ◆本の使い方 ……P5
- ◆CD-ROMはどこ？ ……P6
- ◆CD-ROMの中は？ ……P7

**JPGデータを ワードで使ってみましょう**
- ・画像を挿入する ……P8
- ・画像の移動・拡大・縮小 ……P9
- ・画像の回転・反転 ……P10
- ・背景を透明にする ……P11
- ・トリミング ……P11
- ・文字を入力する ……P12

**GIFデータを ホームページビルダーで使ってみましょう**
- ・画像を挿入する ……P14
- ・背景に色を入れる ……P15
- ・壁紙に使う ……P16

| | | カラー | 白黒 |
|---|---|---|---|
| 卯月（四月） | カット（春の花／春の生き物／新メンバー／交通安全／お花祭り／緑の募金／春のイメージ）<br>囲み罫／飾り罫 | P18-19<br>P20-21 | P82-84<br>P84-90 |
| 皐月（五月） | カット（端午の節句／竹の子／愛鳥週間／新緑／新茶／三社祭／行楽／スズラン／母の日）<br>囲み罫／飾り罫 | P22-23<br>P23-25 | P91-92<br>P93-100 |
| 水無月（六月） | カット（梅雨／虫歯予防デー／さくらんぼ／桃／時の記念日／衣替え／習い事始め／父の日／水芭蕉）<br>囲み罫／飾り罫 | P26-27<br>P28-29 | P101-103<br>P103-108 |
| 文月（七月） | カット（七夕／夏の食べ物／螢／初夏のイメージ／夏の花／海／海の生き物）<br>囲み罫／飾り罫 | P30-31<br>P31-33 | P109-110<br>P111-118 |
| 葉月（八月） | カット（夏祭り／夏のイメージ／花火／終戦記念日／お盆／海水浴）<br>囲み罫／飾り罫 | P34-35<br>P35-37 | P119-120<br>P121-127 |
| 長月（九月） | カット（月見／防災の日／動物愛護週間／敬老の日／秋の味覚／収穫／彼岸／秋の花／秋の虫）<br>囲み罫／飾り罫 | P38-39<br>P40-41 | P128-130<br>P130-135 |
| 神無月（十月） | カット（運動会／目の愛護デー／コスモス／きのこ／さつま芋／木の実／ハロウィン）<br>囲み罫／飾り罫 | P42-43<br>P43-45 | P136-137<br>P138-145 |
| 霜月（十一月） | カット（七五三／芸術の秋／読書／酉の市／紫綬勲章／菊／勤労感謝の日／風邪予防／焼き芋／落ち葉）<br>囲み罫／飾り罫 | P46-47<br>P47-49 | P146-147<br>P147-154 |

| | | カラー | 白黒 |
|---|---|---|---|
| 師走（十二月） | カット（クリスマス／冬至／大掃除／もちつき／年越し）<br>囲み罫／飾り罫 | P50-51<br>P51-53 | P154-156<br>P157-165 |
| 睦月（一月） | カット（お正月／お正月の遊び／七草／福寿草／成人式／梅／七福神／干支）<br>囲み罫／飾り罫 | P54-56<br>P56-57 | P166-168<br>P169-174 |
| 如月（二月） | カット（雪／うがい／ウィンタースポーツ／火の用心／バレンタイン／節分／立春／初春の花）<br>囲み罫／飾り罫 | P58-59<br>P59-61 | P175-176<br>P177-183 |
| 弥生（三月） | カット（彼岸／桃の節句／旅立ち／啓蟄／つくし／耳の日／すみれ）<br>囲み罫／飾り罫 | P62-63<br>P63-65 | P184-185<br>P185-191 |
| 趣味 | カット（趣味／娯楽） | P66-67 | P192-193 |
| 健康 | カット（健康／安全）<br>囲み罫／飾り罫 | P68-69<br>P69 | P194-196<br>P196-197 |
| 仕事 | カット | P70 | P198 |
| 歌 | カット | P71 | P199-200 |
| 花 | カット | P72-73 | P201-203 |
| 祝 | カット（長寿祝い／誕生祝い） | P74 | P204-205 |
| 文字 | カット（年賀／クリスマス／暑中・寒中お見舞い／タイトル文字） | P75 | P205-207 |
| 罫 | ミニ囲み罫／飾り罫／万能罫 | P76-80 | P208-221 |
| 塗り絵 | | なし | P222-223 |

## 付属のCD-ROMについて

付属のCD-ROMは画像データを収録した素材集です。**インストールして使うものではありません。**使うときにCDを挿入し、画像を開いてください。何度も使いたいお気に入りの素材や加工して使いたい素材はパソコンにコピーしておくと便利です（ウィンドウズの場合はデスクトップに画像をドラッグ、マッキントッシュの場合はデスクトップにoption＋ドラッグでコピーできます）。

収録してある素材を開くためには、画像を扱うことのできるソフトが必要です。Microsoft Word（ワード）、一太郎、アップルワークスなどが代表的なソフトですが、年賀状作成ソフトなどもほとんどが画像を扱えます。

### このCD-ROMが使えるパソコン
Windowsマシン／Macintosh

### データ形式
● **プリント用データ（カラー＆白黒）**

| カラーデータ | 白黒データ |
|---|---|
| JPEG形式 | JPEG形式 |
| 200dpi | 200dpi |
| RGBフルカラー | グレースケール |

● **ネット用データ（カラーのみ）**
GIF形式／72dpi／インデックスカラー

## 本の使い方

付録のCD-ROMには同じイラストがカラー（JPG&GIF)と白黒（JPG）で各1400点、**合計約4200点収録**されています。そして、そのイラストはすべて本にもカラーと白黒で収録されています。

本書は画像データを探すときのカタログのように使うこともできますし、コピー機を使ってページをコピーし、切り貼りして使うこともできます。

●**本の見方**…本には以下のように「データの場所」や「ファイル名」が書かれています。

JPGデータのファイル名です。プリントして使う場合に便利です。パソコンの設定によっては「.jpg」という拡張子がファイル名の後につくこともあります。

GIFデータのファイル名です。ホームページなど、インターネットで使う場合に便利です。パソコンの設定によっては「.gif」という拡張子がファイル名の後につくこともあります。

同じイラストで白黒を探す場合は、このページを見てください。白黒のファイル名には、カラーのファイル名の「_J」や「_G」の代わりに「_B」がつきます。また、パソコンの設定によってはその後にさらに「.jpg」という拡張子がつくこともあります。

JPGデータが入っているフォルダを表します。この場合はCD－ROMの中の「カラーJPG」フォルダの中にある「01_4月_J」フォルダに入っています。

GIFデータが入っているフォルダを表します。この場合はCD－ROMの中の「カラーGIF」フォルダの中にある「01_4月_G」フォルダに入っています。

## CD-ROMはどこ？

### ウィンドウズ → CD-ROMはマイコンピュータの中です

❶ パソコンを立ち上げ、本書の巻末に付いているCD-ROMを入れます。

※本書では、すべてウィンドウズXPの画面を使って説明しています。

❷ 画面左下の「スタート」から「マイコンピュータ」を選択します。
デスクトップにある「マイコンピュータ」のアイコンをダブルクリックして開くこともできます。

### ウィンドウズXPの注意

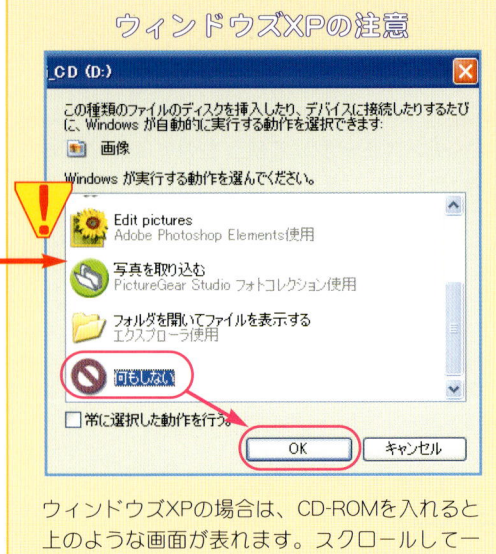

ウィンドウズXPの場合は、CD-ROMを入れると上のような画面が表れます。スクロールして一番下の「何もしない」を選択し、「OK」をクリックしてください。

❸ マイコンピュータの中に「fukusi_CD」という名前でCDが表示されています。

### ※ウィンドウズ98/2000/Meの注意

CD-ROMからコピーした素材は「読み取り専用」になっています。加工して上書き保存したい場合は、コピーした素材の上で「右クリック」し、「プロパティ」を選択します。「プロパティ」ウィンドウが表示されたら、「読み取り専用」のチェックをはずしてください。

### マッキントッシュ → CD-ROMはデスクトップ上です

CD-ROMを入れると、デスクトップに花のアイコンと「fukusi_CD」という名前でCD-ROMが表示されます。
※「Finder」の設定によっては、HDの中に表示されることもあります。

# CD-ROMの中は？

## 「fukusi_CD」CD-ROMを開いてみましょう。

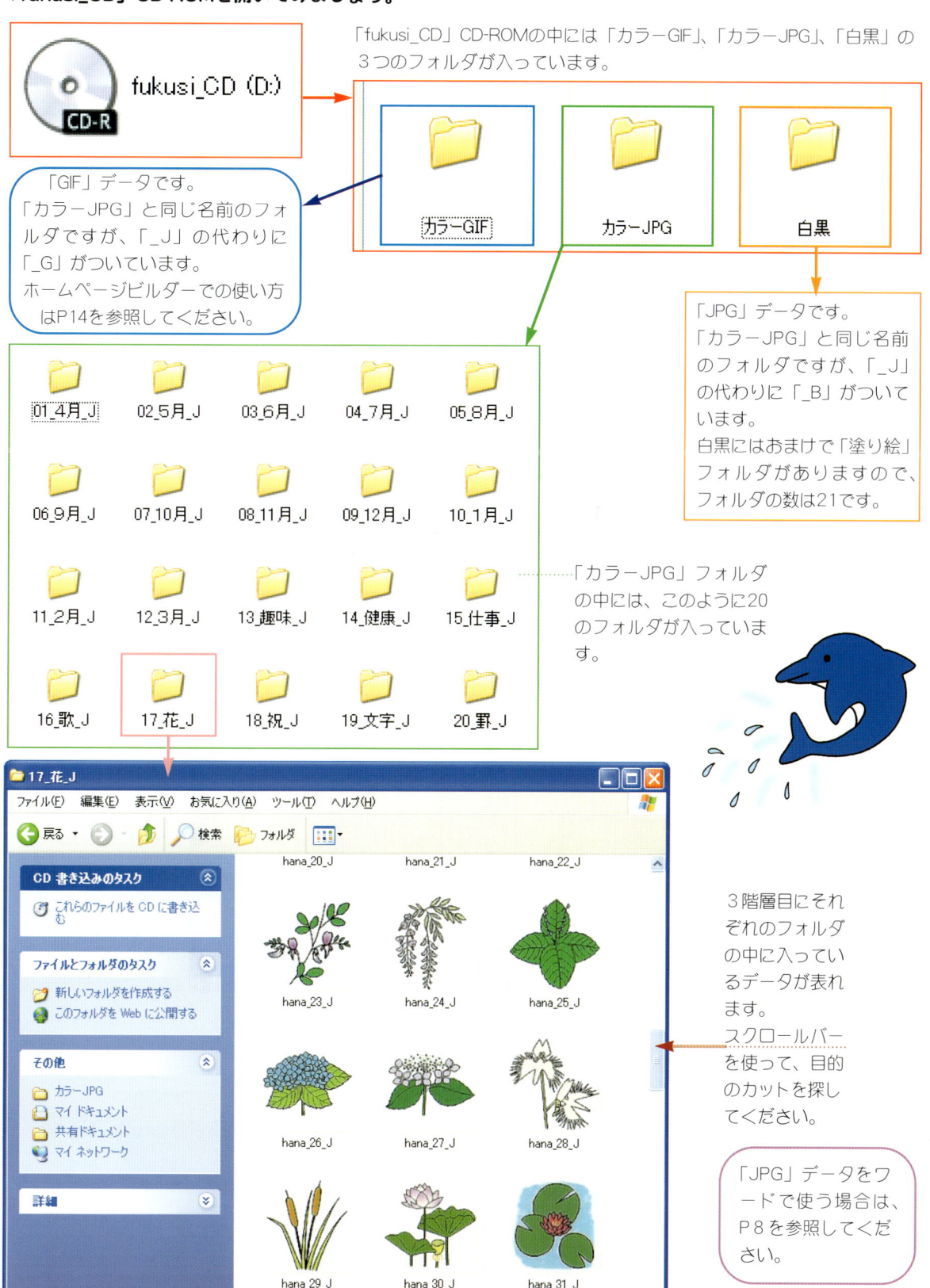

「fukusi_CD」CD-ROMの中には「カラーGIF」、「カラーJPG」、「白黒」の3つのフォルダが入っています。

「GIF」データです。
「カラーJPG」と同じ名前のフォルダですが、「_J」の代わりに「_G」がついています。
ホームページビルダーでの使い方はP14を参照してください。

「JPG」データです。
「カラーJPG」と同じ名前のフォルダですが、「_J」の代わりに「_B」がついています。
白黒にはおまけで「塗り絵」フォルダがありますので、フォルダの数は21です。

「カラーJPG」フォルダの中には、このように20のフォルダが入っています。

3階層目にそれぞれのフォルダの中に入っているデータが表れます。
スクロールバーを使って、目的のカットを探してください。

「JPG」データをワードで使う場合は、P8を参照してください。

# JPGデータを ワードで使ってみましょう

**JPGはプリントに適したデータです**

## 画像を挿入する

**①** CD-ROMを挿入します。
ワードを立ち上げ、文書を用意します。

**②** メニューバーから「挿入」を選択します。

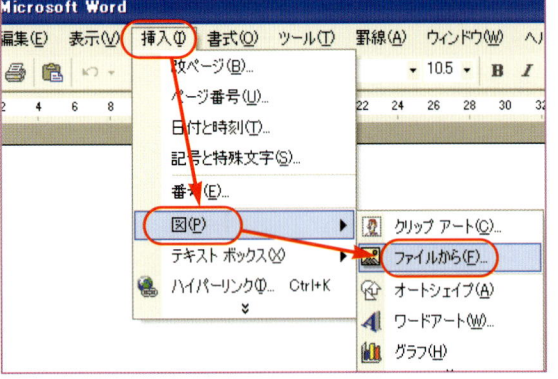

「挿入」のサブメニューから、「図」→「ファイルから」の順に選択していきます。

**③** 「図の挿入」ウィンドウで「fukusi_CD」のCD-ROMを選択します。

▼をクリックすると「マイコンピュータ」が見つかります。

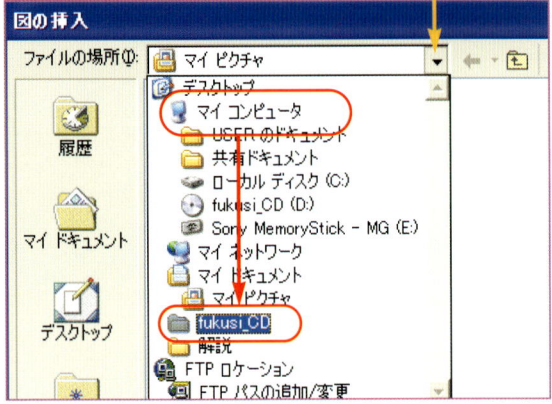

「マイコンピュータ」→「fukusi_CD」の順に選択してください。

ワードの詳しい使い方は、ワードについているマニュアルをご覧ください。

**④** 本から選んだカットのデータがあるフォルダをダブルクリックして開いていきます。
ここでは、P38の「9_05_J」のカットを挿入します。

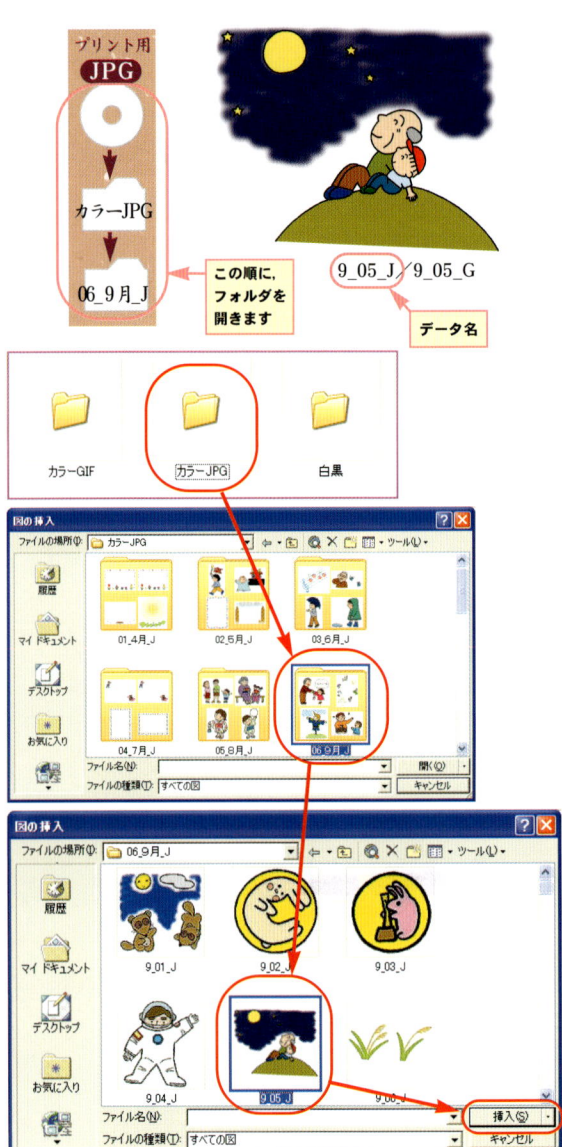

選んだ画像が見つかったら、選択して「挿入」をクリックします。

**⑤** ワードの文書に、選んだカットが挿入されました。

### 画像の移動・拡大・縮小

**❶** 挿入した画像は行内に組み込まれています。

挿入した画像をクリックすると、このような枠がつきます。この枠は画像が行内（文字の中）に組み込まれていることを表します。この状態では、自由に画像を動かすことができません。

**❷** 自由に動かすために「図の書式設定」をします。

画像の上で「右クリック」し、現れたメニューから「図の書式設定」を選択します。

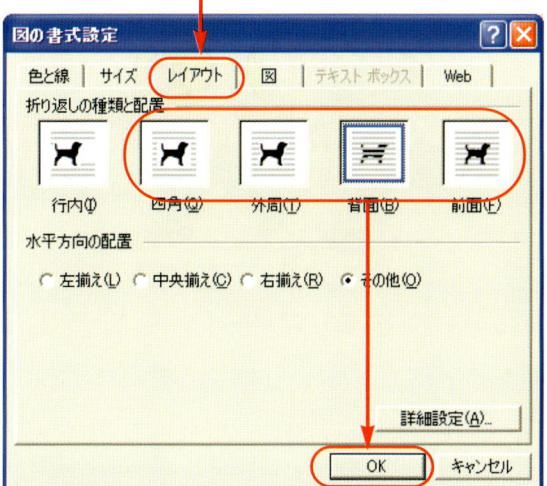

「図の書式設定」ウィンドウが開きました。
レイアウトタブで「行内」以外を選択し、「OK」をクリックします。
上に文字などをのせる場合は「背面」を選択するとよいでしょう。

**❸** 画像が自由に動かせるようになりました。

画像の枠が「○」に替わりました。これで画像は自由に動かせます。

ワードのバージョンによっては、「□」がつくこともあります。

#### 画像の移動

画像の上にポインタをのせると、ポインタが「✥」に変わります。ドラッグして画像を移動します。

#### 画像の拡大・縮小

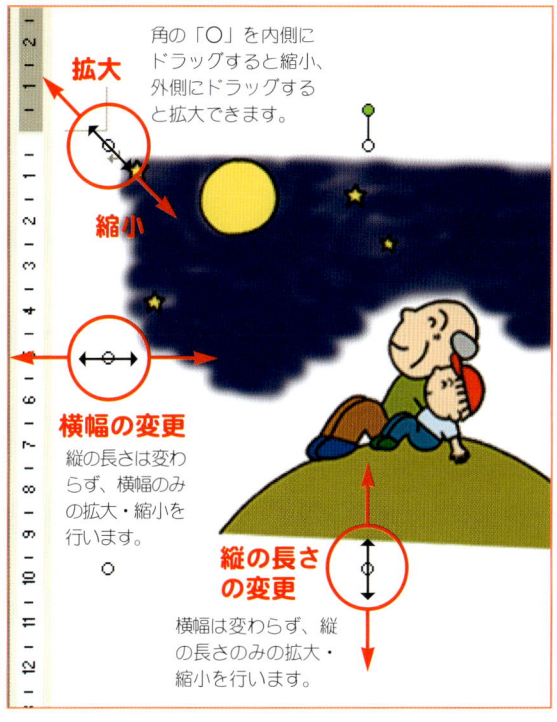

角の「○」を内側にドラッグすると縮小、外側にドラッグすると拡大できます。

**拡大／縮小**

**横幅の変更**
縦の長さは変わらず、横幅のみの拡大・縮小を行います。

**縦の長さの変更**
横幅は変わらず、縦の長さのみの拡大・縮小を行います。

## 画像の回転・反転

前ページの ❶ ～ ❸ を参考にして画像を自由に動かせるようにしてから、画像を選択しておきます。

### 画像の回転

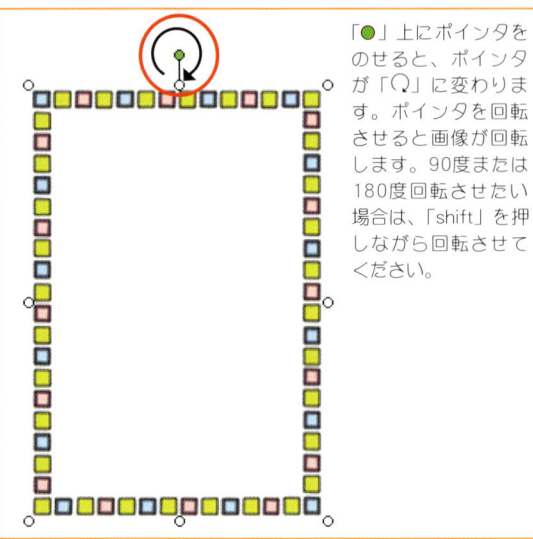

「●」上にポインタをのせると、ポインタが「↻」に変わります。ポインタを回転させると画像が回転します。90度または180度回転させたい場合は、「shift」を押しながら回転させてください。

「●」が出ないバージョンや90度回転させたい場合はメニューから回転を行います。

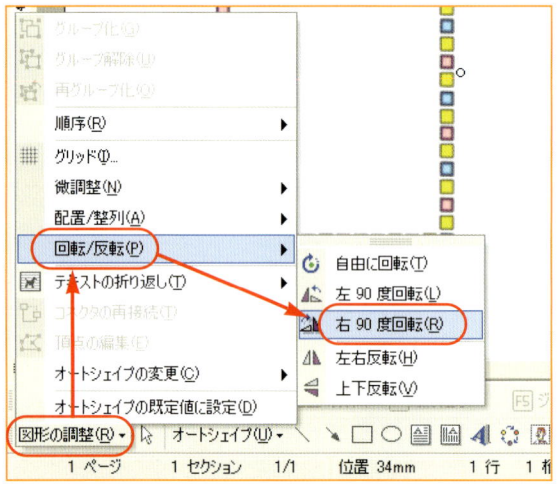

「図形の調整」→「回転／反転」の順に選択し、サブメニューから「左90度回転」または「右90度回転」を選択してください。

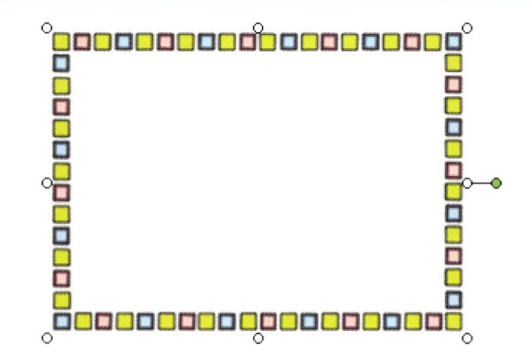

横長の罫になりました。

### 画像の反転

左向きのイラストです。

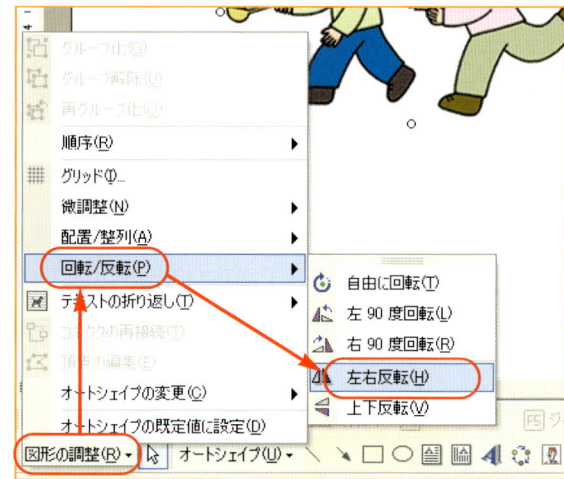

「図形の調整」→「回転／反転」の順に選択し、サブメニューから「左右回転」を選択してください。

右向きのイラストになりました。

⚠ このイラストを見るとわかるように、左右反転するとスプーンを持つ手が左手になります。このイラストでしたらそれほど気になりませんが、「食事」、「字を書いているもの」、「文字が入っているもの」、「和服など合わせが逆になると困るもの」には向きません。

※「図形の調整」がみつからない場合は、メニューバーから「表示」→「ツールバー」→「図形描画」の順に選択すると表示されます。

### 背景を透明にする

**❶** 挿入された画像は四角形で、白い背景がついています。

そのため、画像や図形などの上に画像を重ねた場合はこのように白い背景が残ってしまいます。

**❷** 「透明な色に設定」ツールを選択し、背景をクリックします。

「図」のツールバーから「透明な色に設定」ツールを選択します。

※ツールバーが表示されていない場合は、メニューバーから「表示」→「ツールバー」→「図」の順に選択すると表示されます。

ポインタがこのように替わったら背景をクリックします。

**❸** 背景が透明になり、きれいに重なりました。

### 注意

このツールは選択した色を透明にします。ですから、白である背景を選択した場合、背景以外にも白があると、その部分も透明になります。

背景の四角を透明にしようと思いクリックしたのですが、雪やうさぎも透明になってしまいました。

### トリミング

画像を選択し、「図」のツールバーから「トリミング」ツールを選択します。

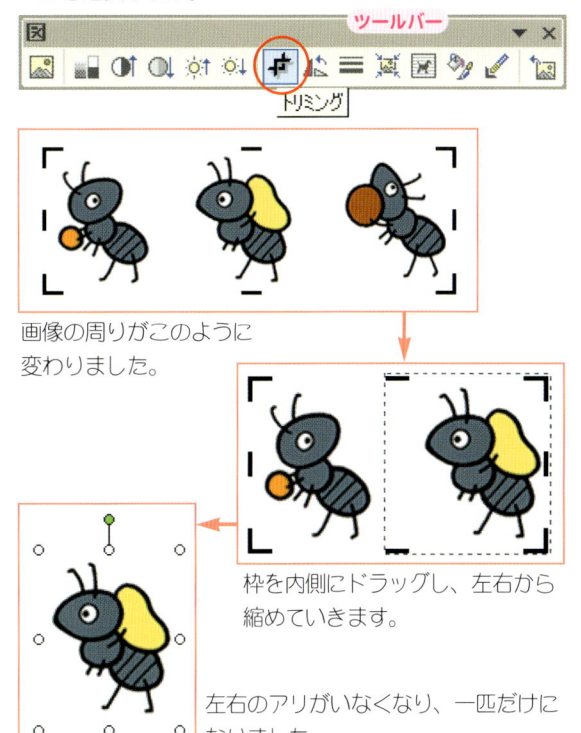

画像の周りがこのように変わりました。

枠を内側にドラッグし、左右から縮めていきます。

左右のアリがいなくなり、一匹だけになりました。

## 文字を入力する

❶ 画像の上に文字をのせるなど、自由にレイアウトしたい場合は「テキストボックス」を使うと便利です。

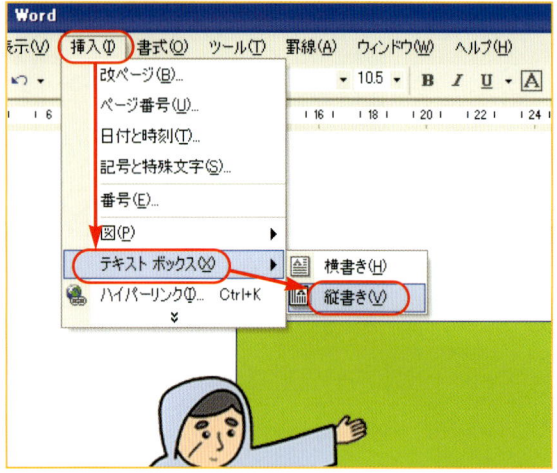

メニューバーの「挿入」を選択し、サブメニューから「テキストボックス」→「横書き」または「縦書き」の順に選択していき「テキストボックス」を挿入します。ここでは「縦書き」を選択しました。

❷ ポインタがこのように替わったら、文字を入れたいところで対角線を書くようにドラッグします。

画像の上に「テキストボックス」が挿入されました。このボックスは画像同様、大きさや位置を後で変更することができますので、適当でOKです。

❸ 「テキストボックス」に文字を入力します。

## 文字枠をなくす

❶ 「テキストボックス」の選択をはずしてみてください。「テキストボックス」にはこのように、白窓と黒い枠線が入っているのがわかります。この白窓と黒い枠線をなくします。

「テキストボックス」の枠の上でダブルクリックすると「テキストボックスの書式設定」ウィンドウが開きます。

「色と線」タブを選択するとこのようなウィンドウになります。

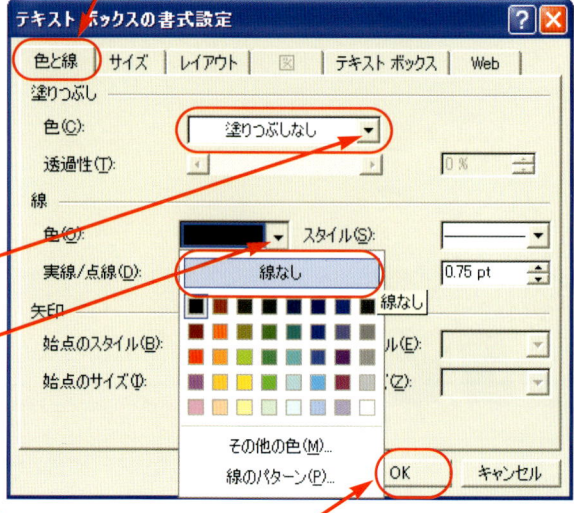

白窓を透明にするには、この▼をクリックして「塗りつぶしなし」を選択してください。

枠の線をなくすには、この▼をクリックして現れたカラーパレットから「線なし」を選択してください。

ここでは枠線をなくし、中を透明にしましたが、色を選択すればいろいろなアレンジができます。

設定が完了したら「OK」をクリックしてください。

❷ 白窓と枠線がなくなりました。

## 文字の書体・サイズ・色を変える

❶ 文字の書体やサイズ、色などを変更します。

文字の書体や大きさ、色などを「書式設定」のツールバーで変更します。
変更したい文字をドラッグして選択し、「書式設定」のツールバーで文字の書体・サイズ・色などを変更します。

▼をクリックするといろいろな書体や大きさが表示されます。

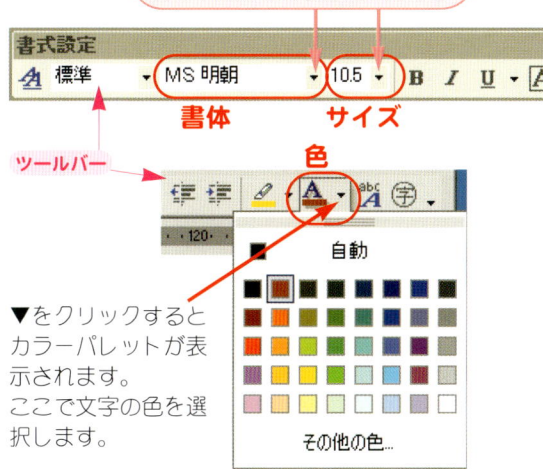

▼をクリックするとカラーパレットが表示されます。
ここで文字の色を選択します。

※ツールバーが表示されていない場合は、メニューバーから「表示」→「ツールバー」→「書式設定」の順に選択すると表示されます。

❷ 文字の書体、サイズ、色が変更されました。

## テキストボックスの変更

❶ 「テキストボックス」を拡大・縮小・移動して調節します。

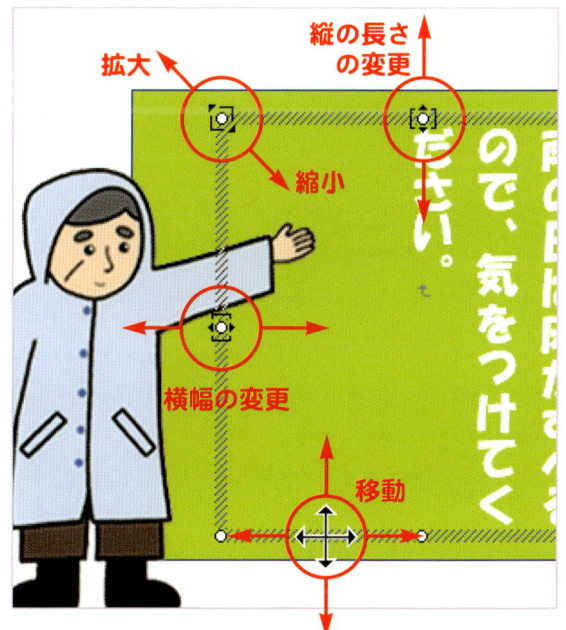

枠の上でクリックしてテキストボックスを選択し、枠をドラッグすると移動し、角の「○」をドラッグすると拡大・縮小できます。

❷ 完成です。

# GIFデータを
## ホームページビルダーで使ってみましょう

**GIFはインターネットに適したデータです**

### 画像を挿入する

**❶** CD-ROMを挿入します。
ホームページビルダーを立ち上げ、画像を貼り付けたいページを開きます。

※ここでは簡単な「どこでも配置モード」で解説しています。「標準モード」の場合は画像を貼り付けたい位置にカーソルを移動させておきます。

**❷** ナビメニューバーから「画像ファイルの挿入」→「ファイルから」を選択します。

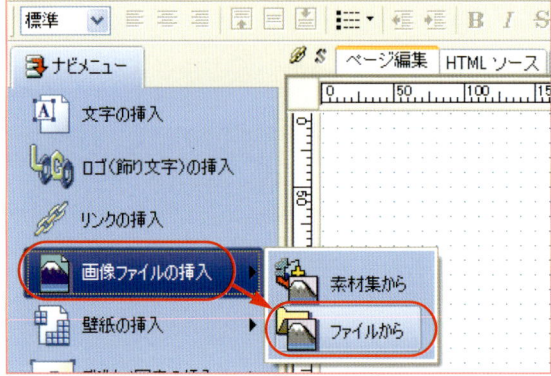

**❸** 「開く」ウィンドウで「fukusi_CD」のCD-ROMを選択し、「開く」をクリックします。

▼をクリックすると「マイコンピュータ」の中にある「fukusi_CD」が見つかります。

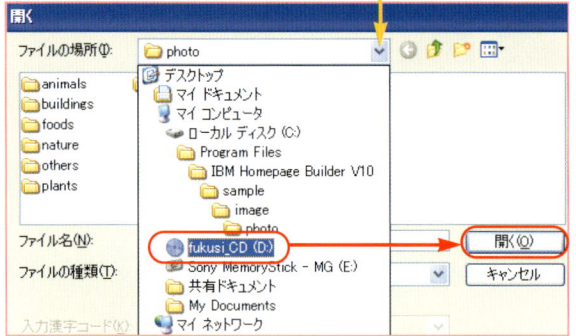

> ホームページビルダーの詳しい使い方は、ホームページビルダーについているマニュアルをご覧ください。

**❹** 本から選んだカットのデータがあるフォルダをダブルクリックして開いていきます。
ここでは、P46の「11_25_G」のカットを挿入します。

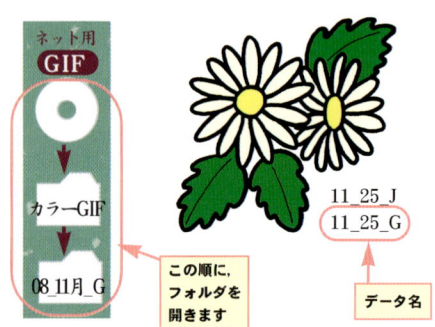

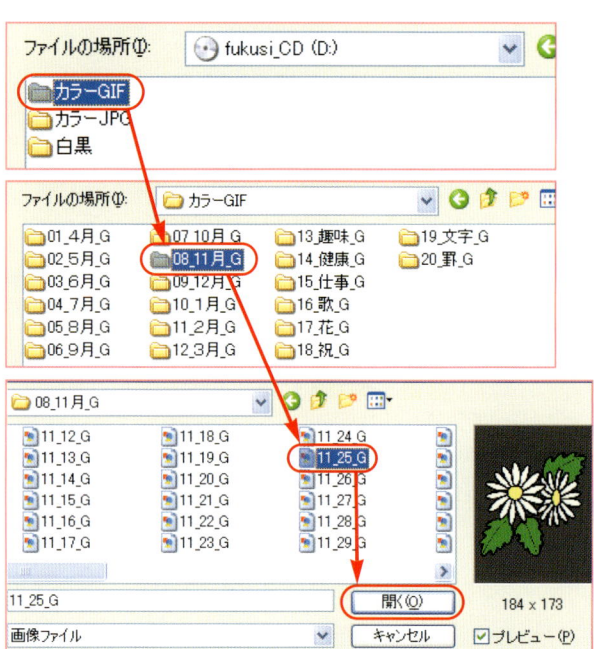

選んだ画像が見つかったら、選択して「挿入」をクリックします。

**❺** ホームページビルダーのページに、選んだカットが挿入されました。

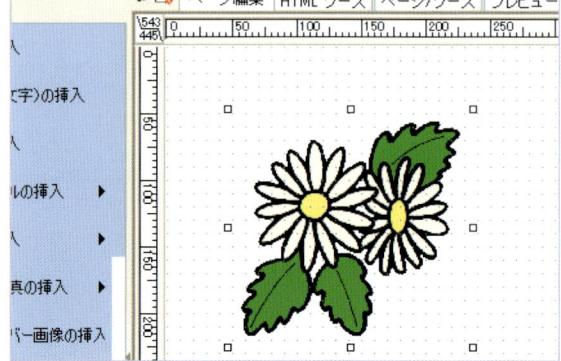

「どこでも配置モード」は自由に画像を動かすことができます。

## 画像の移動

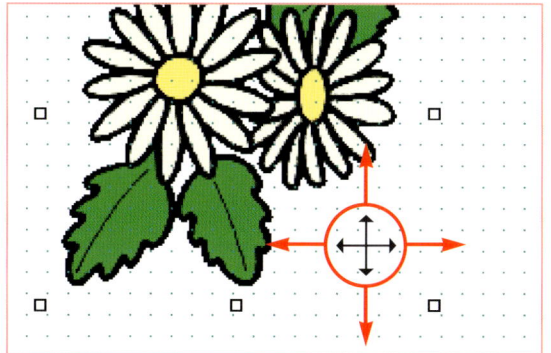

画像の上にポインタをのせると、ポインタが「┼」に変わります。ドラッグして画像を移動します。

## 画像の拡大・縮小

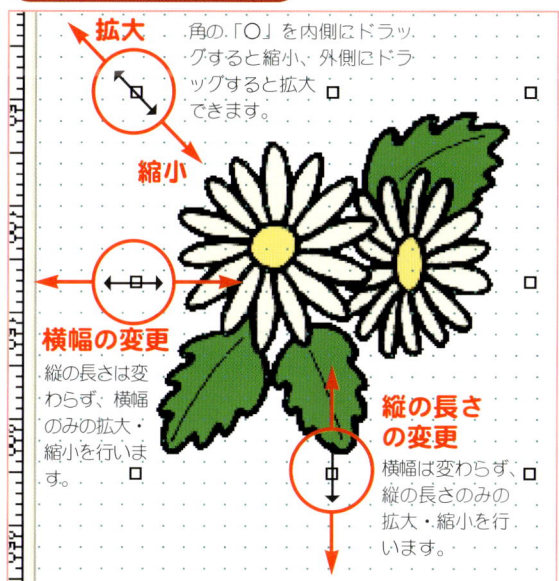

拡大：角の「○」を内側にドラッグすると縮小、外側にドラッグすると拡大できます。

縮小

横幅の変更：縦の長さは変わらず、横幅のみの拡大・縮小を行います。

縦の長さの変更：横幅は変わらず、縦の長さのみの拡大・縮小を行います。

## 見え方チェック！

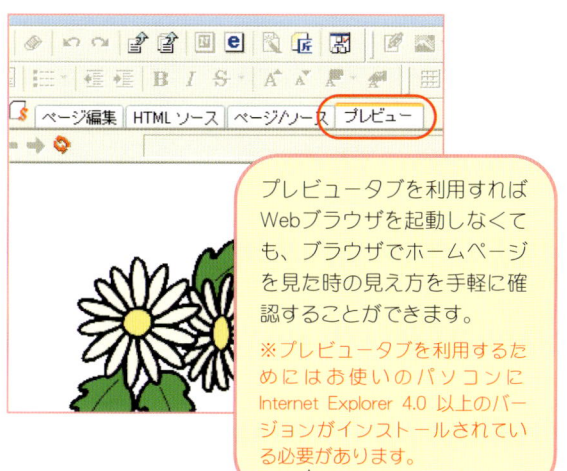

プレビュータブを利用すればWebブラウザを起動しなくても、ブラウザでホームページを見た時の見え方を手軽に確認することができます。

※プレビュータブを利用するためにはお使いのパソコンにInternet Explorer 4.0 以上のバージョンがインストールされている必要があります。

## 背景に色を入れる

GIFデータは背景が透明になっていますので、背景に色を入れると、絵柄だけが背景色の上に表示されます。
※絵柄によっては多少ふちに白が残る場合があります。

❶ 「編集」→「背景/文字色の設定」の順に選択すると「属性」ウィンドウが開きます。

❷ 「属性」ウィンドウの「背景」の「カラーパレット」から色を選びます。ここでは黄色を選択しました。

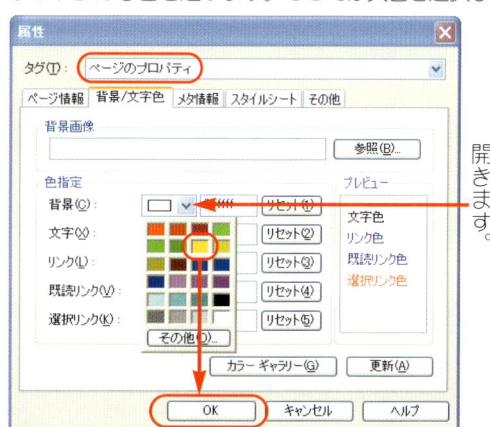

「>」をクリックすると、「カラーパレット」が開きます。

色を選択したら「OK」をクリックしてください。

❸ 背景に色がつきました。

## 壁紙に使う

**❶** 壁紙はナビメニューバーから「壁紙の挿入」→「ファイルから」を選択して挿入します。

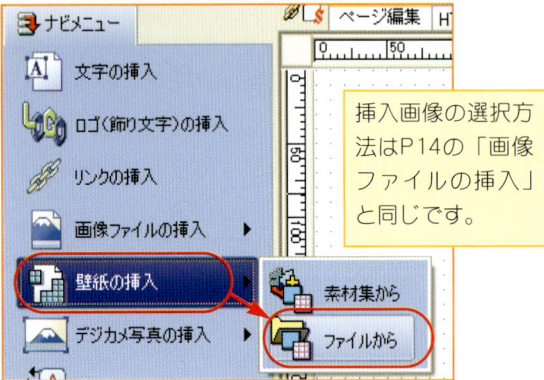

挿入画像の選択方法はP14の「画像ファイルの挿入」と同じです。

**❷** 「fukusi_CD」のCD-ROMの画像は基本的に一枚のイラストとして使うことを想定していますので、そのまま壁紙として使うとかなり柄が大きくなります。

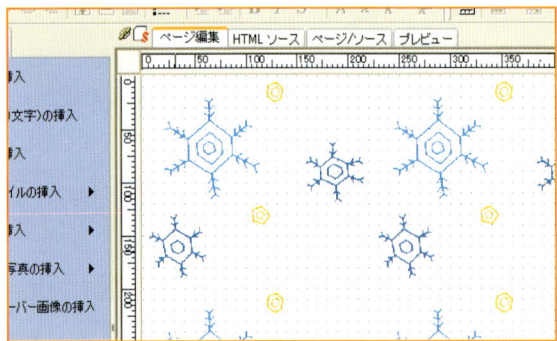

※壁紙に使うにはシンプルな絵柄を選ぶとよいでしょう。

**❸** 画像を縮小するために「ツール」→「ウェブアートデザイナーの起動」を選択します。

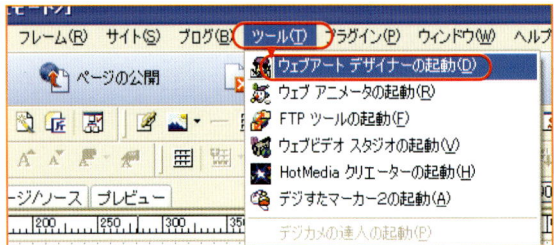

**❹** 「ウェブアートデザイナー」が起動したら「ファイル」→「キャンバスを開く」を選択し、画像を開きます。
画像が開いたら、画像全体を選択し、内側にドラッグして縮小します。

好みのサイズに縮小

**❺** 保存します。

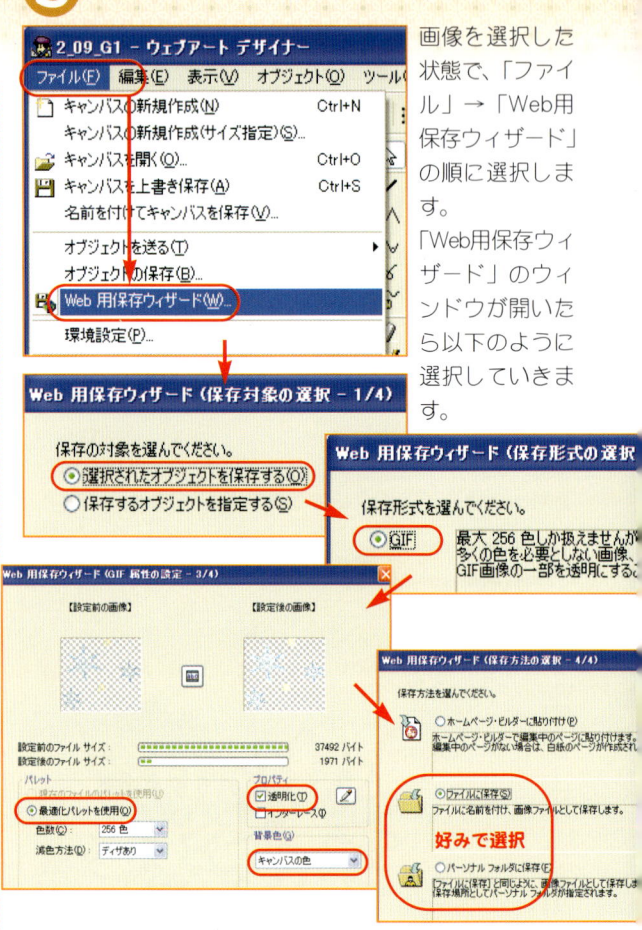

画像を選択した状態で、「ファイル」→「Web用保存ウィザード」の順に選択します。
「Web用保存ウィザード」のウィンドウが開いたら以下のように選択していきます。

好みで選択

最後に、名前をつけてご自分のホームページの「image」フォルダに保存してください。

**❻** 壁紙として挿入してみると、柄が細かくなったことが確認できます。

画像の背景は透明ですので、P15を参照して背景に色を入れると、このようになります。

# カラーの
# イラストカット

................................

**JPG**…ポスターなどの掲示物や葉書、名札など、カラーでプリントして使うときに便利です。

**GIF**…ホームページやメールを使っての配信など、インターネットで使う場合に便利な軽いデータです。

※囲み罫でLサイズとあるものはA4の紙にレイアウトする場合を基準に、Sサイズはハガキにレイアウトする場合を基準にしています。絵柄によって多少サイズに違いがあります。

◆白黒は P83-84　　新メンバー／交通安全／お花祭り／緑の募金／春のイメージ　　卯月（四月）

4_20_J / 4_20_G
4_21_J / 4_21_G
4_22_J / 4_22_G

セット…4_19a_J／4_19a_G
男性のみ…4_19b_J／4_19b_G
女性のみ…4_19c_J／4_19c_G

4_23_J / 4_23_G
4_24_J / 4_24_G 
4_25_J / 4_25_G 

データの場所
プリント用 JPG
↓
カラーJPG
↓
01_4月_J
----
ネット用 GIF
↓
カラーGIF
↓
01_4月_G

4_27_J / 4_27_G
4_28_J / 4_28_G

セット…4_26a_J／4_26a_G
女の子のみ…4_26b_J／4_26b_G
男の子のみ…4_26c_J／4_26c_G

4_29_J／4_29_G

4_30_J／4_30_G

4_31_J／4_31_G

4_32_J
4_32_G 
　　　　4_33_J
　　　　4_33_G

4_34_J／4_34_G

4_35_J／4_35_G

4_36_J
4_36_G

セット…4_37a_J／4_37a_G
男の子のみ…4_37b_J／4_37b_G
女の子のみ…4_37c_J／4_37c_G

4_38_J／4_38_G

4_39_J／4_39_G

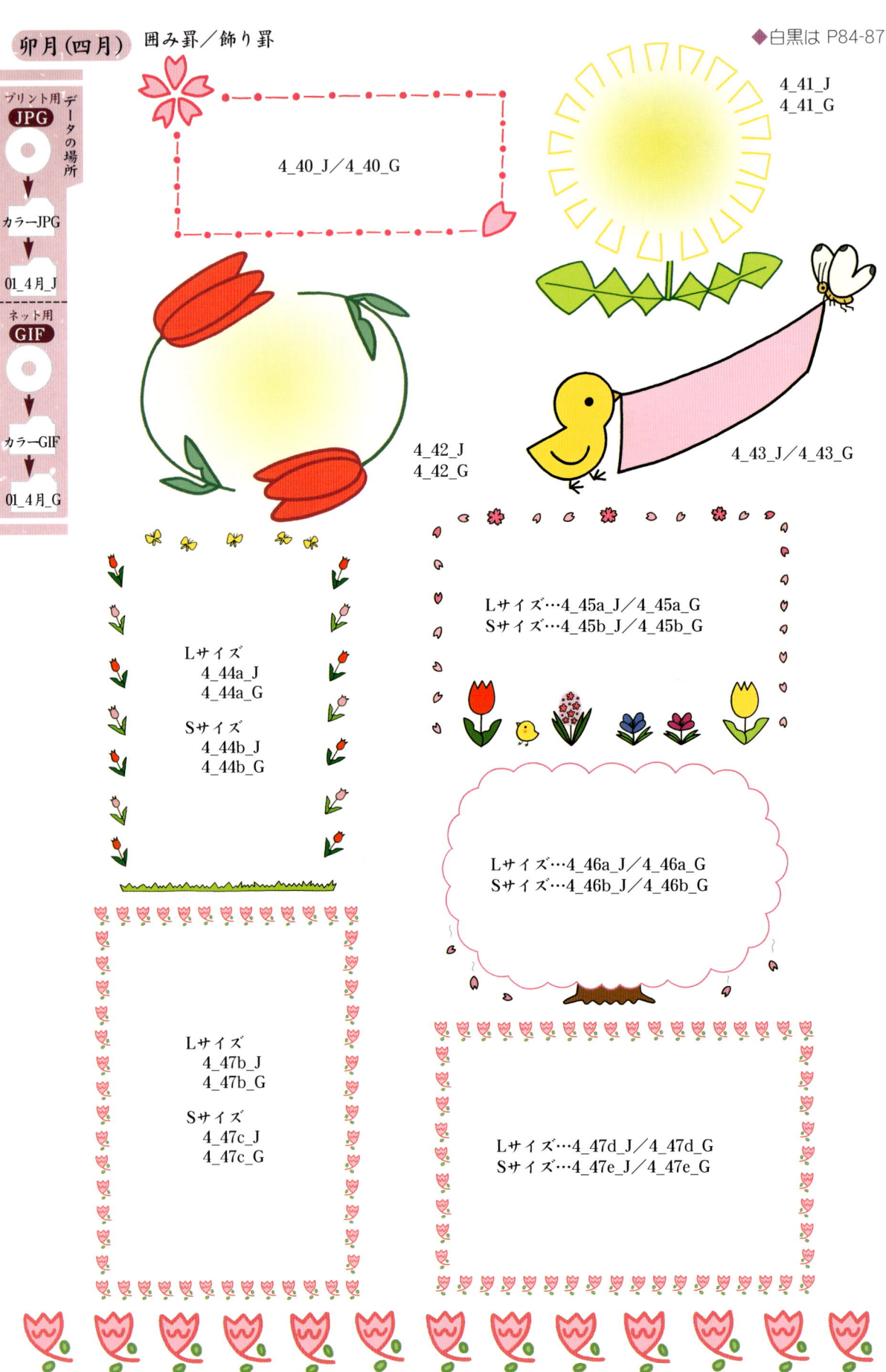

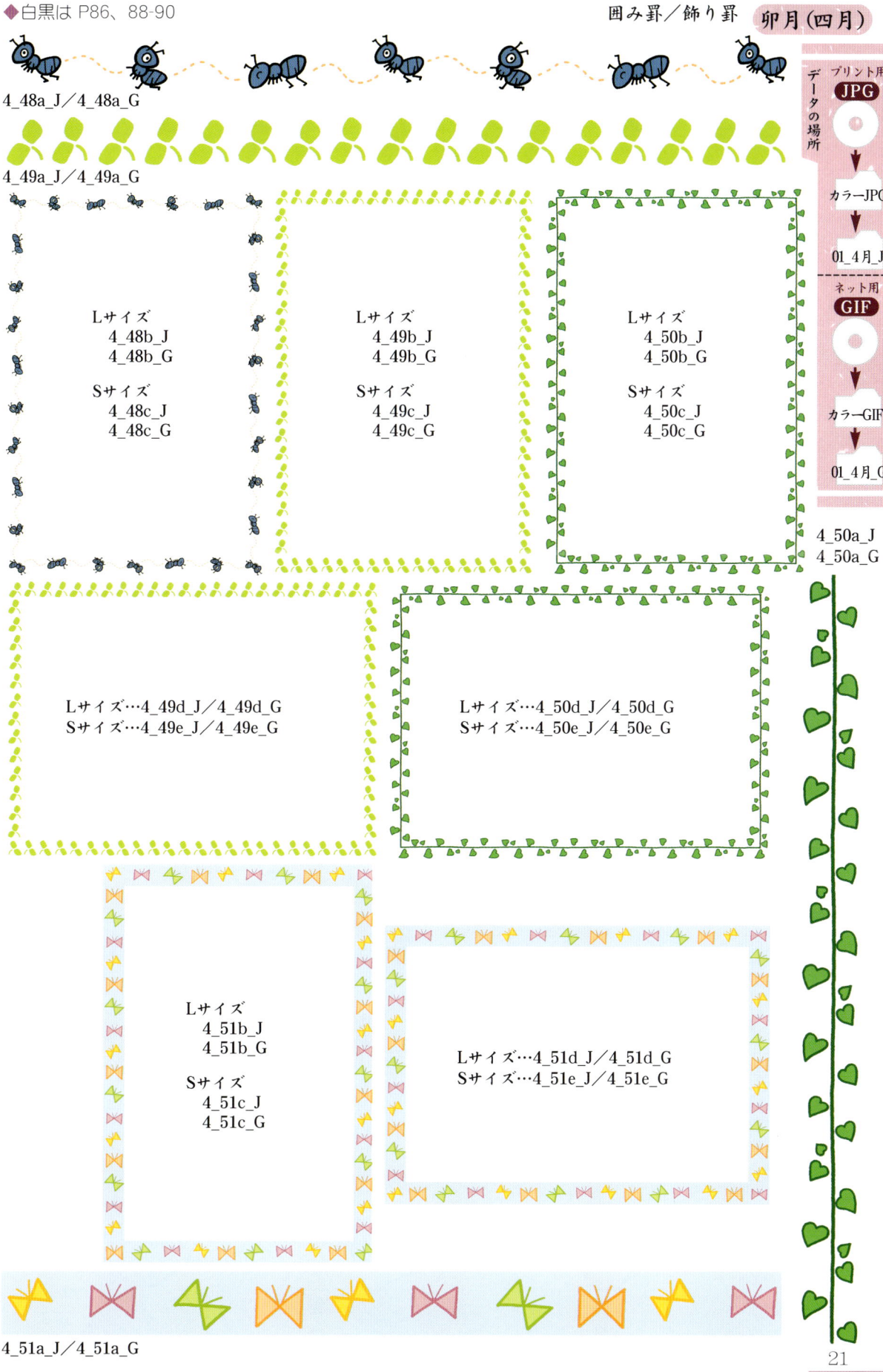

皐月（五月） 端午の節句／竹の子／愛鳥週間／新緑　　　◆白黒は P91-92

プリント用データの場所
JPG
↓
カラーJPG
↓
02_5月_J

ネット用
GIF
↓
カラーGIF
↓
02_5月_G

5_01_J / 5_01_G
5_02_J / 5_02_G
5_03_J / 5_03_G
5_04_J / 5_04_G
5_05_J / 5_05_G
5_06_J / 5_06_G
5_07_J / 5_07_G
5_08_J / 5_08_G
5_09_J / 5_09_G
5_10_J / 5_10_G
5_11_J / 5_11_G
5_12_J / 5_12_G
5_13_J / 5_13_G
5_14_J / 5_14_G
5_15_J / 5_15_G
5_16_J / 5_16_G
5_17_J / 5_17_G
5_18_J / 5_18_G
5_19_J / 5_19_G
5_20_J / 5_20_G
5_21_J / 5_21_G
5_22_J / 5_22_G
5_23_J / 5_23_G
5_24_J / 5_24_G
5_25_J / 5_25_G

22

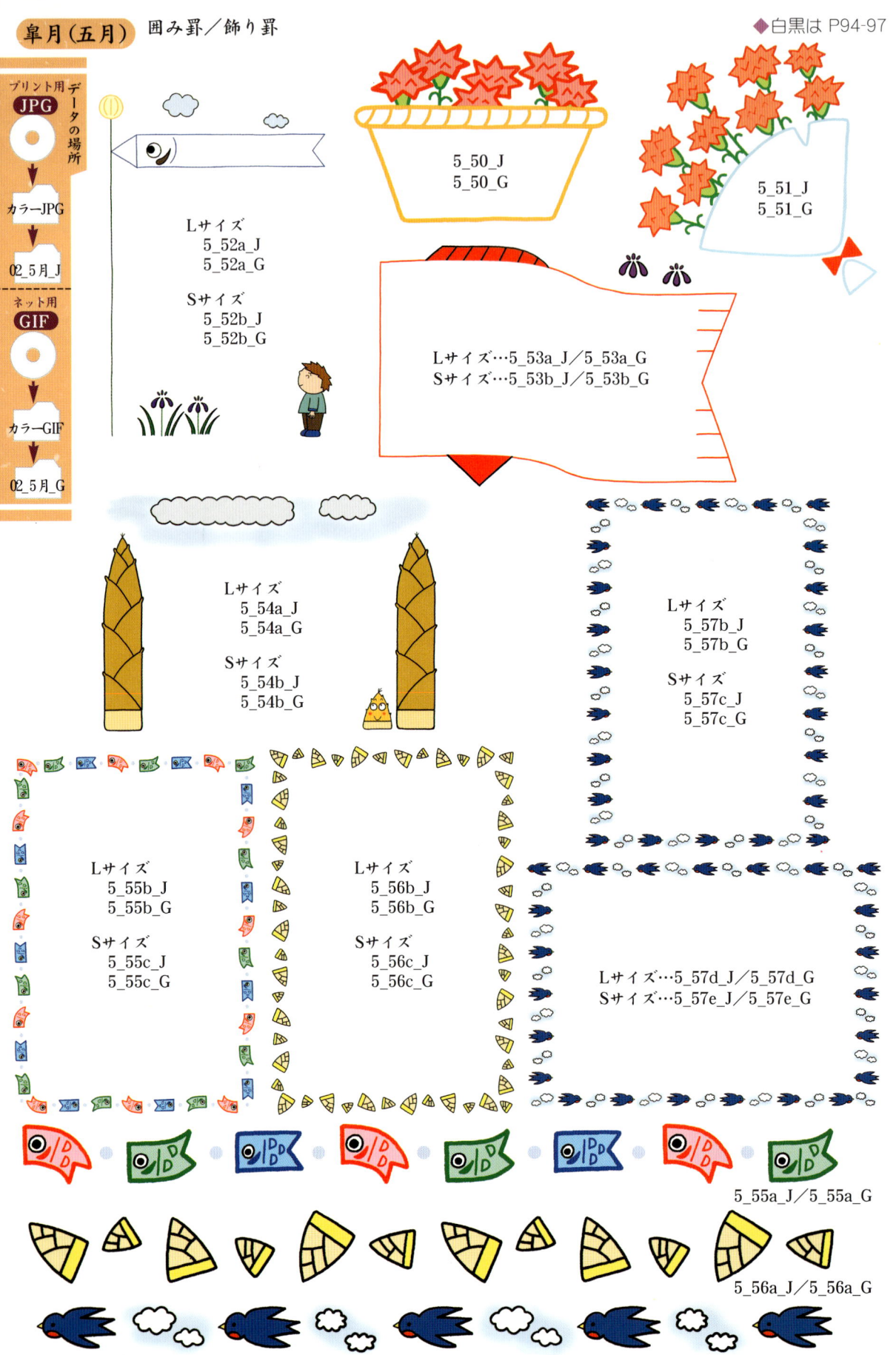

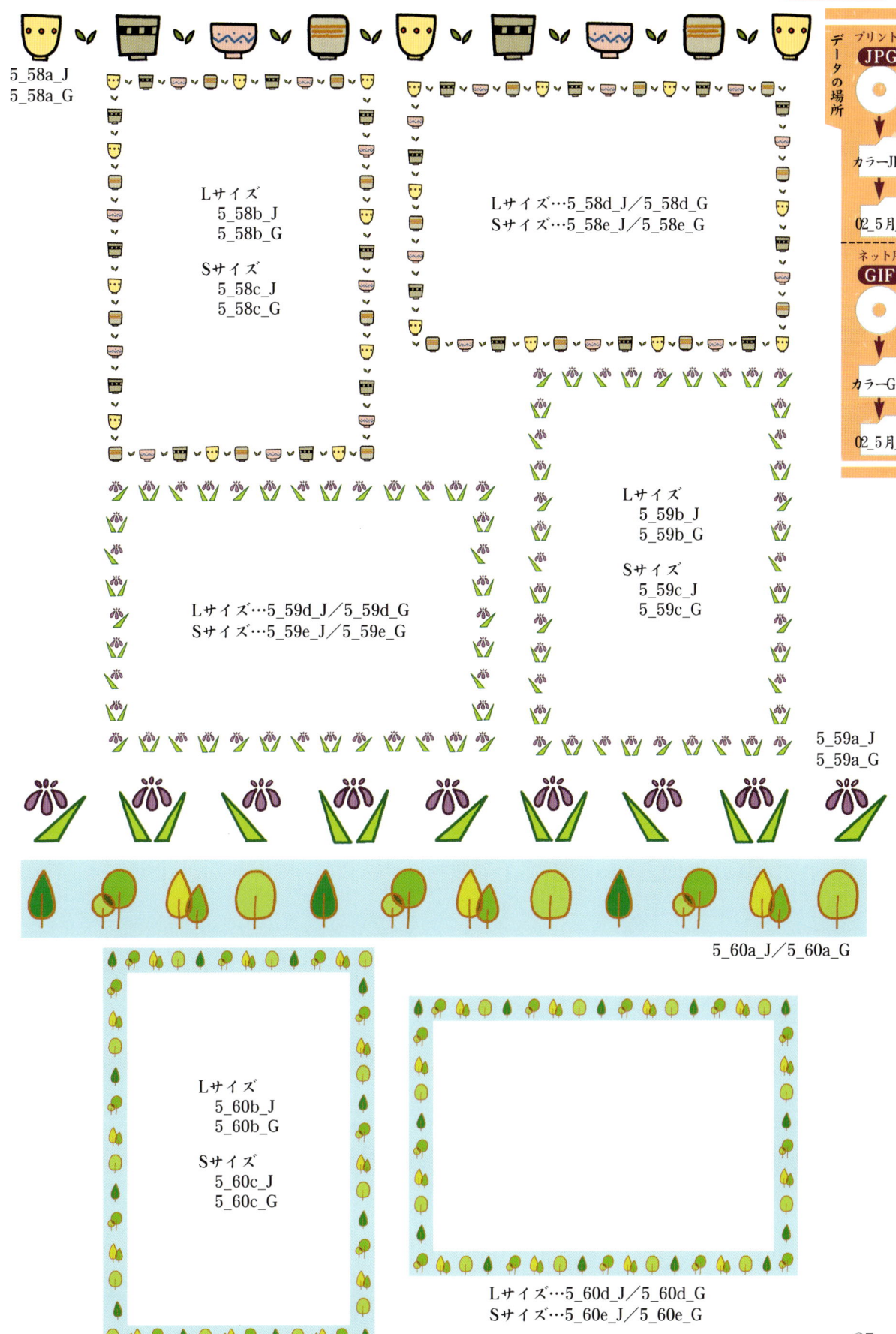

水無月（六月） 囲み罫　　　　　　　　　　　　　　　　　　　　◆白黒は P103-106

プリント用 JPG → カラーJPG → 03_6月_J
ネット用 GIF → カラーGIF → 03_6月_G

6_47_J / 6_47_G

6_48_J / 6_48_G

6_49_J / 6_49_G

6_50_J / 6_50_G

6_51_J / 6_51_G

6_52_J / 6_52_G

6_53_J / 6_53_G

Lサイズ…6_54a_J / 6_54a_G
Sサイズ…6_54b_J / 6_54b_G

Lサイズ
6_55a_J
6_55a_G

Sサイズ
6_55b_J
6_55b_G

Lサイズ
6_56a_J
6_56a_G

Sサイズ
6_56b_J
6_56b_G

28

文月（七月）　七夕／夏の食べ物／螢／初夏のイメージ　　　◆白黒は P109-110

プリント用 JPG データの場所
→ カラーJPG
→ 04_7月_J

ネット用 GIF
→ カラーGIF
→ 04_7月_G

7_01_J／7_01_G

7_02_J／7_02_G

7_03_J／7_03_G

7_04_J／7_04_G

7_05_J／7_05_G

7_06_J／7_06_G

7_07_J／7_07_G

7_08_J／7_08_G

7_09_J／7_09_G

7_10_J／7_10_G

7_11_J
7_11_G

7_12_J
7_12_G

7_13_J
7_13_G

7_14_J／7_14_G

7_15_J
7_15_G

7_16_J／7_16_G

7_17_J／7_17_G

7_18_J
7_18_G

7_19_J
7_19_G

7_20_J／7_20_G

7_21_J
7_21_G

7_22_J／7_22_G

7_23_J／7_23_G

7_27_J
7_27_G

7_24_J
7_24_G

7_25_J／7_25_G

7_26_J／7_26_G

7_28_J
7_28_G

7_29_J／7_29_G

7_30_J／7_30_G

7_31_J／7_31_G

7_32_J
7_32_G

# 文月（七月） 囲み罫／飾り罫

◆白黒は P112-115

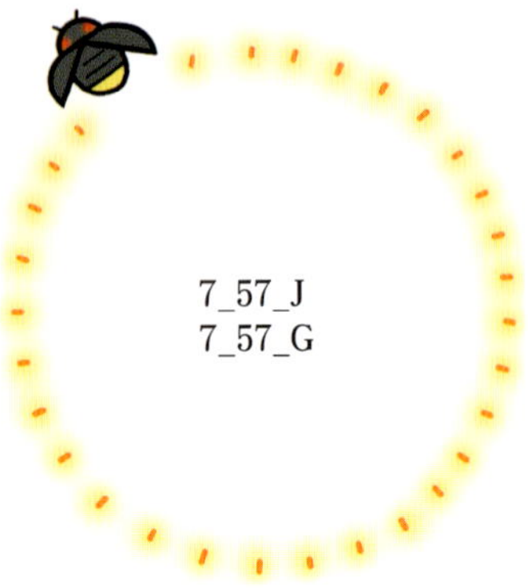

7_57_J
7_57_G

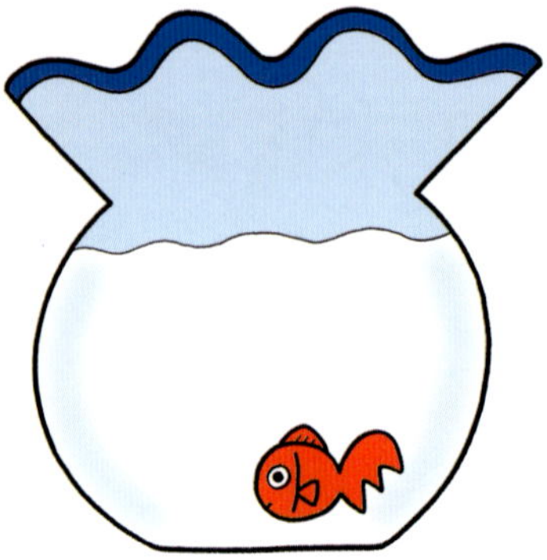

7_58_J／7_58_G

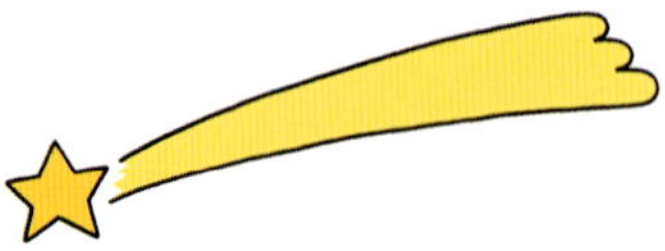

Lサイズ
7_59a_J
7_59a_G

Sサイズ
7_59b_J
7_59b_G

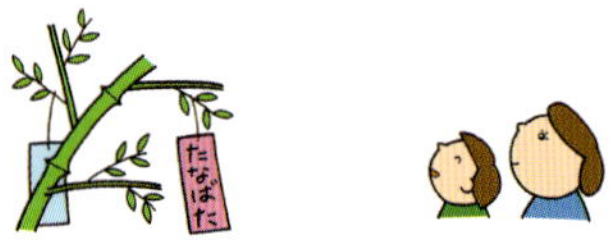

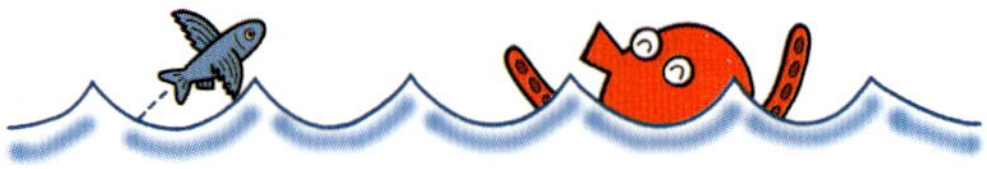

Lサイズ…7_60a_J／7_60a_G
Sサイズ…7_60b_J／7_60b_G

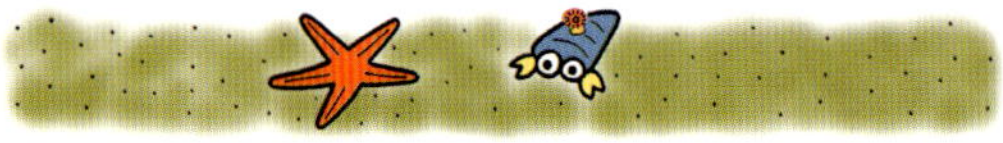

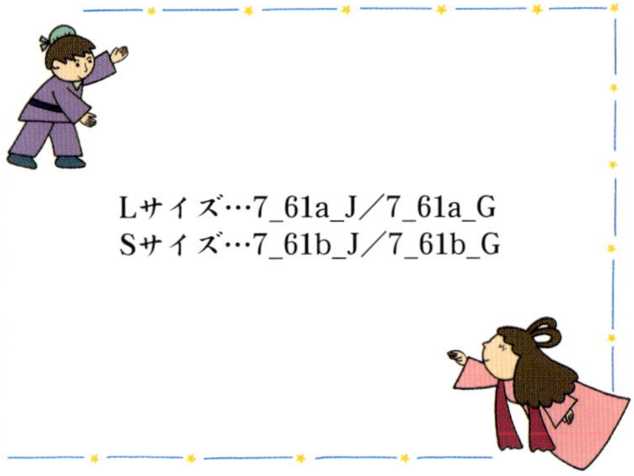

Lサイズ…7_61a_J／7_61a_G
Sサイズ…7_61b_J／7_61b_G

Lサイズ
7_62b_J
7_62b_G

Sサイズ
7_62c_J
7_62c_G

Lサイズ…7_62d_J／7_62d_G
Sサイズ…7_62e_J／7_62e_G

Lサイズ
7_63b_J
7_63b_G

Sサイズ
7_63c_J
7_63c_G

7_62a_J／7_62a_G

7_63a_J／7_63a_G

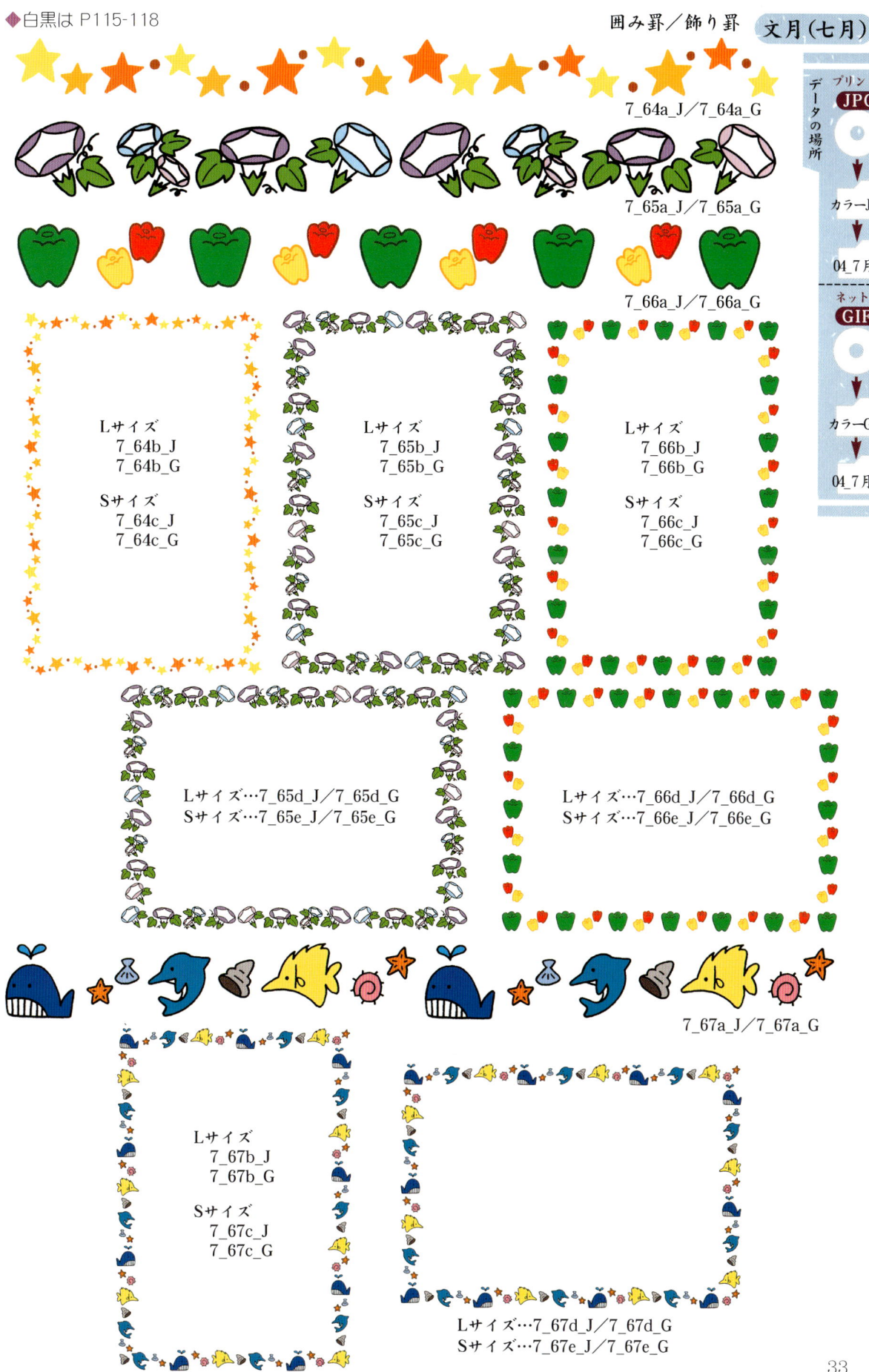

葉月（八月）　夏祭り／夏のイメージ　　　　　　　　　　　　　　　　　◆白黒は P119-120

◆白黒は P120-121　　　　花火／終戦記念日／お盆／海水浴／囲み罫　　葉月（八月）

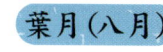

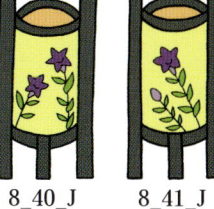

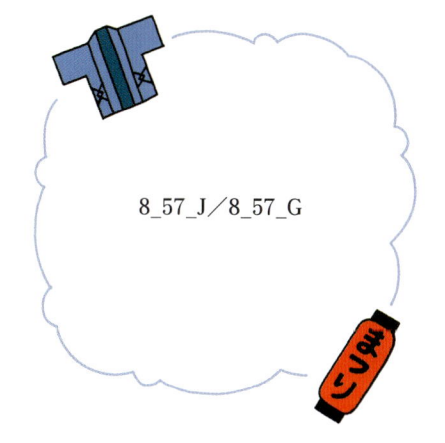

データの場所
プリント用 JPG → カラーJPG → 05_8月_J
ネット用 GIF → カラーGIF → 05_8月_G

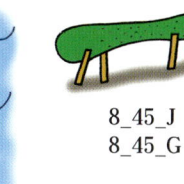

8_34_J／8_34_G
8_35_J／8_35_G 
8_36_J／8_36_G 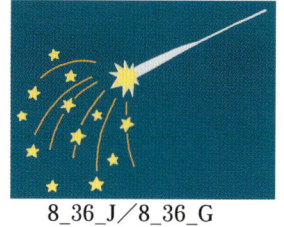
8_37_J／8_37_G 
8_38_J／8_38_G 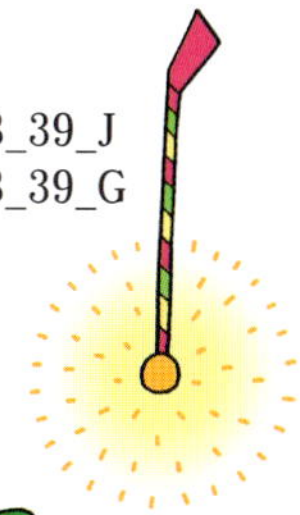
8_39_J／8_39_G 
8_40_J／8_40_G
8_41_J／8_41_G
8_42_J／8_42_G 
8_43_J／8_43_G
8_44_J／8_44_G 
8_45_J／8_45_G 
8_46_J／8_46_G 
8_47_J／8_47_G 
8_48_J／8_48_G 
8_49_J／8_49_G 
8_50_J／8_50_G 
8_51_J／8_51_G 
8_52_J／8_52_G  
8_53_J／8_53_G 
8_54_J／8_54_G 
8_55_J／8_55_G 
8_56_J／8_56_G 
8_57_J／8_57_G 
8_58_J／8_58_G
8_59_J／8_59_G

35

葉月（八月） 囲み罫／飾り罫　　　◆白黒は P121-124

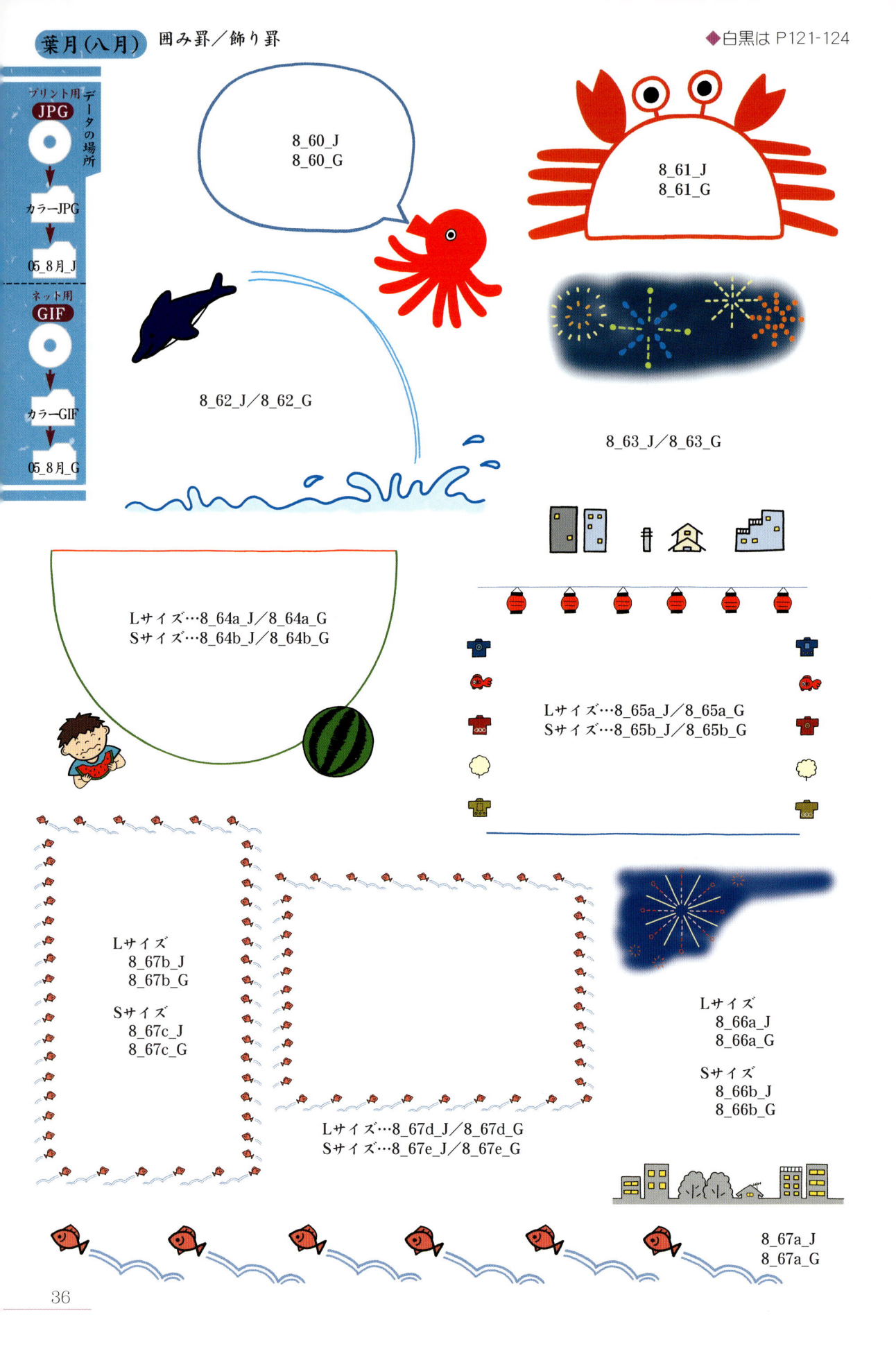

プリント用データの場所
JPG → カラーJPG → 05_8月_J
ネット用 GIF → カラーGIF → 05_8月_G

8_60_J
8_60_G

8_61_J
8_61_G

8_62_J／8_62_G

8_63_J／8_63_G

Lサイズ…8_64a_J／8_64a_G
Sサイズ…8_64b_J／8_64b_G

Lサイズ…8_65a_J／8_65a_G
Sサイズ…8_65b_J／8_65b_G

Lサイズ
8_67b_J
8_67b_G

Sサイズ
8_67c_J
8_67c_G

Lサイズ…8_67d_J／8_67d_G
Sサイズ…8_67e_J／8_67e_G

Lサイズ
8_66a_J
8_66a_G

Sサイズ
8_66b_J
8_66b_G

8_67a_J
8_67a_G

◆白黒は P125-127　　　　　　　　　　　　　　囲み罫／飾り罫　葉月(八月)

データの場所
プリント用 JPG → カラーJPG → 05_8月_J
ネット用 GIF → カラーGIF → 05_8月_G

8_68a_J／8_68a_G

8_69a_J／8_69a_G

8_70a_J／8_70a_G

Lサイズ
8_68b_J
8_68b_G

Sサイズ
8_68c_J
8_68c_G

Lサイズ
8_69b_J
8_69b_G

Sサイズ
8_69c_J
8_69c_G

Lサイズ
8_70b_J
8_70b_G

Sサイズ
8_70c_J
8_70c_G

Lサイズ…8_68d_J／8_68d_G
Sサイズ…8_68e_J／8_68e_G

Lサイズ…8_69d_J／8_69d_G
Sサイズ…8_69e_J／8_69e_G

Lサイズ…8_70d_J／8_70d_G
Sサイズ…8_70e_J／8_70e_G

| 長月(九月) | 月見／防災の日／動物愛護週間／敬老の日 | ◆白黒は P128

プリント用 JPG データの場所
↓
カラーJPG
↓
06_9月_J

ネット用 GIF
↓
カラーGIF
↓
06_9月_G

9_01_J／9_01_G

9_02_J／9_02_G

9_03_J／9_03_G

9_04_J／9_04_G

9_06_J／9_06_G

9_08_J
9_08_G

9_05_J／9_05_G

9_07_J／9_07_G

9_09_J／9_09_G

9_10_J／9_10_G

9_11_J／9_11_G

9_12_J／9_12_G

9_13_J／9_13_G

いつまでも
おげんきでいてください

文字あり…9_16a_J／9_16a_G
文字なし…9_16b_J／9_16b_G

9_14_J
9_14_G

9_15_J／9_15_G

セット…9_17a_J／9_17a_G
男性のみ…9_17b_J／9_17b_G
女性のみ…9_17c_J／9_17c_G

げんきでいてね

吹き出しあり…9_18a_J／9_18a_G
吹き出しなし…9_18b_J／9_18b_G

9_19_J／9_19_G

◆白黒は P129-130　　　　秋の味覚／収穫／彼岸／秋の花／秋の虫　　長月（九月）

| | | |
|---|---|---|
| 9_20_J／9_20_G | 9_21_J／9_21_G | 9_22_J／9_22_G |
| 9_23_J／9_23_G | 9_24_J／9_24_G | 9_25_J／9_25_G |
| 9_26_J／9_26_G | 9_27_J／9_27_G | 9_28_J／9_28_G |
| 9_29_J／9_29_G | 9_30_J／9_30_G | 9_31_J／9_31_G |
| 9_32_J／9_32_G | 9_33_J／9_33_G | 9_34_J／9_34_G |
| 9_35_J／9_35_G | 9_36_J／9_36_G | 9_37_J／9_37_G |
| 9_38_J／9_38_G | 9_39_J／9_39_G | 9_40_J／9_40_G |
| 9_41_J／9_41_G | 9_42_J／9_42_G | 9_43_J／9_43_G |
| 9_44_J／9_44_G | 9_45_J／9_45_G | 9_46_J／9_46_G |
| 9_47_J／9_47_G | 9_48_J／9_48_G | 9_49_J／9_49_G |

データの場所

プリント用　JPG → カラーJPG → 06_9月_J

ネット用　GIF → カラーGIF → 06_9月_G

39

長月（九月）　囲み罫　　　　　　　　　　　　　　　　　　　◆白黒は P130-132

プリント用 JPG → カラーJPG → 06_9月_J
データの場所
ネット用 GIF → カラーGIF → 06_9月_G

9_50_J／9_50_G

9_51_J／9_51_G

9_52_J／9_52_G

9_53_J／9_53_G

9_54_J／9_54_G

9_55_J／9_55_G

9_56_J
9_56_G

9_57_J
9_57_G

9_58_J
9_58_G

Lサイズ
9_59a_J
9_59a_G

Sサイズ
9_59b_J
9_59b_G

40

◆白黒は P132-135

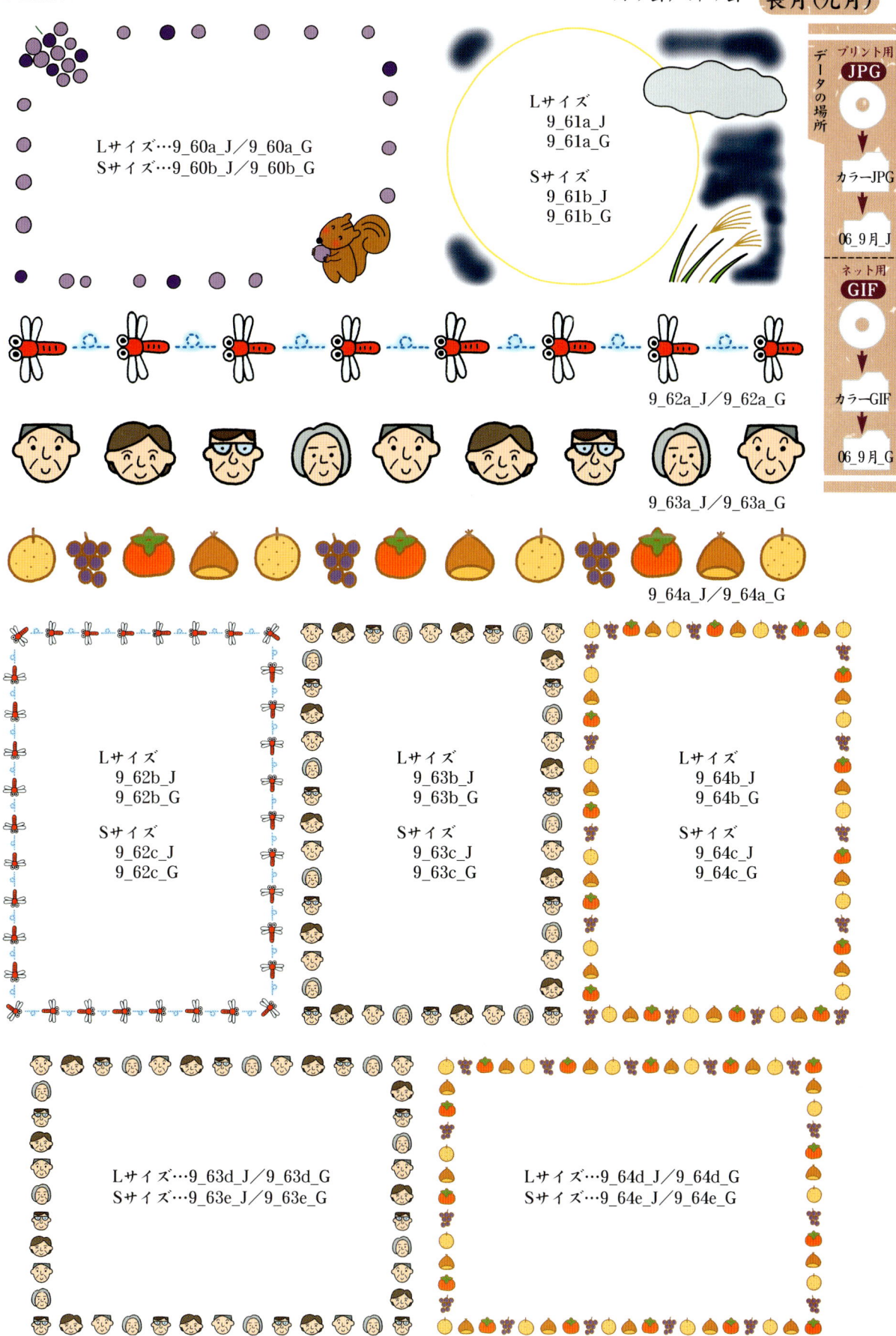

囲み罫／飾り罫  長月（九月）

Lサイズ…9_60a_J／9_60a_G
Sサイズ…9_60b_J／9_60b_G

Lサイズ
9_61a_J
9_61a_G

Sサイズ
9_61b_J
9_61b_G

データの場所

プリント用
JPG
↓
カラーJPG
↓
06_9月_J

ネット用
GIF
↓
カラーGIF
↓
06_9月_G

9_62a_J／9_62a_G

9_63a_J／9_63a_G

9_64a_J／9_64a_G

Lサイズ
9_62b_J
9_62b_G

Sサイズ
9_62c_J
9_62c_G

Lサイズ
9_63b_J
9_63b_G

Sサイズ
9_63c_J
9_63c_G

Lサイズ
9_64b_J
9_64b_G

Sサイズ
9_64c_J
9_64c_G

Lサイズ…9_63d_J／9_63d_G
Sサイズ…9_63e_J／9_63e_G

Lサイズ…9_64d_J／9_64d_G
Sサイズ…9_64e_J／9_64e_G

41

# 神無月（十月）　運動会／目の愛護デー／コスモス

◆白黒は P136-137

プリント用 JPG → カラーJPG → 07_10月_J
ネット用 GIF → カラーGIF → 07_10月_G
データの場所

10_01_J／10_01_G
10_02_J／10_02_G
10_03_J／10_03_G
10_04_J／10_04_G
10_05_J／10_05_G
10_06_J／10_06_G
10_07_J／10_07_G
10_08_J／10_08_G
10_09_J／10_09_G

メダルなどに
10_10_J／10_10_G

セット…10_12a_J／10_12a_G
女性のみ…10_12b_J／10_12b_G
男性のみ…10_12c_J／10_12c_G

10_13_J／10_13_G
10_14_J／10_14_G

メガネ3つセット
10_17a_J／10_17a_G
10_17b_J／10_17b_G
10_17c_J／10_17c_G
10_17d_J／10_17d_G

メダルなどに
10_11_J／10_11_G

10_15_J／10_15_G
10_16_J／10_16_G

10_18_J／10_18_G
10_19_J／10_19_G
10_20_J／10_20_G
10_21_J／10_21_G
10_22_J／10_22_G
10_23_J／10_23_G

遠くの緑を
見ましょう

テレビは離れて見ましょう！

目の愛護デー

10_26_J／10_26_G
10_27_J／10_27_G

文字あり…10_24a_J／10_24a_G
文字なし…10_24b_J／10_24b_G
文字・吹き出しあり…10_25a_J／10_25a_G
文字・吹き出しなし…10_25b_J／10_25b_G

◆白黒は P137-139　　きのこ／さつま芋／木の実／ハロウィン／飾り罫／囲み罫　　神無月（十月）

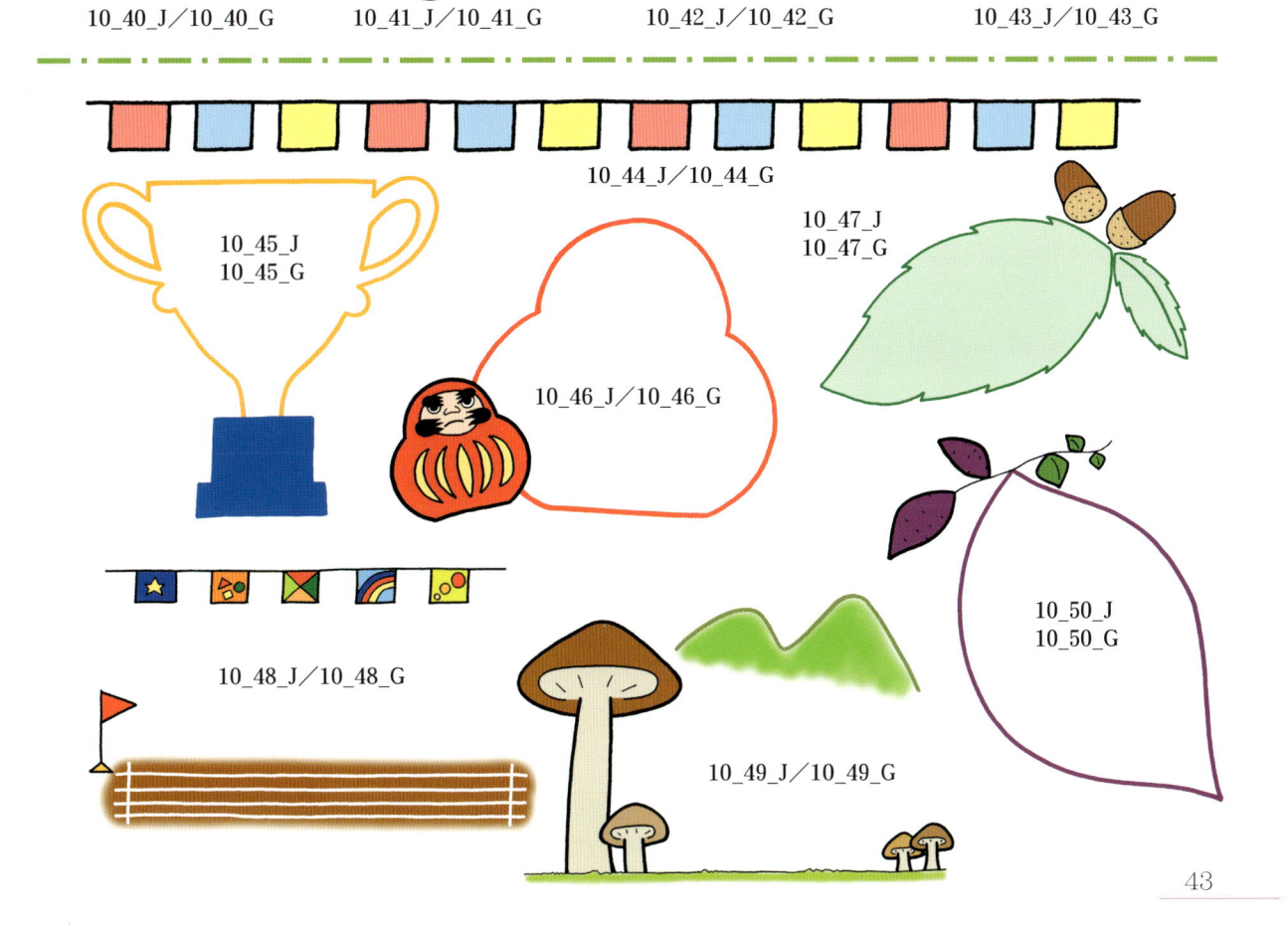

データの場所
プリント用 JPG → カラーJPG → 07_10月_J
ネット用 GIF → カラーGIF → 07_10月_G

きのこ5種セット…10_30a_J／10_30a_G

10_28_J／10_28_G
10_29_J／10_29_G
10_30b_J／10_30b_G
10_30c_J／10_30c_G
10_30d_J／10_30d_G
10_30e_J／10_30e_G
10_30f_J／10_30f_G
10_31_J／10_31_G
10_32_J／10_32_G
10_33_J／10_33_G
10_34_J／10_34_G
10_35_J／10_35_G
10_36_J／10_36_G
10_37_J／10_37_G
10_38_J／10_38_G
10_39_J／10_39_G
10_40_J／10_40_G
10_41_J／10_41_G
10_42_J／10_42_G
10_43_J／10_43_G
10_44_J／10_44_G
10_45_J／10_45_G
10_46_J／10_46_G
10_47_J／10_47_G
10_48_J／10_48_G
10_49_J／10_49_G
10_50_J／10_50_G

43

神無月（十月）　囲み罫／飾り罫　　　　　　　　　　　　　　　◆白黒は P139-142

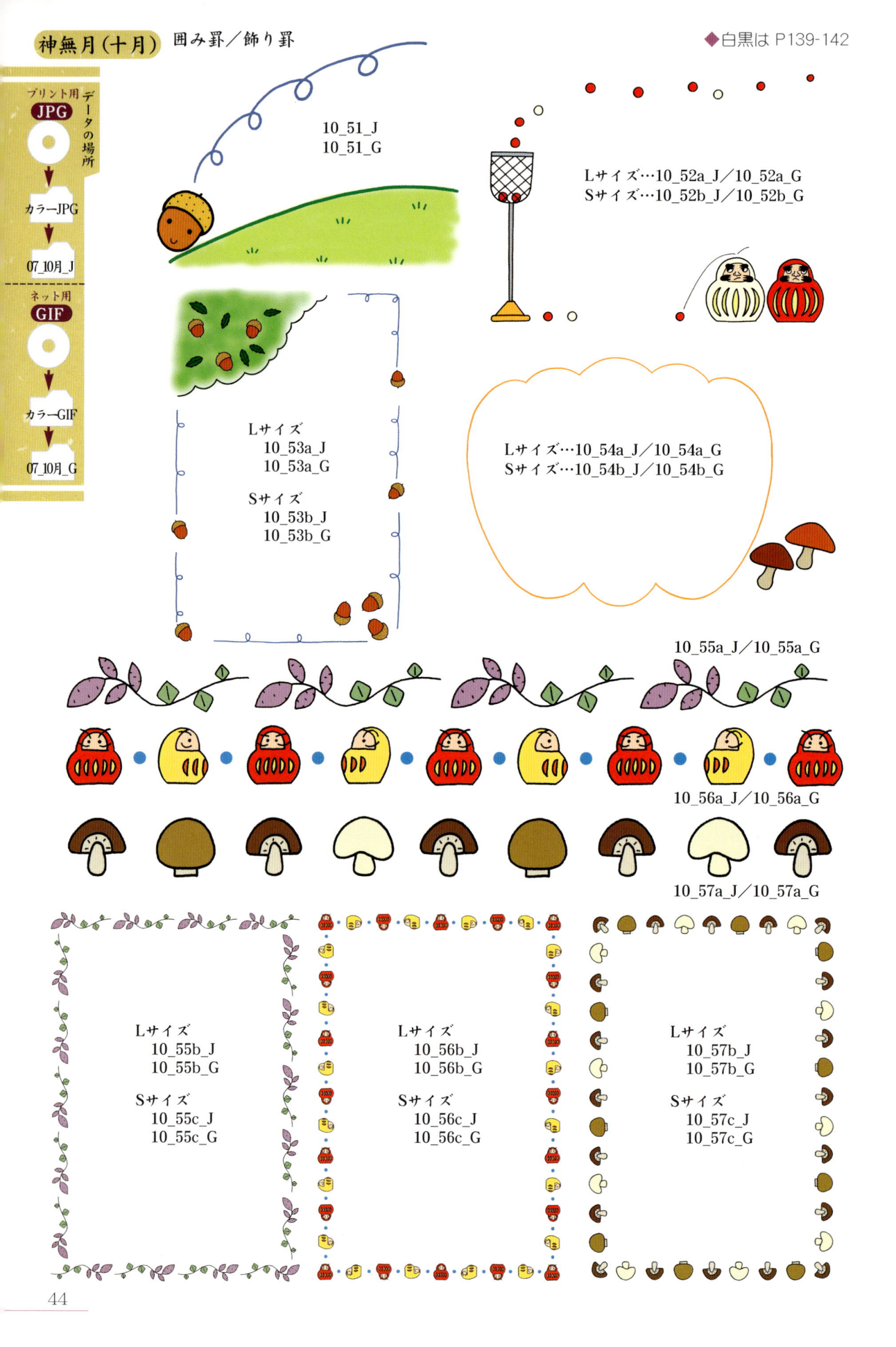

プリント用データの場所
JPG → カラーJPG → 07_10月_J
ネット用 GIF → カラーGIF → 07_10月_G

10_51_J
10_51_G

Lサイズ…10_52a_J／10_52a_G
Sサイズ…10_52b_J／10_52b_G

Lサイズ
10_53a_J
10_53a_G

Sサイズ
10_53b_J
10_53b_G

Lサイズ…10_54a_J／10_54a_G
Sサイズ…10_54b_J／10_54b_G

10_55a_J／10_55a_G

10_56a_J／10_56a_G

10_57a_J／10_57a_G

Lサイズ
10_55b_J
10_55b_G

Sサイズ
10_55c_J
10_55c_G

Lサイズ
10_56b_J
10_56b_G

Sサイズ
10_56c_J
10_56c_G

Lサイズ
10_57b_J
10_57b_G

Sサイズ
10_57c_J
10_57c_G

◆白黒は P142-145　　　　　　　　　　　　囲み罫／飾り罫　　神無月（十月）

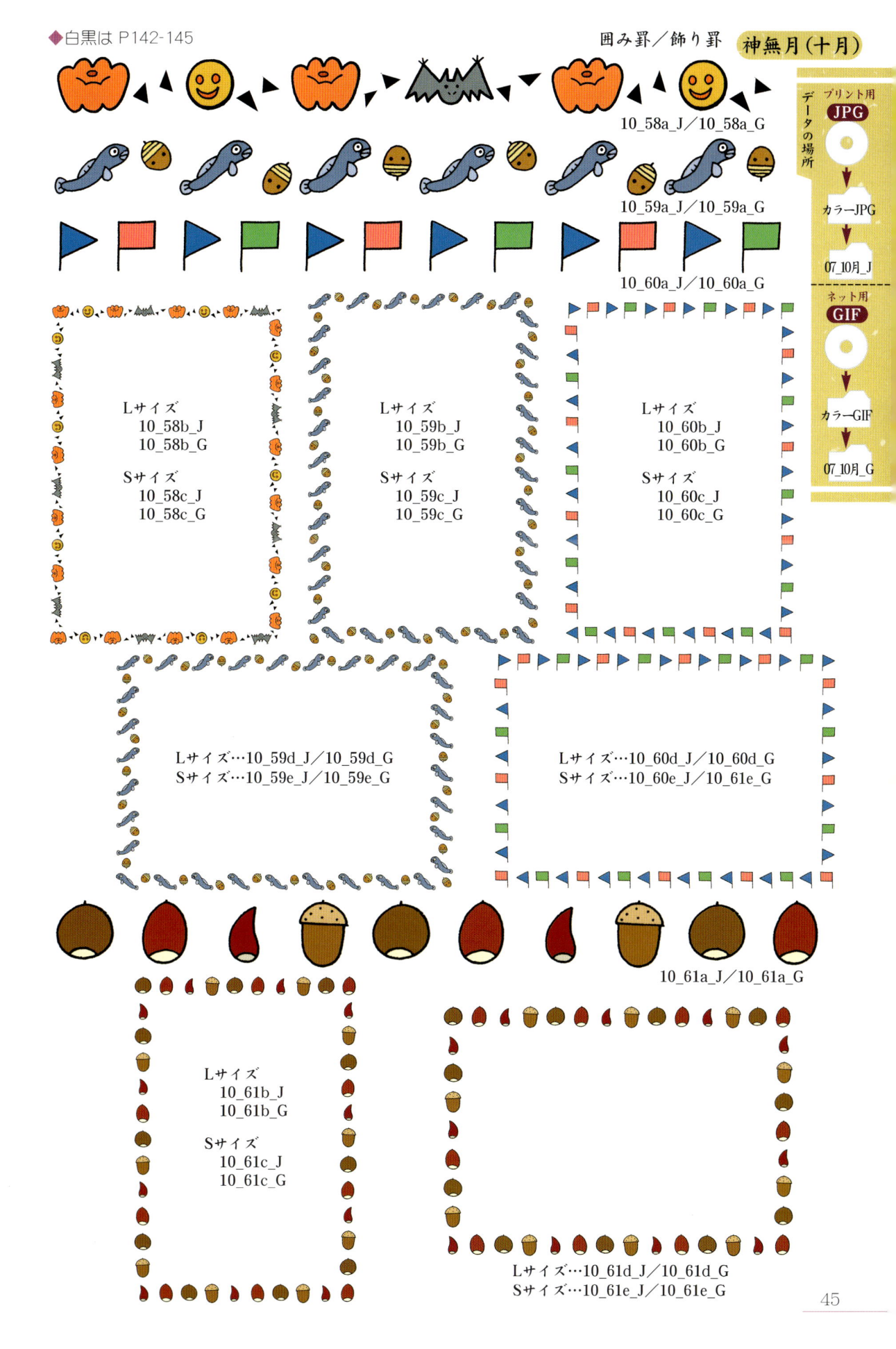

10_58a_J／10_58a_G

10_59a_J／10_59a_G

10_60a_J／10_60a_G

データの場所
プリント用
**JPG**
↓
カラーJPG
↓
07_10月_J
- - - - - -
ネット用
**GIF**
↓
カラーGIF
↓
07_10月_G

Lサイズ
10_58b_J
10_58b_G

Sサイズ
10_58c_J
10_58c_G

Lサイズ
10_59b_J
10_59b_G

Sサイズ
10_59c_J
10_59c_G

Lサイズ
10_60b_J
10_60b_G

Sサイズ
10_60c_J
10_60c_G

Lサイズ…10_59d_J／10_59d_G
Sサイズ…10_59e_J／10_59e_G

Lサイズ…10_60d_J／10_60d_G
Sサイズ…10_60e_J／10_61e_G

10_61a_J／10_61a_G

Lサイズ
10_61b_J
10_61b_G

Sサイズ
10_61c_J
10_61c_G

Lサイズ…10_61d_J／10_61d_G
Sサイズ…10_61e_J／10_61e_G

45

霜月(十一月)　七五三／芸術の秋／読書／酉の市／紫綬褒章／菊　　◆白黒は P146

プリント用 JPG → カラーJPG → 08_11月_J
ネット用 GIF → カラーGIF → 08_11月_G
データの場所

11_01_J／11_01_G
11_02_J／11_02_G
11_03_J／11_03_G
11_04_J／11_04_G
11_05_J／11_05_G
11_06_J／11_06_G
11_07_J／11_07_G
11_08_J／11_08_G
11_09_J／11_09_G
11_10_J／11_10_G
11_11_J／11_11_G
11_12_J／11_12_G
11_13_J／11_13_G
11_14_J／11_14_G
11_15_J／11_15_G
11_16_J／11_16_G
11_17_J／11_17_G
11_18_J／11_18_G
11_19_J／11_19_G
11_20_J／11_20_G
11_21_J／11_21_G
11_22_J／11_22_G
11_23_J／11_23_G
11_24_J／11_24_G
11_25_J／11_25_G

◆白黒は P147-148　　勤労感謝の日／風邪予防／焼き芋／落ち葉／囲み罫　　霜月（十一月）

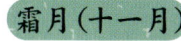

11_26_J／11_26_G
11_27_J／11_27_G 
11_28_J／11_28_G 
11_29_J／11_29_G 
11_30_J／11_30_G 
11_31_J／11_31_G
11_32_J／11_32_G 
11_33_J／11_33_G 
11_34_J／11_34_G 
11_35_J／11_35_G 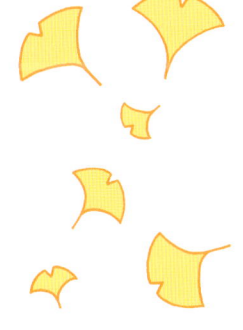
11_36_J／11_36_G 
11_37_J／11_37_G 
11_38_J／11_38_G 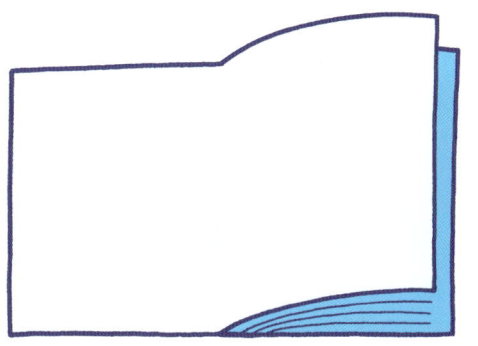
11_39_J／11_39_G 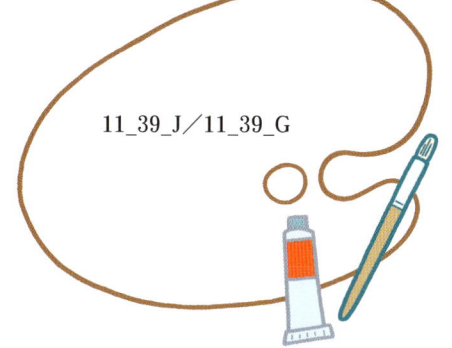
11_40_J／11_40_G 

データの場所
プリント用 JPG → カラーJPG → 08_11月_J
ネット用 GIF → カラーGIF → 08_11月_G

47

| 霜月(十一月) | 囲み罫／飾り罫 | ◆白黒は P148-150

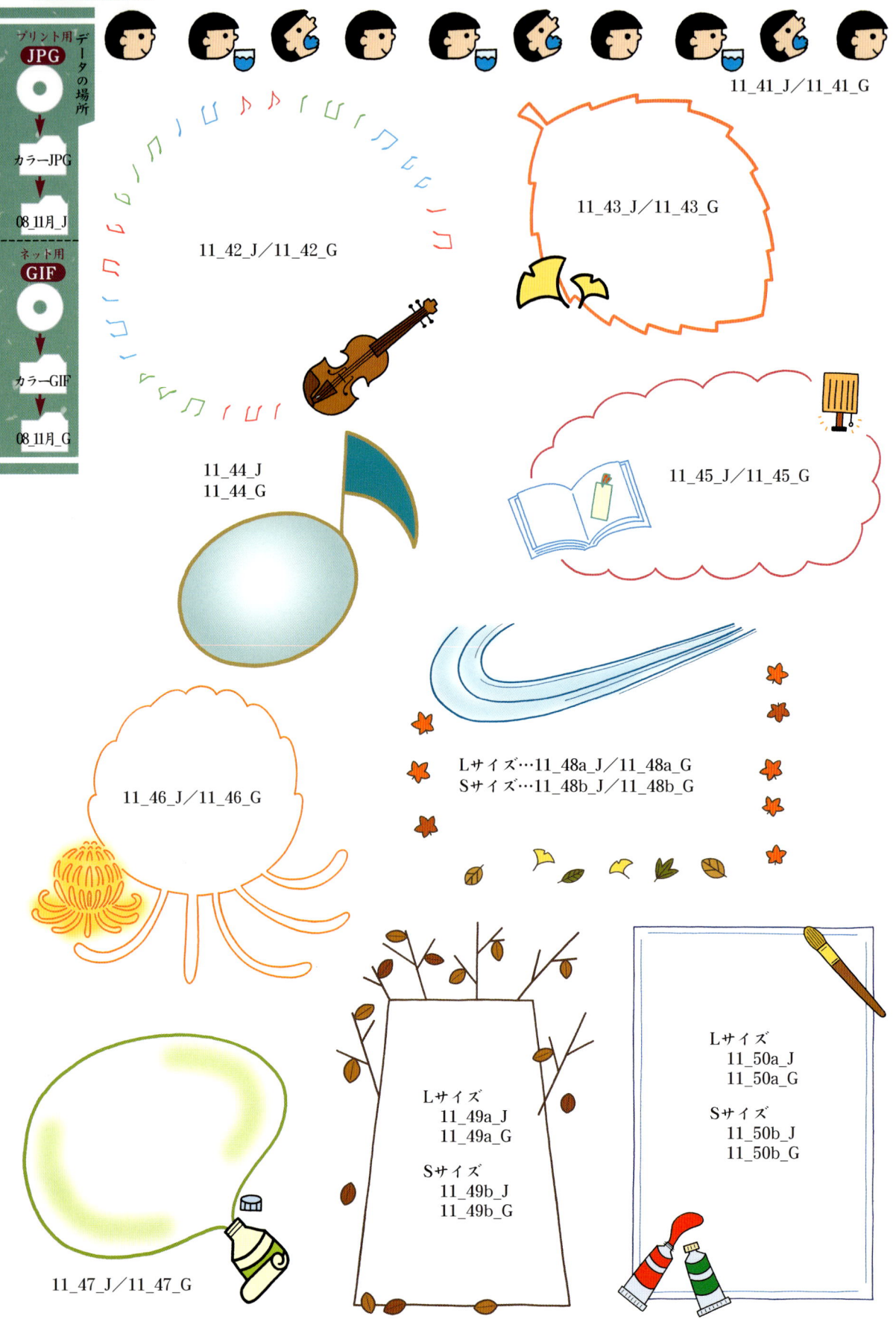

プリント用 JPG
データの場所
↓
カラーJPG
↓
08_11月_J

ネット用 GIF
↓
カラーGIF
↓
08_11月_G

11_41_J／11_41_G

11_42_J／11_42_G

11_43_J／11_43_G

11_44_J
11_44_G

11_45_J／11_45_G

11_46_J／11_46_G

Lサイズ…11_48a_J／11_48a_G
Sサイズ…11_48b_J／11_48b_G

11_47_J／11_47_G

Lサイズ
11_49a_J
11_49a_G

Sサイズ
11_49b_J
11_49b_G

Lサイズ
11_50a_J
11_50a_G

Sサイズ
11_50b_J
11_50b_G

◆白黒は P151-154

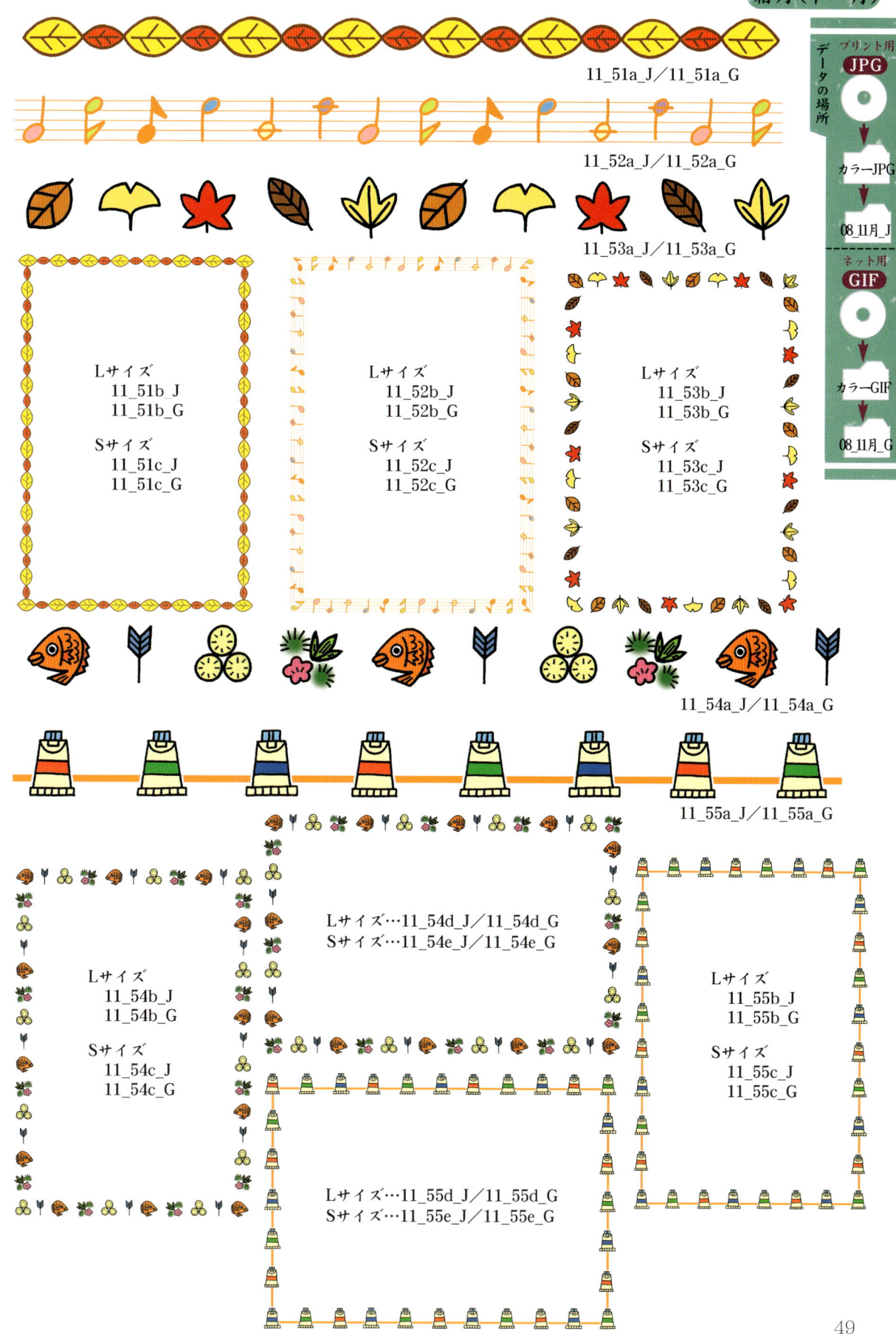

囲み罫／飾り罫　霜月(十一月)

11_51a_J／11_51a_G

11_52a_J／11_52a_G

11_53a_J／11_53a_G

Lサイズ
11_51b_J
11_51b_G

Sサイズ
11_51c_J
11_51c_G

Lサイズ
11_52b_J
11_52b_G

Sサイズ
11_52c_J
11_52c_G

Lサイズ
11_53b_J
11_53b_G

Sサイズ
11_53c_J
11_53c_G

データの場所
プリント用 JPG
↓
カラーJPG
↓
08_11月_J

ネット用 GIF
↓
カラーGIF
↓
08_11月_G

11_54a_J／11_54a_G

11_55a_J／11_55a_G

Lサイズ
11_54b_J
11_54b_G

Sサイズ
11_54c_J
11_54c_G

Lサイズ…11_54d_J／11_54d_G
Sサイズ…11_54e_J／11_54e_G

Lサイズ
11_55b_J
11_55b_G

Sサイズ
11_55c_J
11_55c_G

Lサイズ…11_55d_J／11_55d_G
Sサイズ…11_55e_J／11_55e_G

49

# 師走(十二月) クリスマス

◆白黒は P154-156

プリント用 JPG → カラーJPG → 09_12月_J
ネット用 GIF → カラーGIF → 09_12月_G
データの場所

12_01_J / 12_01_G
12_02_J / 12_02_G
12_03_J / 12_03_G
12_04_J / 12_04_G
12_05_J / 12_05_G
12_06_J / 12_06_G
12_07_J / 12_07_G
12_08_J / 12_08_G
12_09_J / 12_09_G
12_10_J / 12_10_G
12_11_J / 12_11_G
12_12_J / 12_12_G
12_13_J / 12_13_G
12_14_J / 12_14_G
12_15_J / 12_15_G
12_16_J / 12_16_G
12_17_J / 12_17_G
12_18_J / 12_18_G
12_19_J / 12_19_G
12_20_J / 12_20_G
12_21_J / 12_21_G
12_22_J / 12_22_G
12_23_J / 12_23_G
12_24_J / 12_24_G
12_25_J / 12_25_G
12_26_J / 12_26_G
12_27_J / 12_27_G
12_28_J / 12_28_G
12_29_J / 12_29_G
12_30_J / 12_30_G
12_31_J / 12_31_G
12_32_J / 12_32_G

◆白黒は P156-158　　　冬至／大掃除／もちつき／年越し／囲み罫　　師走（十二月）

12_33_J／12_33_G
12_34_J／12_34_G
12_35_J／12_35_G
12_36_J／12_36_G
12_37_J／12_37_G
12_38_J／12_38_G
12_39_J／12_39_G
12_40_J／12_40_G
12_41_J／12_41_G
12_42_J／12_42_G
12_43_J／12_43_G
12_44_J／12_44_G
12_45_J／12_45_G
12_46_J／12_46_G
12_47_J／12_47_G
12_48_J／12_48_G
12_49_J／12_49_G
12_50_J／12_50_G
12_51_J／12_51_G
12_52_J／12_52_G
12_53_J／12_53_G
12_54_J／12_54_G
12_55_J／12_55_G
12_56_J／12_56_G
12_57_J／12_57_G
12_58_J／12_58_G
12_59_J／12_59_G

データの場所
プリント用 JPG → カラーJPG → 09_12月_J
ネット用 GIF → カラーGIF → 09_12月_G

Merry Xmas

51

師走(十二月)　囲み罫／飾り罫　　　　　　　　　　　　　　　◆白黒は P158-162

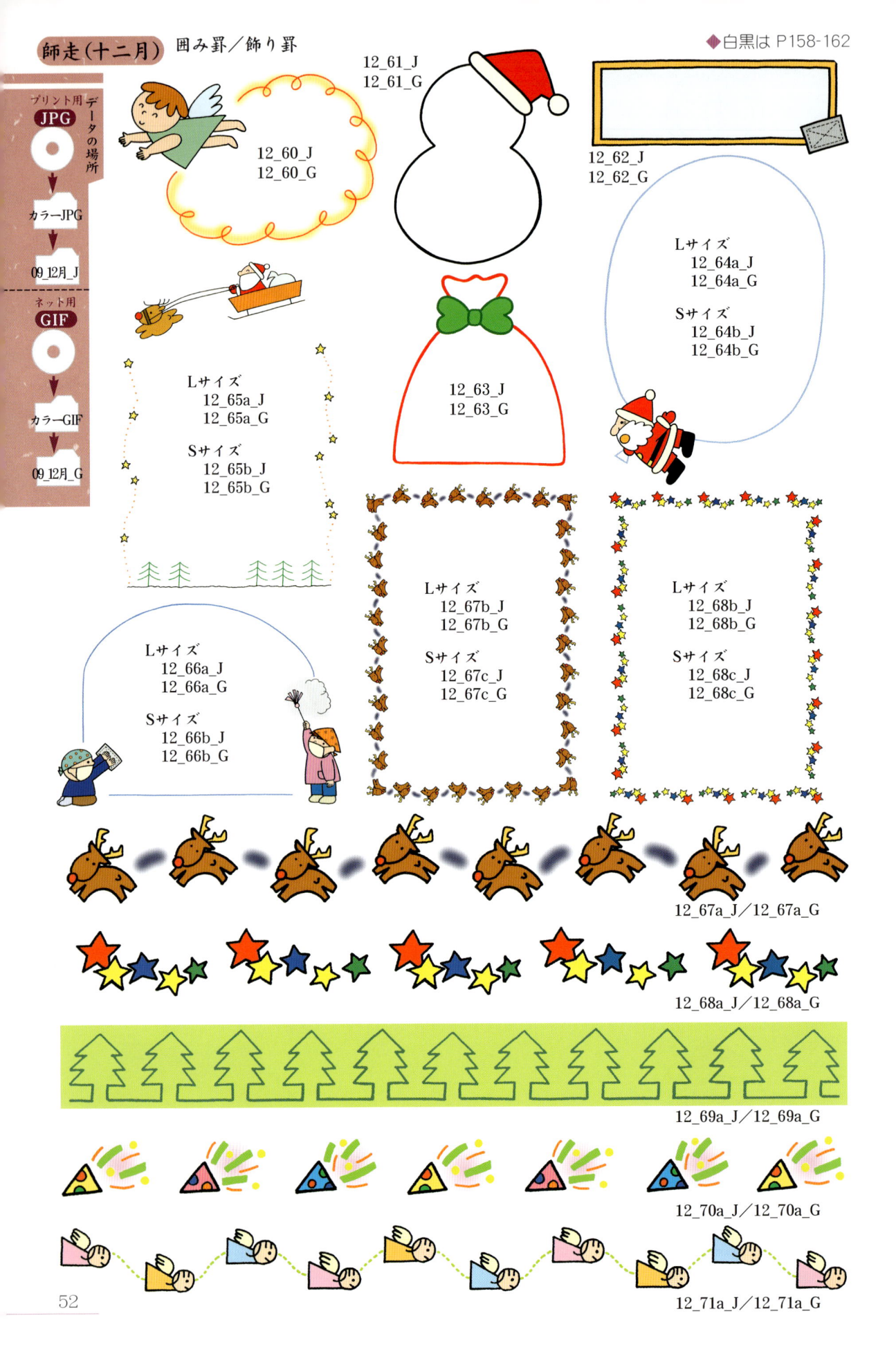

プリント用 JPG　データの場所
カラーJPG
09_12月_J
ネット用 GIF
カラーGIF
09_12月_G

12_60_J
12_60_G

12_61_J
12_61_G

12_62_J
12_62_G

12_63_J
12_63_G

Lサイズ
12_64a_J
12_64a_G

Sサイズ
12_64b_J
12_64b_G

Lサイズ
12_65a_J
12_65a_G

Sサイズ
12_65b_J
12_65b_G

Lサイズ
12_66a_J
12_66a_G

Sサイズ
12_66b_J
12_66b_G

Lサイズ
12_67b_J
12_67b_G

Sサイズ
12_67c_J
12_67c_G

Lサイズ
12_68b_J
12_68b_G

Sサイズ
12_68c_J
12_68c_G

12_67a_J／12_67a_G

12_68a_J／12_68a_G

12_69a_J／12_69a_G

12_70a_J／12_70a_G

12_71a_J／12_71a_G

52

◆白黒は P161-165　　　　　　　　　　　　　囲み罫／飾り罫　**師走（十二月）**

Lサイズ
12_69b_J
12_69b_G

Sサイズ
12_69c_J
12_69c_G

Lサイズ
12_70b_J
12_70b_G

Sサイズ
12_70c_J
12_70c_G

Lサイズ
12_71b_J
12_71b_G

Sサイズ
12_71c_J
12_71c_G

データの場所
プリント用
**JPG**
↓
カラーJPG
↓
09_12月_J

ネット用
**GIF**
↓
カラーGIF
↓
09_12月_G

12_72a_J／12_72a_G

12_73a_J／12_73a_G

12_74a_J／12_74a_G

Lサイズ
12_72b_J
12_72b_G

Sサイズ
12_72c_J
12_72c_G

Lサイズ…12_72d_J／12_72d_G
Sサイズ…12_72e_J／12_72e_G

Lサイズ
12_74b_J
12_74b_G

Sサイズ
12_74c_J
12_74c_G

Lサイズ
12_73d_J
12_73d_G

Sサイズ
12_73e_J
12_73e_G

Lサイズ
12_73b_J
12_73b_G

Sサイズ
12_73c_J
12_73c_G

Lサイズ
12_74d_J
12_74d_G

Sサイズ
12_74e_J
12_74e_G

53

睦月(一月) お正月／お正月の遊び

◆白黒は P166-167

プリント用データの場所
JPG → カラーJPG → 10_1月_J
ネット用 GIF → カラーGIF → 10_1月_G

1_01_J／1_01_G
1_02_J／1_02_G
1_03_J／1_03_G
1_04_J 1_04_G
1_05_J 1_05_G
1_06_J／1_06_G
1_07_J／1_07_G
1_08_J 1_08_G
1_09_J 1_09_G
1_10_J 1_10_G
1_11_J／1_11_G
1_12_J／1_12_G
1_13_J／1_13_G
1_14_J 1_14_G
1_15_J 1_15_G
1_16_J 1_16_G
1_17_J 1_17_G
1_18_J 1_18_G
1_19_J 1_19_G
1_20_J／1_20_G
1_21_J 1_21_G
1_22_J／1_22_G
1_23_J／1_23_G
1_24_J／1_24_G
1_25_J／1_25_G
1_26_J／1_26_G
1_27_J／1_27_G
1_28_J 1_28_G
1_29_J／1_29_G
1_30_J／1_30_G
1_31_J 1_31_G
1_32_J／1_32_G

54

◆白黒は P167-168

七草／福寿草／成人式／梅／七福神／干支

睦月（一月）

データの場所
プリント用 JPG
↓
カラーJPG
↓
10_1月_J
-------
ネット用 GIF
↓
カラーGIF
↓
10_1月_G

1_34_J / 1_34_G
1_35_J / 1_35_G
1_33_J / 1_33_G
1_37_J / 1_37_G
1_38_J / 1_38_G
1_39_J / 1_39_G
1_40_J
1_40_G

二人セット…1_36a_J／1_36a_G
女性のみ…1_36b_J／1_36b_G
男性のみ…1_36c_J／1_36c_G

1_41_J／1_41_G　1_42_J／1_42_G　1_43_J／1_43_G　1_44_J／1_44_G

1_45_J／1_45_G　1_46_J／1_46_G　1_47_J／1_47_G　1_48_J／1_48_G　1_49_J／1_49_G　1_50_J／1_50_G

1_51_J／1_51_G　1_52_J／1_52_G　1_53_J／1_53_G　1_54_J／1_54_G　1_55_J／1_55_G　1_56_J／1_56_G

1_57_J／1_57_G　1_58_J 1_58_G　1_59_J 1_59_G　1_60_J／1_60_G　1_61_J 1_61_G　1_62_J／1_62_G

1_63_J 1_63_G　1_64_J 1_64_G　1_65_J 1_65_G　1_66_J 1_66_G　1_67_J 1_67_G　1_68_J 1_68_G

55

| 睦月（一月） | 干支／囲み罫／飾り罫 | ◆白黒は P168-171 |

プリント用
JPG
↓
カラーJPG
↓
10_1月_J

ネット用
GIF
↓
カラーGIF
↓
10_1月_G

データの場所

1_69_J／1_69_G
1_70_J／1_70_G
1_71_J／1_71_G
1_72_J／1_72_G
1_73_J／1_73_G
1_74_J／1_74_G

1_75_J／1_75_G
1_76_J／1_76_G
1_77_J／1_77_G
1_78_J／1_78_G
1_79_J／1_79_G
1_80_J／1_80_G

1_81_J／1_81_G
1_82_J／1_82_G
1_83_J／1_83_G

1_84_J／1_84_G

Lサイズ…1_85a_J／1_85a_G
Sサイズ…1_85b_J／1_85b_G

Lサイズ
1_86a_J
1_86a_G

Sサイズ
1_86b_J
1_86b_G

Lサイズ…1_87a_J／1_87a_G
Sサイズ…1_87b_J／1_87b_G

56

◆白黒は P171-174　　　　　　　　　　　囲み罫／飾り罫　　睦月（一月）

データの場所

プリント用 JPG → カラーJPG → 10_1月_J

ネット用 GIF → カラーGIF → 10_1月_G

1_88a_J／1_88a_G

1_89a_J／1_89a_G

1_90a_J／1_90a_G

Lサイズ
1_88b_J
1_88b_G

Sサイズ
1_88c_J
1_88c_G

Lサイズ
1_89b_J
1_89b_G

Sサイズ
1_89c_J
1_89c_G

Lサイズ
1_90b_J
1_90b_G

Sサイズ
1_90c_J
1_90c_G

Lサイズ…1_89d_J／1_89d_G
Sサイズ…1_89e_J／1_89e_G

Lサイズ…1_90d_J／1_90d_G
Sサイズ…1_90e_J／1_90e_G

1_91a_J
1_91a_G

Lサイズ
1_91b_J
1_91b_G

Sサイズ
1_91c_J
1_91c_G

Lサイズ…1_91d_J／1_91d_G
Sサイズ…1_91e_J／1_91e_G

57

如月（二月） 雪／うがい／ウィンタースポーツ／火の用心／バレンタイン ◆白黒は P175-176

プリント用 JPG
データの場所
カラーJPG
11_2月_J
ネット用 GIF
カラーGIF
11_2月_G

2_01_J／2_01_G
2_02_J／2_02_G
2_03_J／2_03_G
2_04_J／2_04_G
2_05_J／2_05_G
2_06_J／2_06_G
2_07_J／2_07_G
2_08_J／2_08_G
2_09_J／2_09_G
2_10_J／2_10_G
2_11_J／2_11_G
2_12_J／2_12_G
2_13_J／2_13_G
2_14_J／2_14_G
2_15_J／2_15_G
2_16_J／2_16_G
2_17_J／2_17_G
2_18_J／2_18_G
2_19_J／2_19_G
2_20_J／2_20_G
2_21_J／2_21_G
2_22_J／2_22_G
2_23_J／2_23_G

◆白黒は P176-178　　　節分／立春／初春の花／囲み罫　　如月(二月)

2_24_J / 2_24_G
2_25_J / 2_25_G
2_26_J / 2_26_G
2_27_J / 2_27_G
2_28_J / 2_28_G
2_29_J / 2_29_G
2_30_J / 2_30_G
2_31_J / 2_31_G
2_34_J / 2_34_G
2_35_J / 2_35_G
2_33_J / 2_33_G

セット…2_32a_J
　　　　2_32a_G
うぐいすのみ…2_32b_J
　　　　　　　2_32b_G
人物のみ…2_32c_J
　　　　　2_32c_G

2_36_J / 2_36_G
2_37_J / 2_37_G
2_38_J / 2_38_G

データの場所
プリント用 JPG → カラーJPG → 11_2月_J
ネット用 GIF → カラーGIF → 11_2月_G

2_39_J / 2_39_G
2_40_J / 2_40_G
2_41_J / 2_41_G
2_42_J / 2_42_G

59

| 如月（二月） | 囲み罫／飾り罫 | ◆白黒は P177-180

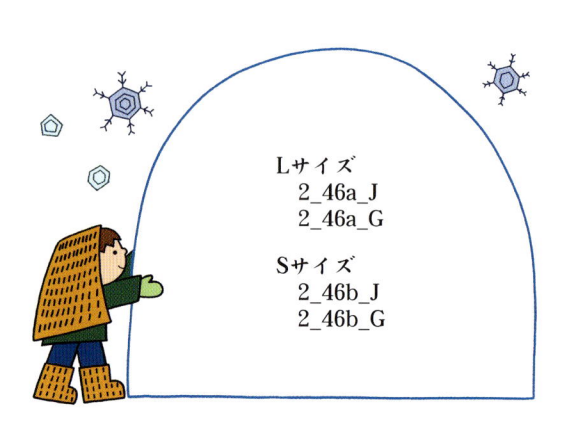

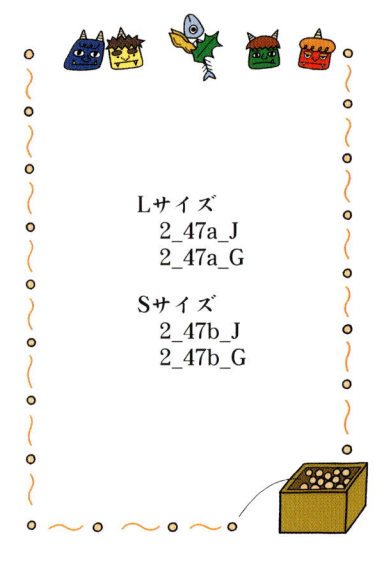

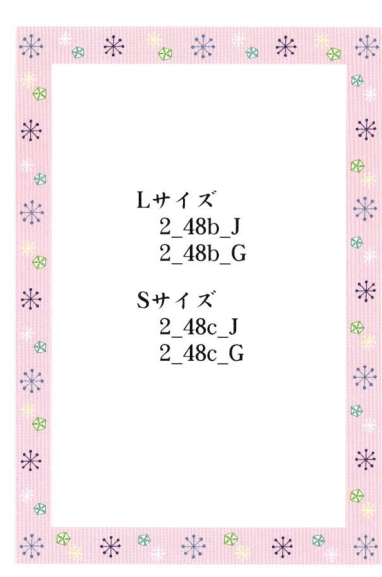

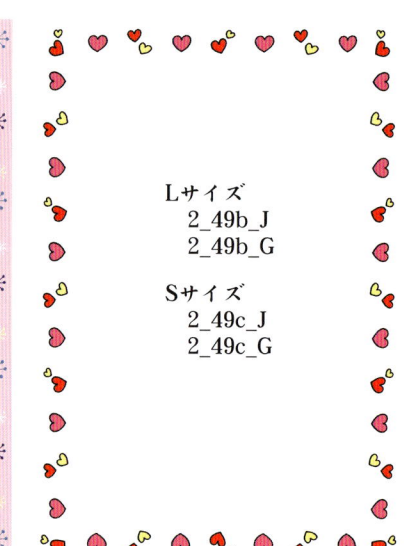

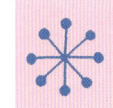

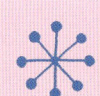

プリント用 JPG
データの場所
↓
カラーJPG
↓
11_2月_J
----
ネット用 GIF
↓
カラーGIF
↓
11_2月_G

2_43_J／2_43_G

2_44_J／2_44_G

Lサイズ…2_45a_J／2_45a_G
Sサイズ…2_45b_J／2_45b_G

Lサイズ
2_46a_J
2_46a_G

Sサイズ
2_46b_J
2_46b_G

Lサイズ
2_47a_J
2_47a_G

Sサイズ
2_47b_J
2_47b_G

Lサイズ
2_48b_J
2_48b_G

Sサイズ
2_48c_J
2_48c_G

Lサイズ
2_49b_J
2_49b_G

Sサイズ
2_49c_J
2_49c_G

2_48a_J／2_48a_G

2_49a_J／2_49a_G

◆白黒はP181-183  囲み罫／飾り罫  **如月（二月）**

2_50a_J／2_50a_G

2_51a_J／2_51a_G

2_52a_J／2_52a_G

データの場所
プリント用 **JPG** → カラーJPG → 11_2月_J
-------
ネット用 **GIF** → カラーGIF → 11_2月_G

Lサイズ
2_50b_J
2_50b_G

Sサイズ
2_50c_J
2_50c_G

Lサイズ…2_50d_J／2_50d_G
Sサイズ…2_50e_J／2_50e_G

Lサイズ
2_51b_J
2_51b_G

Sサイズ
2_51c_J
2_51c_G

Lサイズ
2_52b_J
2_52b_G

Sサイズ
2_52c_J
2_52c_G

Lサイズ…2_51d_J／2_51d_G
Sサイズ…2_51e_J／2_51e_G

Lサイズ…2_52d_J／2_52d_G
Sサイズ…2_52e_J／2_52e_G

# 弥生（三月）

彼岸／桃の節句／卒業／啓蟄／つくし

◆白黒は P184

プリント用 JPG データの場所
↓
カラーJPG
↓
12_3月_J
--------
ネット用 GIF
↓
カラーGIF
↓
12_3月_G

3_01_J／3_01_G
3_02_J／3_02_G
3_03_J／3_03_G
3_04_J／3_04_G
3_05_J／3_05_G
3_06_J／3_06_G
3_07_J／3_07_G
3_08_J／3_08_G
3_09_J／3_09_G
3_10_J／3_10_G
3_11_J／3_11_G
3_12_J／3_12_G
3_13_J／3_13_G
3_14_J／3_14_G
3_15_J／3_15_G
3_16_J／3_16_G
3_17_J／3_17_G
3_18_J／3_18_G
3_19_J／3_19_G
3_20_J／3_20_G
3_21_J／3_21_G
3_22_J／3_22_G
3_23_J／3_23_G

◆白黒は P185　　　　　耳の日／すみれ／囲み罫／飾り罫　　弥生(三月)

みみのひ

3_24_J／3_24_G

3_25_J
3_25_G

3_26_J／3_26_G

3_27_J／3_27_G

データの場所
プリント用
JPG
↓
カラーJPG
↓
12_3月_J

ネット用
GIF
↓
カラーGIF
↓
12_3月_G

3_29_J／3_29_G

3_28_J
3_28_G

3_30_J／3_30_G

3_31_J
3_31_G

3_32_J／3_32_G

63

弥生（三月） 囲み罫／飾り罫　　　　　　　　　　　　　　　　　　　◆白黒は P186-188

プリント用データの場所
JPG → カラーJPG → 12_3月_J
ネット用
GIF → カラーGIF → 12_3月_G

Lサイズ…3_33a_J／3_33a_G
Sサイズ…3_33b_J／3_33b_G

Lサイズ…3_34a_J／3_34a_G
Sサイズ…3_34b_J／3_34b_G

Lサイズ
3_35a_J
3_35a_G

Sサイズ
3_35b_J
3_35b_G

Lサイズ
3_36b_J
3_36b_G

Sサイズ
3_36c_J
3_36c_G

Lサイズ
3_37b_J
3_37b_G

Sサイズ
3_37c_J
3_37c_G

Lサイズ…3_37d_J／3_37d_G
Sサイズ…3_37e_J／3_37e_G

3_36a_J／3_36a_G

3_37a_J／3_37a_G

64

◆白黒は P189-191　　　　　　　　　　　囲み罫／飾り罫　　弥生(三月)

3_38a_J／3_38a_G

データの場所
プリント用 JPG → カラーJPG → 12_3月_J
ネット用 GIF → カラーGIF → 12_3月_G

Lサイズ
3_38b_J
3_38b_G

Sサイズ
3_38c_J
3_38c_G

Lサイズ…3_38d_J／3_38d_G
Sサイズ…3_38e_J／3_38e_G

Lサイズ
3_39b_J
3_39b_G

Sサイズ
3_39c_J
3_39c_G

Lサイズ…3_39d_J／3_39d_G
Sサイズ…3_39e_J／3_39e_G

Lサイズ
3_40b_J
3_40b_G

Sサイズ
3_40c_J
3_40c_G

Lサイズ…3_40d_J／3_40d_G
Sサイズ…3_40e_J／3_40e_G

3_39a_J
3_39a_G

3_40a_J／3_40a_G

趣味

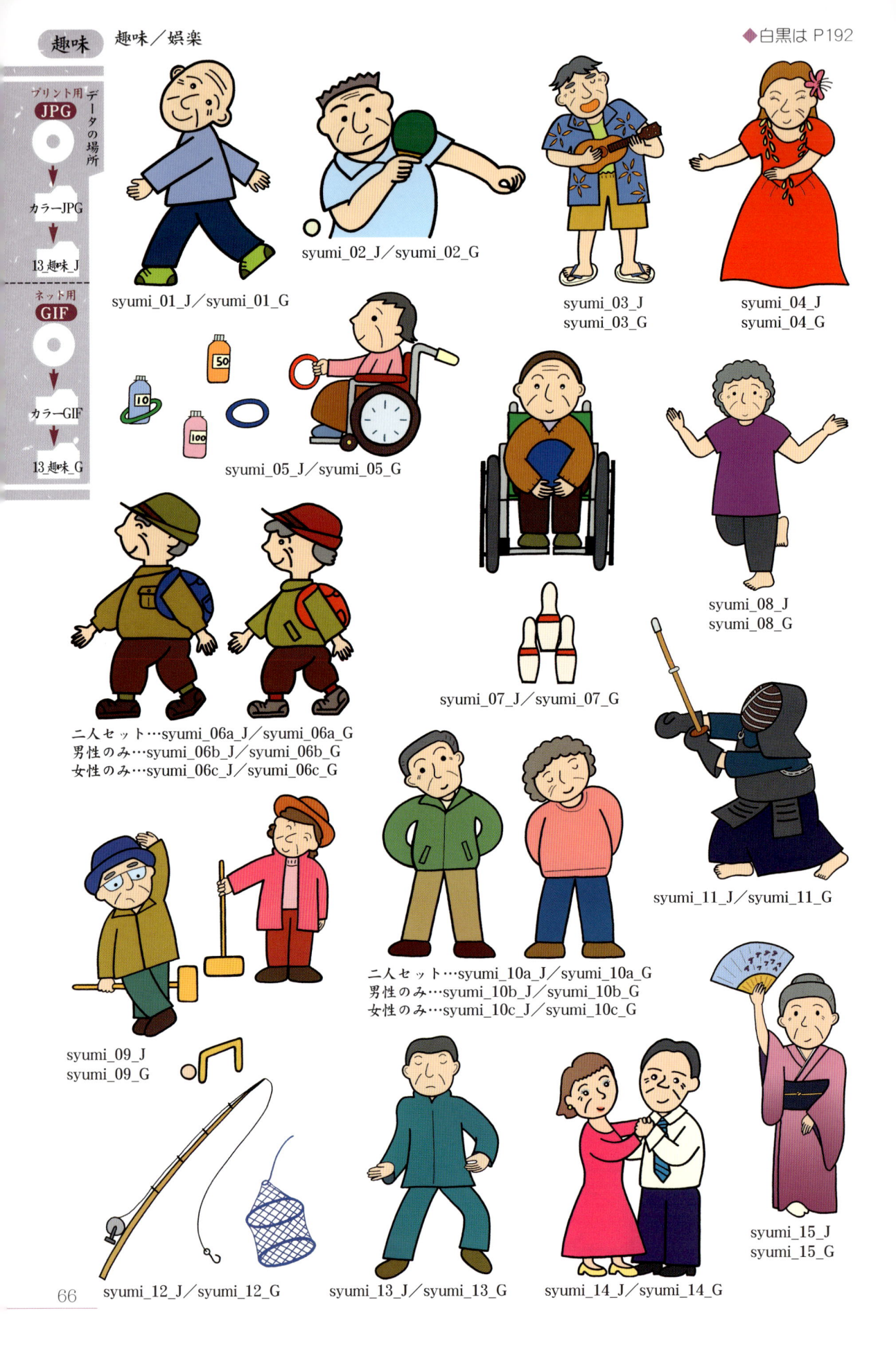

趣味／娯楽

◆白黒は P192

プリント用 JPG
データの場所
↓
カラーJPG
↓
13_趣味_J

ネット用 GIF
↓
カラーGIF
↓
13_趣味_G

syumi_01_J／syumi_01_G

syumi_02_J／syumi_02_G

syumi_03_J
syumi_03_G

syumi_04_J
syumi_04_G

syumi_05_J／syumi_05_G

syumi_08_J
syumi_08_G

syumi_07_J／syumi_07_G

二人セット…syumi_06a_J／syumi_06a_G
男性のみ…syumi_06b_J／syumi_06b_G
女性のみ…syumi_06c_J／syumi_06c_G

syumi_11_J／syumi_11_G

二人セット…syumi_10a_J／syumi_10a_G
男性のみ…syumi_10b_J／syumi_10b_G
女性のみ…syumi_10c_J／syumi_10c_G

syumi_09_J
syumi_09_G

syumi_15_J
syumi_15_G

syumi_12_J／syumi_12_G

syumi_13_J／syumi_13_G

syumi_14_J／syumi_14_G

◆白黒は P193

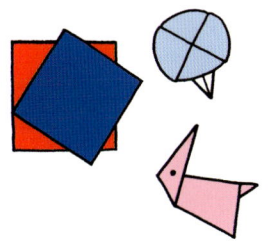

趣味／娯楽　趣味

syumi_16_J／syumi_16_G

syumi_17_J／syumi_17_G

syumi_18_J／syumi_18_G

データの場所
プリント用 JPG
↓
カラーJPG
↓
13_趣味_J
- - - - - - -
ネット用 GIF
↓
カラーGIF
↓
13_趣味_G

syumi_19_J／syumi_19_G

syumi_20_J／syumi_20_G

syumi_21_J／syumi_21_G

syumi_22_J／syumi_22_G

syumi_23_J／syumi_23_G

syumi_24_J／syumi_24_G

syumi_25_J／syumi_25_G

syumi_26_J／syumi_26_G

syumi_27_J
syumi_27_G

syumi_28_J
syumi_28_G

syumi_29_J／syumi_29_G

syumi_30_J／syumi_30_G

syumi_31_J／syumi_31_G

67

# 健康

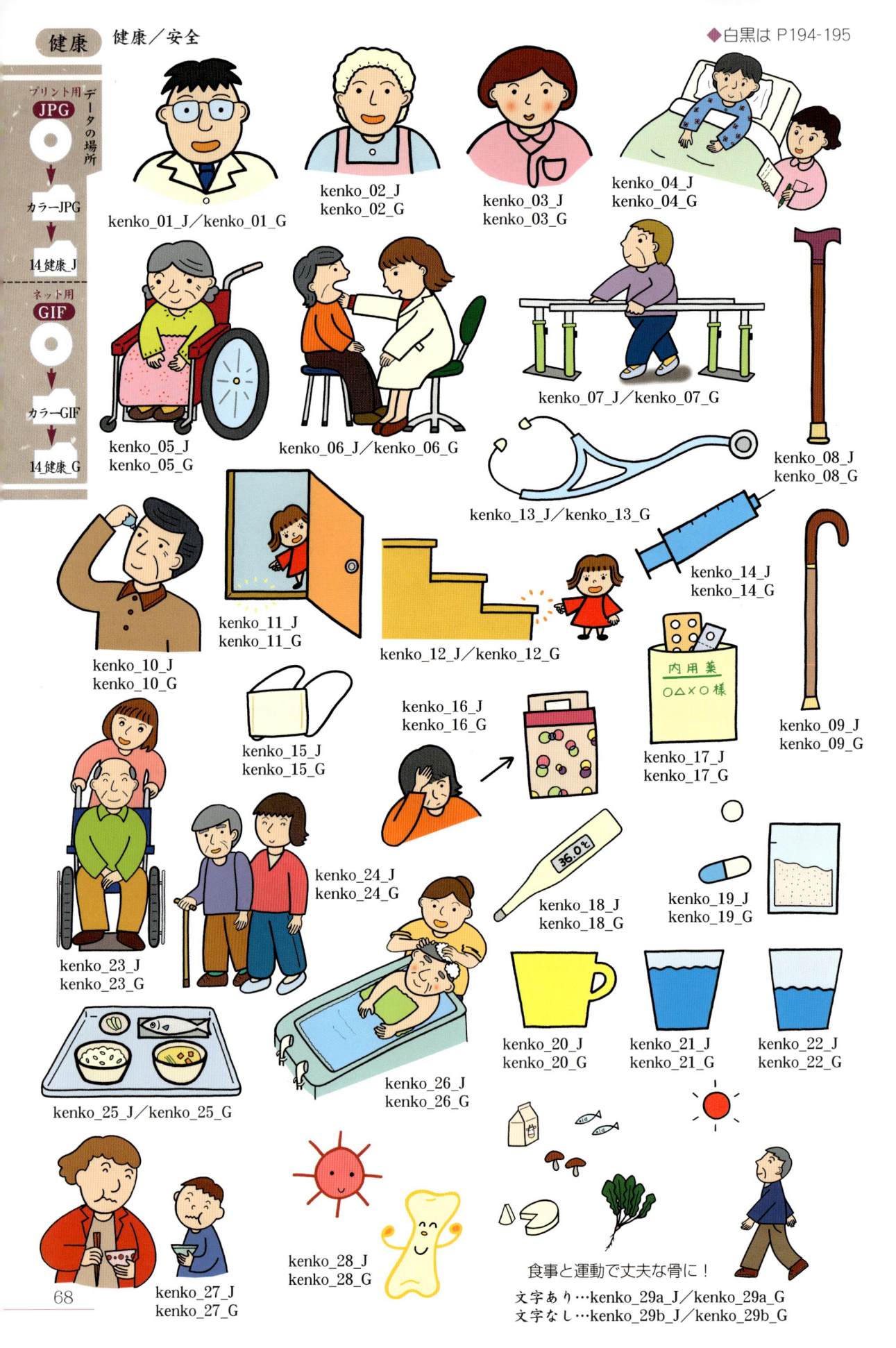

健康／安全

◆白黒は P194-195

プリント用 JPG データの場所
↓
カラーJPG
↓
14健康_J

ネット用 GIF
↓
カラーGIF
↓
14健康_G

kenko_01_J／kenko_01_G
kenko_02_J／kenko_02_G
kenko_03_J／kenko_03_G
kenko_04_J／kenko_04_G
kenko_05_J／kenko_05_G
kenko_06_J／kenko_06_G
kenko_07_J／kenko_07_G
kenko_08_J／kenko_08_G
kenko_13_J／kenko_13_G
kenko_14_J／kenko_14_G
kenko_09_J／kenko_09_G
kenko_10_J／kenko_10_G
kenko_11_J／kenko_11_G
kenko_12_J／kenko_12_G
kenko_15_J／kenko_15_G
kenko_16_J／kenko_16_G
kenko_17_J／kenko_17_G
kenko_23_J／kenko_23_G
kenko_24_J／kenko_24_G
kenko_18_J／kenko_18_G
kenko_19_J／kenko_19_G
kenko_20_J／kenko_20_G
kenko_21_J／kenko_21_G
kenko_22_J／kenko_22_G
kenko_25_J／kenko_25_G
kenko_26_J／kenko_26_G
kenko_27_J／kenko_27_G
kenko_28_J／kenko_28_G

食事と運動で丈夫な骨に！
文字あり…kenko_29a_J／kenko_29a_G
文字なし…kenko_29b_J／kenko_29b_G

◆白黒は P195-197  健康／囲み罫／飾り罫  健康

食事をしてから飲むお薬です

文字あり…kenko_30a_J／kenko_30a_G
文字なし…kenko_30b_J／kenko_30b_G

食事をする前に飲むお薬です

文字あり…kenko_31a_J／kenko_31a_G
文字なし…kenko_31b_J／kenko_31b_G

栄養バランスのよい食事を

文字あり…kenko_32a_J／kenko_32a_G
文字なし…kenko_32b_J／kenko_32b_G

風邪の予防

セット…kenko_33a_J／kenko_33a_G
うがいのみ…kenko_33b_J／kenko_33b_G
手洗いのみ…kenko_33c_J／kenko_33c_G

衣類で温度調節をしましょう

文字あり…kenko_34a_J
　　　　　kenko_34a_G

文字なし…kenko_34b_J
　　　　　kenko_34b_G

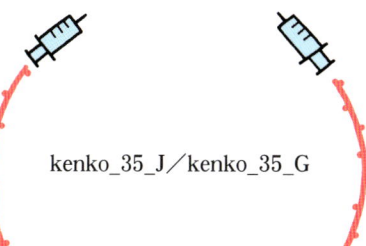

kenko_35_J／kenko_35_G

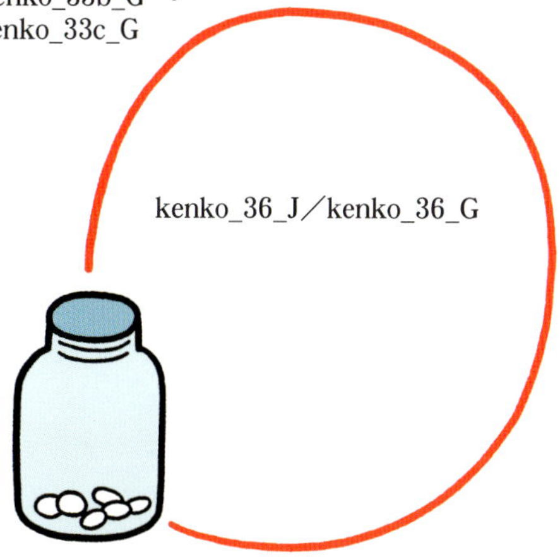

kenko_36_J／kenko_36_G

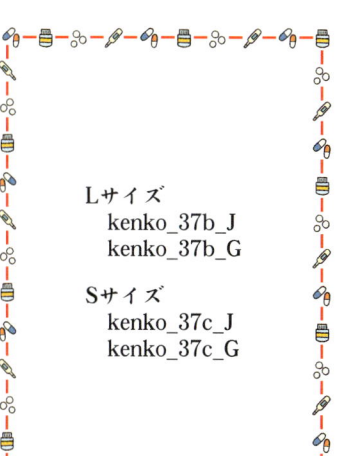

プリント用 JPG
データの場所
カラーJPG
14健康_J
ネット用 GIF
カラーGIF
14健康_G

Lサイズ
kenko_37b_J
kenko_37b_G

Sサイズ
kenko_37c_J
kenko_37c_G

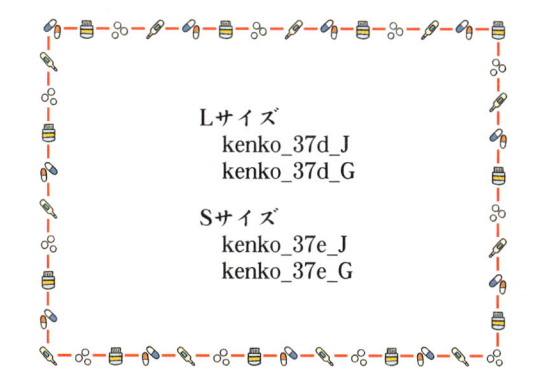

Lサイズ
kenko_37d_J
kenko_37d_G

Sサイズ
kenko_37e_J
kenko_37e_G

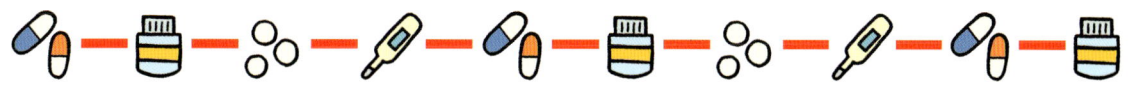

kenko_37a_J／kenko_37a_G

# 仕事

◆白黒は P198

プリント用 JPG → カラーJPG → 15_仕事_J
ネット用 GIF → カラーGIF → 15_仕事_G

sigoto_01_J / sigoto_01_G
sigoto_02_J / sigoto_02_G
sigoto_03_J / sigoto_03_G
sigoto_04_J / sigoto_04_G
sigoto_05_J / sigoto_05_G
sigoto_06_J / sigoto_06_G
sigoto_07_J / sigoto_07_G
sigoto_08_J / sigoto_08_G
sigoto_09_J / sigoto_09_G
sigoto_10_J / sigoto_10_G
sigoto_11_J / sigoto_11_G
sigoto_12_J / sigoto_12_G
sigoto_13_J / sigoto_13_G
sigoto_14_J / sigoto_14_G
sigoto_15_J / sigoto_15_G
sigoto_16_J / sigoto_16_G
sigoto_17_J / sigoto_17_G
sigoto_18_J / sigoto_18_G
sigoto_19_J / sigoto_19_G
sigoto_20_J / sigoto_20_G
sigoto_21_J / sigoto_21_G
sigoto_22_J / sigoto_22_G
sigoto_23_J / sigoto_23_G
sigoto_24_J / sigoto_24_G
sigoto_25_J / sigoto_25_G
sigoto_26_J / sigoto_26_G

◆白黒は P199-200

歌

データの場所
プリント用 JPG → カラーJPG → 16_歌_J
ネット用 GIF → カラーGIF → 16_歌_G

あめふり
uta_01_J／uta_01_G

おてもやん
uta_02_J／uta_02_G

お江戸日本橋
uta_03_J
uta_03_G

お正月
uta_04_J
uta_04_G

かあさんの歌
uta_05_J
uta_05_G

たき火
uta_06_J／uta_06_G

さくら
uta_07_J
uta_07_G

チャグチャグ馬子唄
uta_08_J／uta_08_G

しゃぼん玉
uta_09_J／uta_09_G

みかんの花咲く丘
uta_10_J
uta_10_G

紅葉
uta_11_J
uta_11_G

花笠音頭
uta_12_J／uta_12_G

バラが咲いた
uta_13_J／uta_13_G

学生時代
uta_14_J
uta_14_G

月の砂漠
uta_15_J
uta_15_G

王将
uta_16_J／uta_16_G

海…uta_17_J／uta_17_G

柔…uta_18_J／uta_18_G

憧れのハワイ航路
uta_19_J
uta_19_G

春が来た
uta_20_J
uta_20_G

黒田節
uta_21_J／uta_21_G

鯉のぼり
uta_22_J／uta_22_G

荒城の月
uta_23_J／uta_23_G

仰げば尊し
uta_24_J／uta_24_G

波浮の港
uta_25_J
uta_25_G

通りゃんせ
uta_26_J／uta_26_G

東京音頭
uta_27_J
uta_27_G

背くらべ
uta_28_J
uta_28_G

赤とんぼ
uta_29_J
uta_29_G

悲しい酒
uta_30_J／uta_30_G

湯の町エレジー
uta_31_J
uta_31_G

青い山脈
uta_32_J／uta_32_G

長崎の鐘
uta_33_J
uta_33_G

瀬戸の花嫁
uta_34_J／uta_34_G

71

# 花

◆白黒は P201-202

データの場所
- プリント用 JPG → カラーJPG → 17_花_J
- ネット用 GIF → カラーGIF → 17_花_G

椿 hana_01_J／hana_01_G
椿 hana_02_J hana_02_G
スズラン hana_03_J hana_03_G
スズラン hana_04_J hana_04_G
カタクリ hana_05_J hana_05_G
コブシ hana_06_J hana_06_G
レンゲ hana_07_J hana_07_G
ネコヤナギ hana_08_J hana_08_G
沈丁花 hana_09_J hana_09_G
千両 hana_10_J／hana_10_G
スイートピー hana_11_J hana_11_G
スミレ hana_12_J hana_12_G
菜の花 hana_13_J hana_13_G
桜草 hana_14_J hana_14_G
ツクシ hana_15_J／hana_15_G
バラ hana_16_J／hana_16_G
バラ hana_17_J／hana_17_G
ラン hana_18_J／hana_18_G
アヤメ hana_19_J hana_19_G
カーネーション hana_20_J／hana_20_G
ツユクサ hana_21_J／hana_21_G
サツキ hana_22_J hana_22_G
萩 hana_23_J hana_23_G
フジ hana_24_J hana_24_G
二人静 hana_25_J hana_25_G
アジサイ hana_26_J／hana_26_G
アジサイ hana_27_J hana_27_G
サギ草 hana_28_J hana_28_G
ガマ hana_29_J hana_29_G
ハス hana_30_J hana_30_G
スイレン hana_31_J hana_31_G

◆白黒は P202-203

花

データの場所
プリント用 JPG → カラーJPG → 17_花_J
ネット用 GIF → カラーGIF → 17_花_G

アザミ
hana_32_J／hana_32_G

朝顔
hana_33_J／hana_33_G

ヒマワリ
hana_34_J／hana_34_G

ヒマワリ
hana_35_J／hana_35_G

ホタルブクロ
hana_36_J／hana_36_G

カワラナデシコ
hana_37_J
hana_37_G

キキョウ
hana_39_J
hana_39_G

芙蓉
hana_40_J／hana_40_G

キキョウ
hana_38_J
hana_38_G

金木犀
hana_41_J
hana_41_G

コスモス
hana_42_J
hana_42_G

十二単
hana_43_J／hana_43_G

ドクダミ
hana_44_J
hana_44_G

サルビア
hana_45_J
hana_45_G

エノコロ草
hana_46_J
hana_46_G

ユリ
hana_47_J
hana_47_G

ユリ
hana_48_J
hana_48_G

アケビ
hana_49_J／hana_49_G

水引き
hana_50_J
hana_50_G

アセビ
hana_51_J／hana_51_G

ヘチマ
hana_52_J
hana_52_G

瓢箪
hana_53_J
hana_53_G

オミナエシ
hana_54_J
hana_54_G

ヒナゲシ
hana_55_J／hana_55_G

一人静
hana_56_J
hana_56_G

ススキ
hana_57_J
hana_57_G

山吹草
hana_58_J／hana_58_G

ホウセンカ
hana_59_J
hana_59_G

73

祝　長寿祝い／誕生祝い　　　　　　　　　　　　　　　　　　　　◆白黒は P204-205

プリント用 JPG → カラーJPG → 18_祝_J
ネット用 GIF → カラーGIF → 18_祝_G

iwai_01_J / iwai_01_G
iwai_02_J / iwai_02_G
iwai_03_J / iwai_03_G
iwai_04_J / iwai_04_G
iwai_05_J / iwai_05_G

賀寿祝い
iwai_06_J / iwai_06_G
iwai_07_J / iwai_07_G
iwai_08_J / iwai_08_G
iwai_09_J / iwai_09_G 
iwai_10_J / iwai_10_G

還暦 60　iwai_11_J / iwai_11_G 
古希 70　iwai_12_J / iwai_12_G 
喜寿 77　iwai_13_J / iwai_13_G 
傘寿 80　iwai_14_J / iwai_14_G 
米寿 88　iwai_15_J / iwai_15_G 
卒寿 90　iwai_16_J / iwai_16_G

白寿 99　iwai_17_J / iwai_17_G 
百寿 100　iwai_18_J / iwai_18_G 
百一賀 101　iwai_19_J / iwai_19_G 
茶寿 108　iwai_20_J / iwai_20_G 
珍寿 110　iwai_21_J / iwai_21_G 
皇寿 111　iwai_22_J / iwai_22_G

大還暦 120　iwai_23_J / iwai_23_G 
長寿　iwai_24_J / iwai_24_G 
賀寿　iwai_25_J / iwai_25_G  
還暦　iwai_26_J / iwai_26_G  
古希　iwai_27_J / iwai_27_G  
喜寿　iwai_28_J / iwai_28_G 
半寿　iwai_29_J / iwai_29_G

※半寿は傘寿と同じ80才

米寿　iwai_30_J / iwai_30_G 
卒寿　iwai_31_J / iwai_31_G 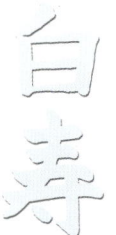
白寿　iwai_32_J / iwai_32_G 
百寿　iwai_33_J / iwai_33_G 
百一賀　iwai_34_J / iwai_34_G 
茶寿　iwai_35_J / iwai_35_G 
珍寿　iwai_36_J / iwai_36_G 
皇寿　iwai_37_J / iwai_37_G

◆白黒は P205-207　　　年賀／クリスマス／暑中・寒中お見舞い／タイトル文字　　　文字

あけましておめでとうございます
moji_01_J／moji_01_G

明けましておめでとうございます
moji_02_J／moji_02_G

賀正
moji_03_J
moji_03_G

元旦
moji_04_J
moji_04_G

賀正
moji_05_J
moji_05_G

データの場所
プリント用 JPG
↓
カラーJPG
↓
19_文字_J
--------
ネット用 GIF
↓
カラーGIF
↓
19_文字_G

迎
moji_06_J
moji_06_G

春

謹賀新年
moji_07_J
moji_07_G

初春
moji_08_J
moji_08_G

Merry Xmas
moji_09_J／moji_09_G

Merry Xmas
moji_10_J
moji_10_G

寒中お見舞い申し上げます
moji_11_J／moji_11_G

残暑御見舞申し上げます
moji_12_J
moji_12_G

暑中御見舞申し上げます
moji_13_J／moji_13_G

ボランティア
moji_14_J／moji_14_G

ボランティア
moji_15_J／moji_15_G

おしらせ
moji_16_J／moji_16_G

ニュース
moji_17_J／moji_17_G

おしらせ
moji_18_J／moji_18_G

おしらせ
moji_19_J
moji_19_G

ニュース
moji_20_J／moji_20_G

おしらせ
moji_21_J
moji_21_G

だより
moji_22_J
moji_22_G

たより
moji_23_J
moji_23_G

たより
moji_24_J／moji_24_G

たより
moji_25_J／moji_25_G

たより
moji_26_J
moji_26_G

だより
moji_27_J
moji_27_G

だより
moji_28_J／moji_28_G

だより
moji_29_J／moji_29_G

行事
moji_30_J
moji_30_G

今月の行事
moji_32_J／moji_32_G

今月の行事
moji_33_J／moji_33_G

職員紹介
moji_34_J／moji_34_G

職員
行事
moji_31_J／moji_31_G

moji_35_J／moji_35_G

75

罫　ミニ囲み罫（名札などに）　◆白黒は P208-209

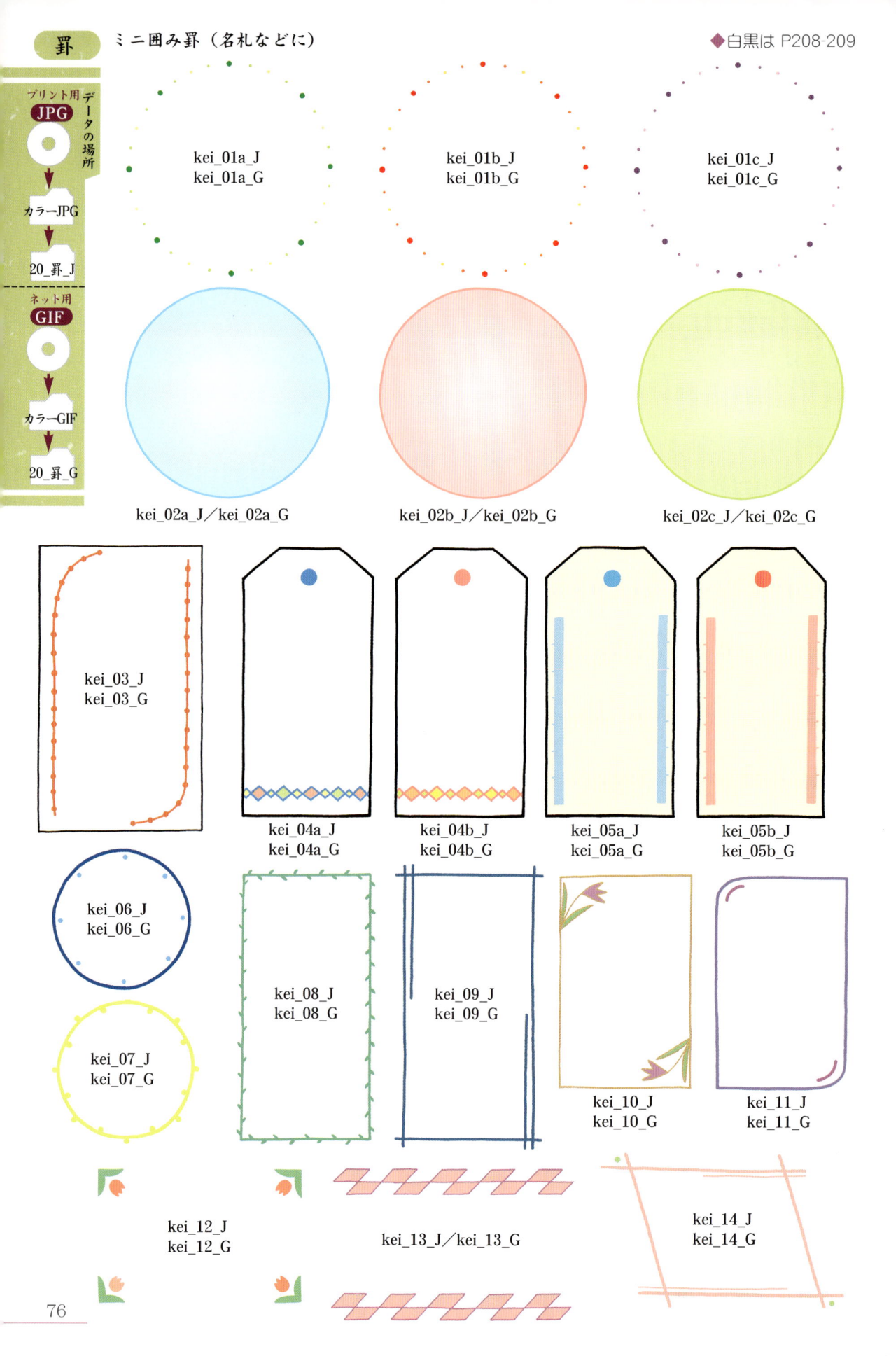

プリント用 JPG／データの場所
カラーJPG
20_罫_J
ネット用 GIF
カラーGIF
20_罫_G

kei_01a_J
kei_01a_G

kei_01b_J
kei_01b_G

kei_01c_J
kei_01c_G

kei_02a_J／kei_02a_G

kei_02b_J／kei_02b_G

kei_02c_J／kei_02c_G

kei_03_J
kei_03_G

kei_04a_J
kei_04a_G

kei_04b_J
kei_04b_G

kei_05a_J
kei_05a_G

kei_05b_J
kei_05b_G

kei_06_J
kei_06_G

kei_08_J
kei_08_G

kei_09_J
kei_09_G

kei_10_J
kei_10_G

kei_11_J
kei_11_G

kei_07_J
kei_07_G

kei_12_J
kei_12_G

kei_13_J／kei_13_G

kei_14_J
kei_14_G

◆白黒は P209-211

ミニ囲み罫（名札などに）／飾り罫

罫

kei_15_J／kei_15_G
kei_16_J kei_16_G
kei_17_J／kei_17_G
kei_18_J／kei_18_G
kei_19_J／kei_19_G
kei_20_J kei_20_G
kei_21_J／kei_21_G
kei_22_J kei_22_G
kei_23_J／kei_23_G
kei_24_J／kei_24_G
kei_25_J／kei_25_G
kei_26_J／kei_26_G
kei_27_J／kei_27_G
kei_28_J／kei_28_G
kei_29_J／kei_29_G
kei_30_J／kei_30_G
kei_31_J／kei_31_G
kei_32_J／kei_32_G
kei_33_J／kei_33_G

データの場所
プリント用 JPG → カラーJPG → 20_罫_J
ネット用 GIF → カラーGIF → 20_罫_G

| 罫 | 万能罫（何にでも使える囲み罫と飾り罫） | ◆白黒はP212-214

kei_34a_J／kei_34a_G

kei_35a_J／kei_35a_G

kei_36a_J／kei_36a_G

Lサイズ
kei_34b_J
kei_34b_G

Sサイズ
kei_34c_J
kei_34c_G

Lサイズ
kei_35b_J
kei_35b_G

Sサイズ
kei_35c_J
kei_35c_G

Lサイズ
kei_36b_J
kei_36b_G

Sサイズ
kei_36c_J
kei_36c_G

kei_37a_J／kei_37a_G

kei_38a_J／kei_38a_G

kei_39a_J／kei_39a_G

Lサイズ
kei_37b_J
kei_37b_G

Sサイズ
kei_37c_J
kei_37c_G

Lサイズ
kei_38b_J
kei_38b_G

Sサイズ
kei_38c_J
kei_38c_G

Lサイズ
kei_39b_J
kei_39b_G

Sサイズ
kei_39c_J
kei_39c_G

◆白黒は P215-217　　　　　　　　万能罫（何にでも使える囲み罫と飾り罫）　　罫

kei_40a_J／kei_40a_G

kei_41a_J／kei_41a_G

kei_42a_J／kei_42a_G

データの場所
プリント用 JPG → カラーJPG → 20_罫_J
ネット用 GIF → カラーGIF → 20_罫_G

Lサイズ
kei_40b_J
kei_40b_G

Sサイズ
kei_40c_J
kei_40c_G

Lサイズ
kei_41b_J
kei_41b_G

Sサイズ
kei_41c_J
kei_41c_G

Lサイズ
kei_42b_J
kei_42b_G

Sサイズ
kei_42c_J
kei_42c_G

kei_43a_J／kei_43a_G

kei_44a_J／kei_44a_G

kei_45a_J／kei_45a_G

Lサイズ
kei_43b_J
kei_43b_G

Sサイズ
kei_43c_J
kei_43c_G

Lサイズ
kei_44b_J
kei_44b_G

Sサイズ
kei_44c_J
kei_44c_G

Lサイズ
kei_45b_J
kei_45b_G

Sサイズ
kei_45c_J
kei_45c_G

# 罫

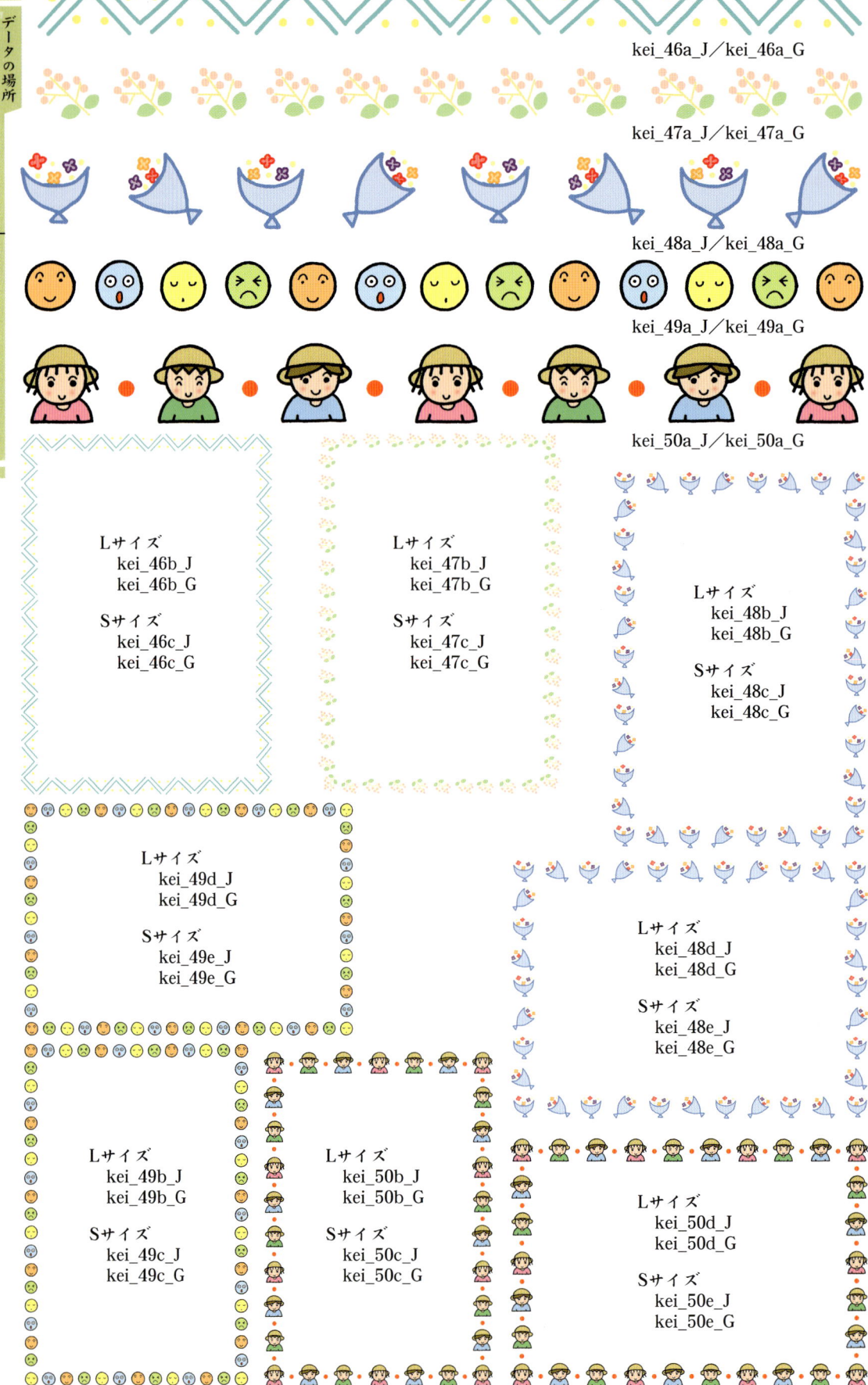

万能罫（何にでも使える囲み罫と飾り罫）

◆白黒は P218-221

プリント用データの場所
JPG → カラーJPG → 20_罫_J
ネット用 GIF → カラーGIF → 20_罫_G

kei_46a_J／kei_46a_G
kei_47a_J／kei_47a_G
kei_48a_J／kei_48a_G
kei_49a_J／kei_49a_G
kei_50a_J／kei_50a_G

Lサイズ
kei_46b_J
kei_46b_G

Sサイズ
kei_46c_J
kei_46c_G

Lサイズ
kei_47b_J
kei_47b_G

Sサイズ
kei_47c_J
kei_47c_G

Lサイズ
kei_48b_J
kei_48b_G

Sサイズ
kei_48c_J
kei_48c_G

Lサイズ
kei_49d_J
kei_49d_G

Sサイズ
kei_49e_J
kei_49e_G

Lサイズ
kei_48d_J
kei_48d_G

Sサイズ
kei_48e_J
kei_48e_G

Lサイズ
kei_49b_J
kei_49b_G

Sサイズ
kei_49c_J
kei_49c_G

Lサイズ
kei_50b_J
kei_50b_G

Sサイズ
kei_50c_J
kei_50c_G

Lサイズ
kei_50d_J
kei_50d_G

Sサイズ
kei_50e_J
kei_50e_G

# 白黒の
# イラストカット

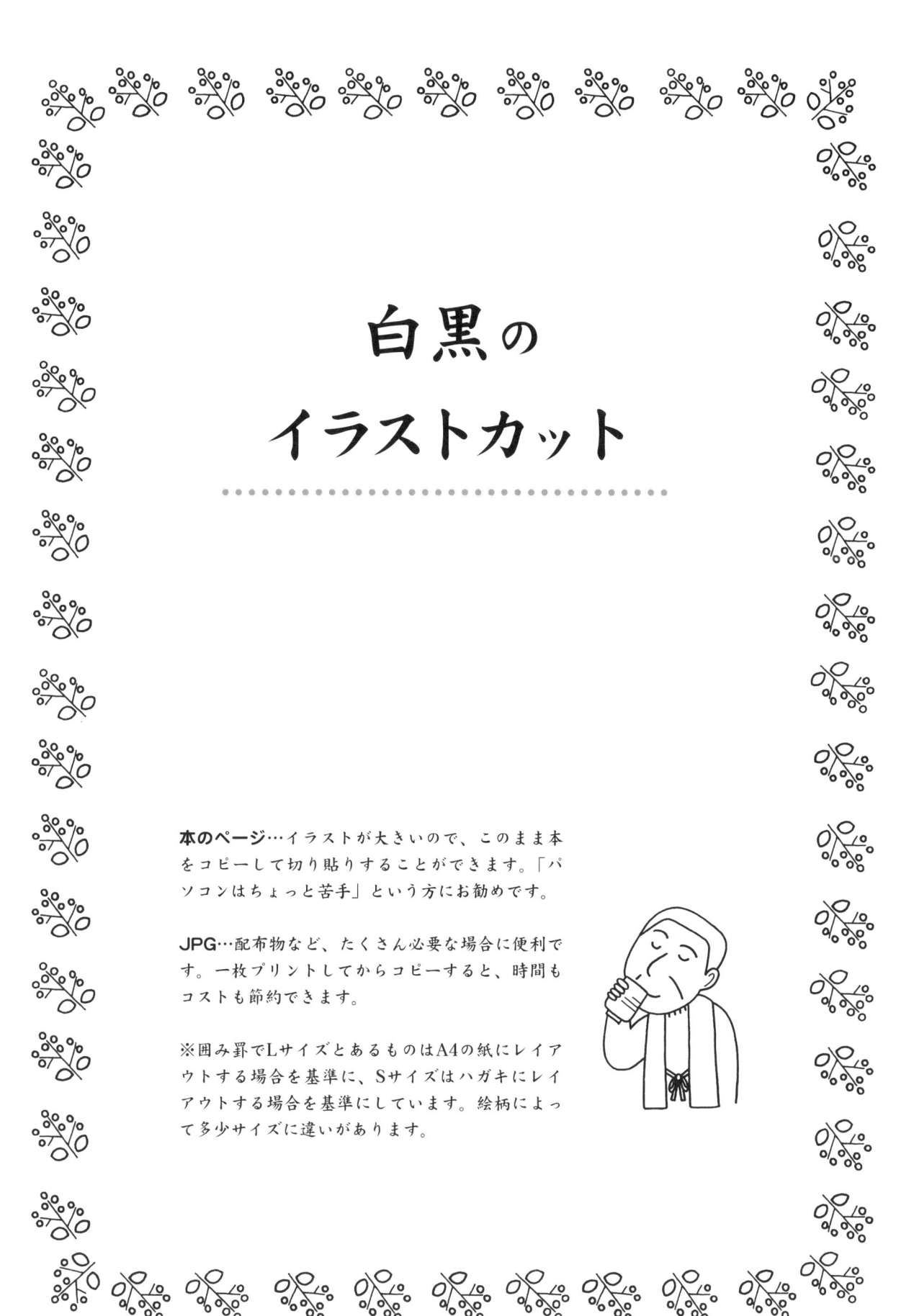

**本のページ**…イラストが大きいので、このまま本をコピーして切り貼りすることができます。「パソコンはちょっと苦手」という方にお勧めです。

**JPG**…配布物など、たくさん必要な場合に便利です。一枚プリントしてからコピーすると、時間もコストも節約できます。

※囲み罫でLサイズとあるものはA4の紙にレイアウトする場合を基準に、Sサイズはハガキにレイアウトする場合を基準にしています。絵柄によって多少サイズに違いがあります。

# 卯月（四月） 春の花／春の生き物

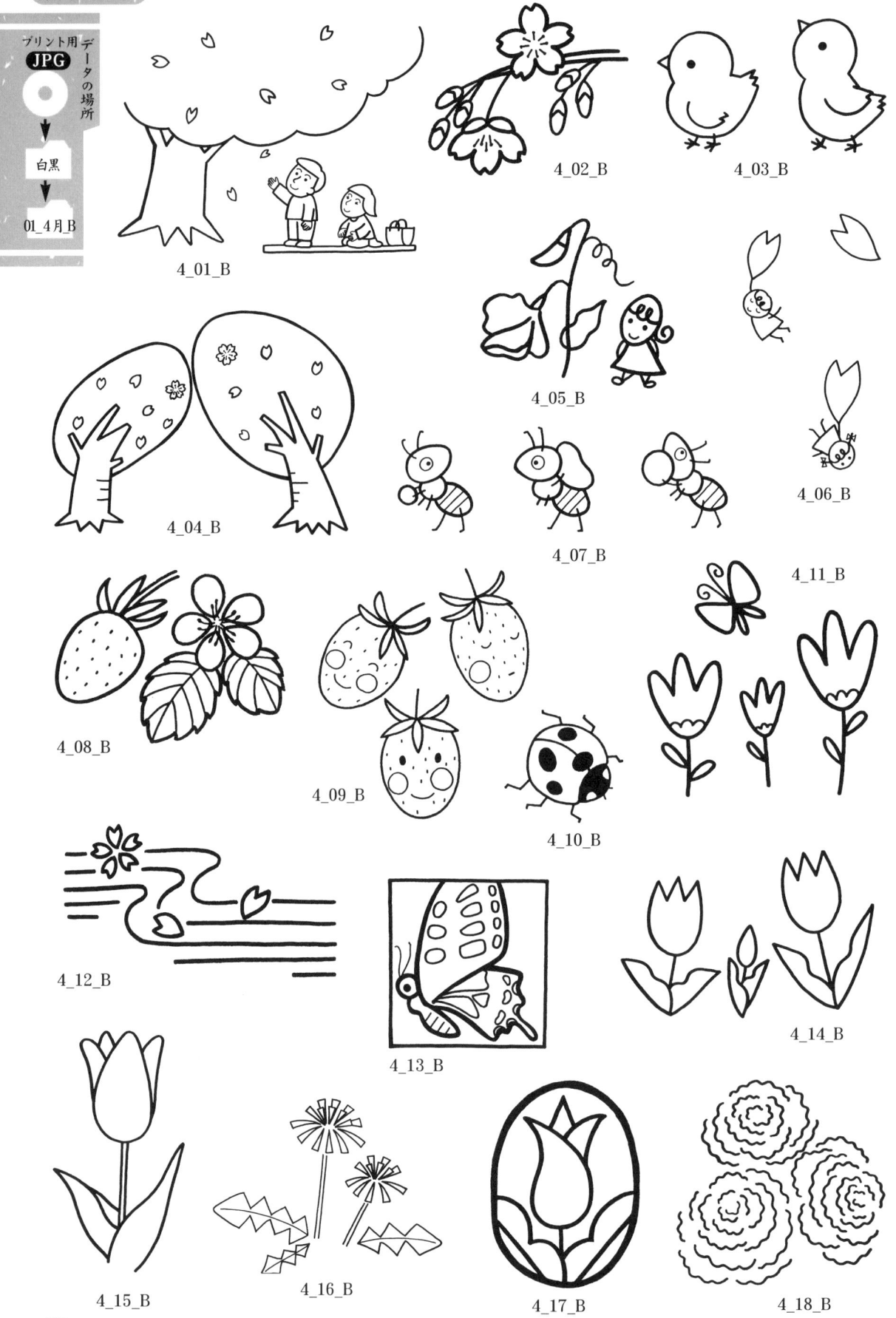

◆カラーは P18

プリント用データの場所
JPG → 白黒 → 01_4月_B

4_01_B
4_02_B
4_03_B
4_04_B
4_05_B
4_06_B
4_07_B
4_08_B
4_09_B
4_10_B
4_11_B
4_12_B
4_13_B
4_14_B
4_15_B
4_16_B
4_17_B
4_18_B

82

◆カラーは P19

新メンバー／交通安全／お花祭り／緑の募金

卯月(四月)

プリント用データの場所
JPG
↓
白黒
↓
01_4月_B

セット…4_19a_B
男性のみ…4_19b_B
女性のみ…4_19c_B

4_20_B

4_21_B

4_22_B

4_23_B

4_24_B

4_25_B

4_27_B

セット…4_26a_B
女の子のみ…4_26b_B
男の子のみ…4_26c_B

4_28_B

4_29_B

4_30_B

よく見てね！

4_31_B

4_34_B

4_32_B

4_33_B

4_35_B

4_36_B

セット…4_37a_B
男の子のみ…4_37b_B
女の子のみ…4_37c_B

83

| 卯月(四月) | 春のイメージ／囲み罫 | ◆カラーは P19-20

4_38_B

4_39_B

4_40_B

4_41_B

4_42_B

4_43_B

◆カラーは P20 　　　　　　　　　　　　　　　　　　　　　　　　　囲み罫　**卯月（四月）**

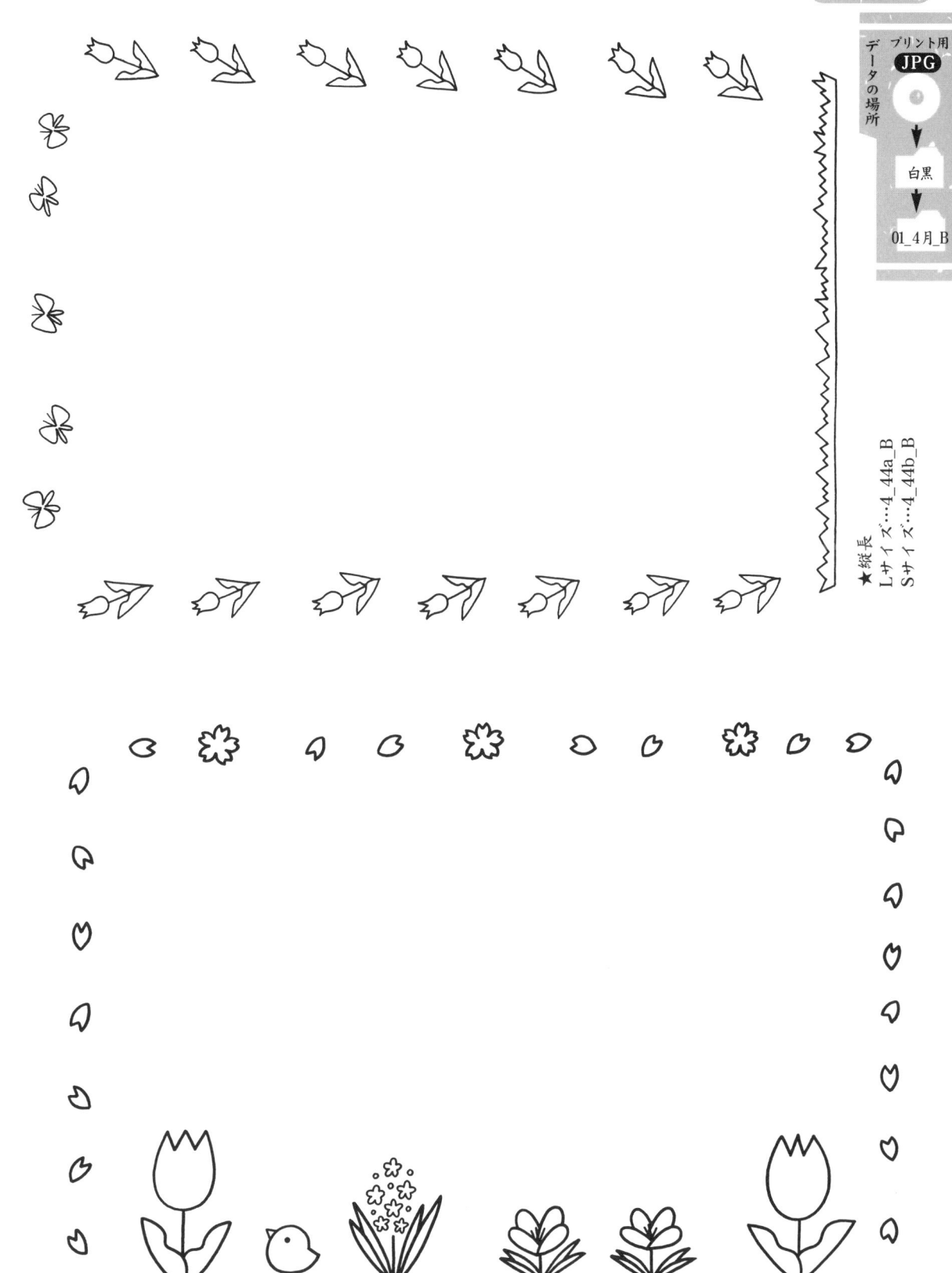

プリント用 JPG
データの場所
↓
白黒
↓
01_4月_B

★縦長
Lサイズ…4_44a_B
Sサイズ…4_44b_B

★横長
Lサイズ…4_45a_B
Sサイズ…4_45b_B

| 卯月(四月) | 囲み罫／飾り罫 | ◆カラーは P20-21

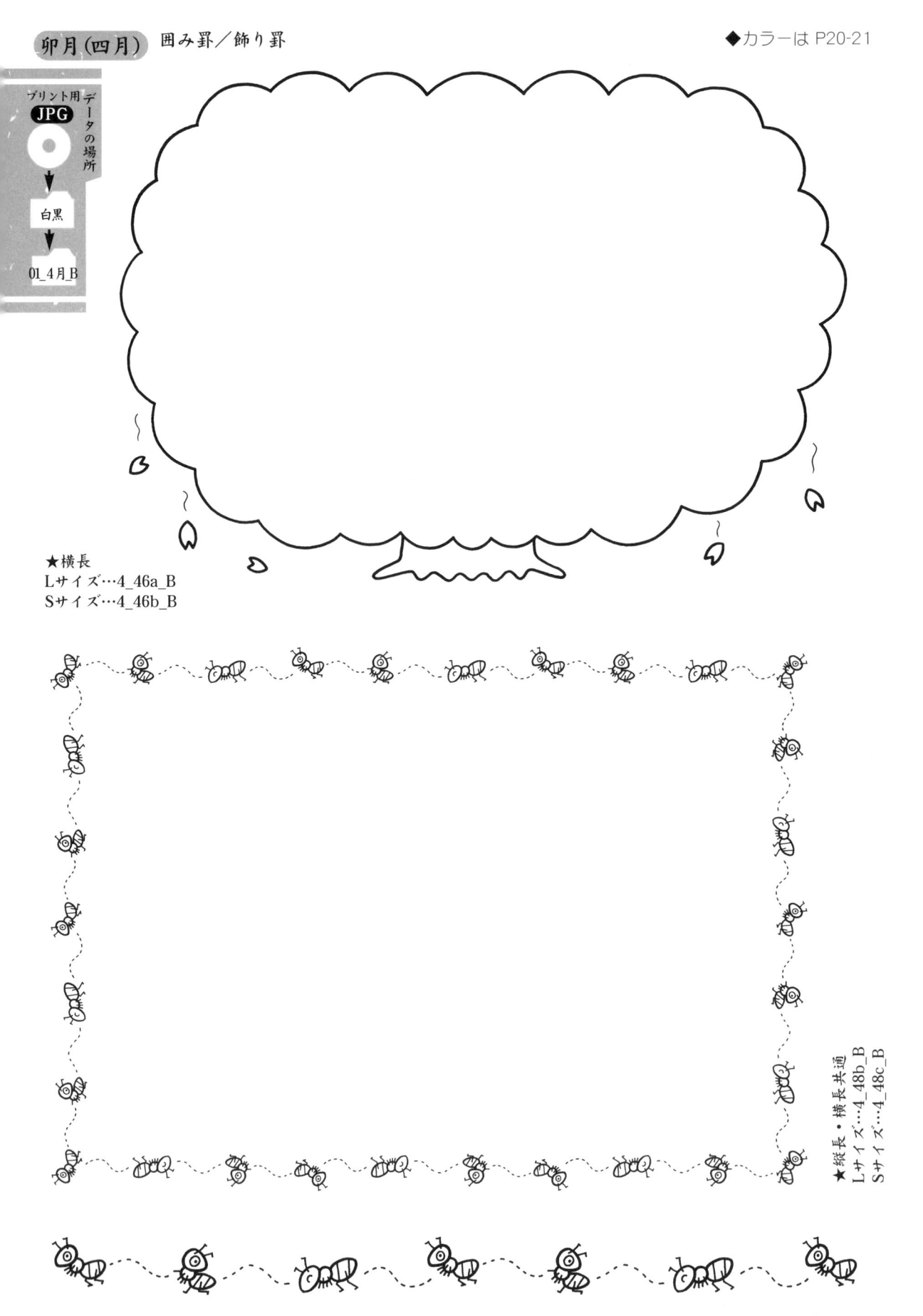

プリント用 JPG データの場所
→ 白黒
→ 01_4月_B

★横長
Lサイズ…4_46a_B
Sサイズ…4_46b_B

★縦長・横長共通
Lサイズ…4_48b_B
Sサイズ…4_48c_B

86　　　　　　　　　　　　　　　　　　　　　　　　　　　　4_48a_B

◆カラーはP20　　　囲み罫／飾り罫　**卯月(四月)**

プリント用データの場所
JPG
↓
白黒
↓
01_4月_B

★縦長
Lサイズ…4_47b_B
Sサイズ…4_47c_B

★横長
Lサイズ…4_47d_B
Sサイズ…4_47e_B

4_47a_B

卯月(四月)　囲み罫／飾り罫　　　　　　　　　　　　　　　　　◆カラーは P21

プリント用データの場所
**JPG**
↓
白黒
↓
01_4月_B

★縦長
Lサイズ…4_49b_B
Sサイズ…4_49c_B

★横長
Lサイズ…4_49d_B
Sサイズ…4_49e_B

◆カラーは P21

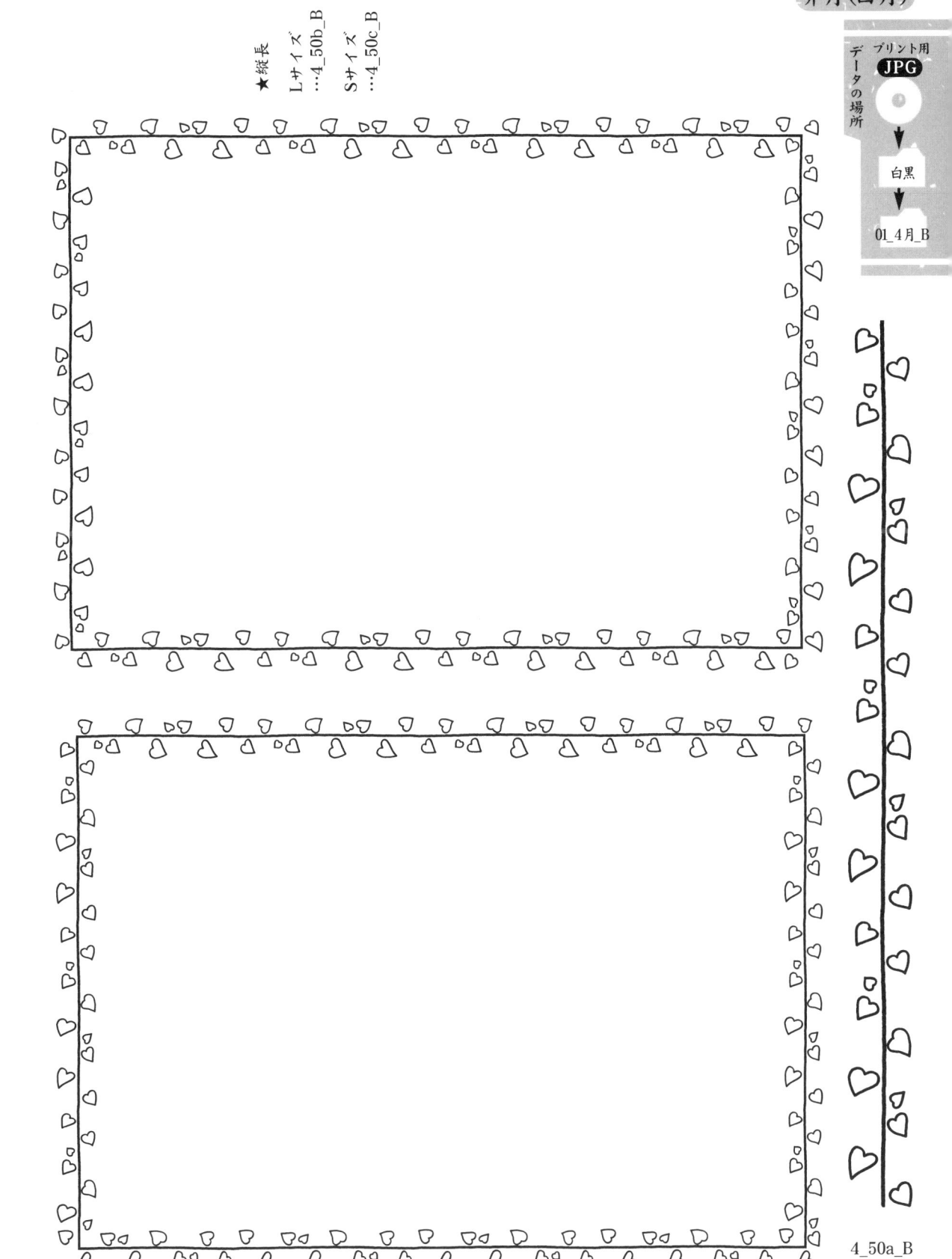

囲み罫／飾り罫　卯月(四月)

★縦長
Lサイズ…4_50b_B
Sサイズ…4_50c_B

プリント用 JPG
データの場所
↓
白黒
↓
01_4月_B

4_50a_B

★横長
Lサイズ…4_50d_B
Sサイズ…4_50e_B

| 卯月（四月） | 囲み罫／飾り罫 | ◆カラーは P21 |

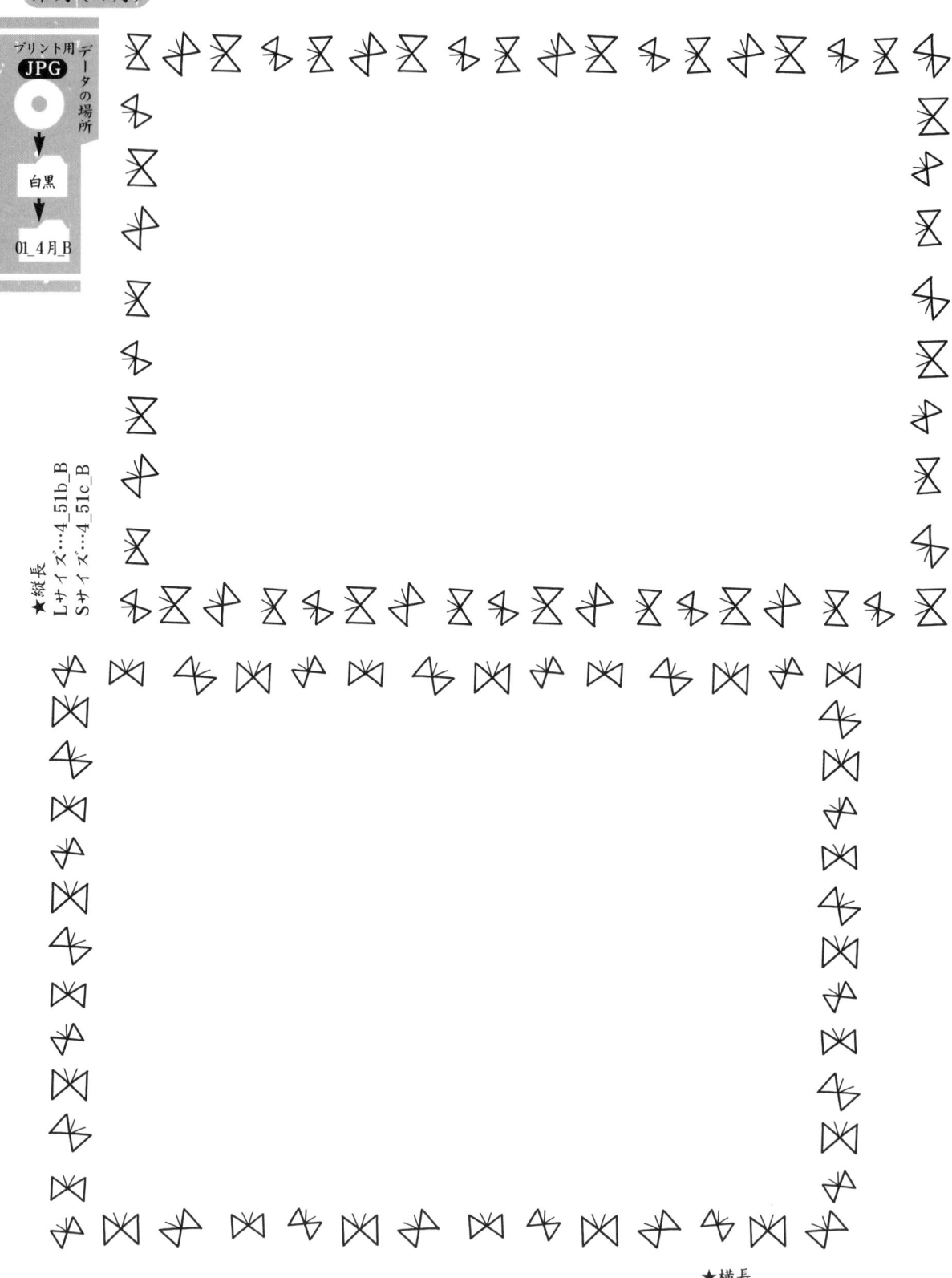

プリント用データの場所
JPG
↓
白黒
↓
01_4月_B

★縦長
Lサイズ…4_51b_B
Sサイズ…4_51c_B

★横長
Lサイズ…4_51d_B
Sサイズ…4_51e_B

◆カラーは P22　　　　　　　　　　　　　　　端午の節句／竹の子　皐月（五月）

プリント用 JPG
データの場所
↓
白黒
↓
02_5月_B

5_01_B
5_02_B
5_03_B
5_04_B
5_05_B
5_06_B
5_07_B
5_08_B
5_09_B
5_10_B
5_11_B
5_12_B
5_13_B
5_14_B
5_15_B
5_16_B
5_17_B
5_18_B

皐月（五月）　愛鳥週間／新緑／新茶／三社祭／行楽／スズラン／母の日　　◆カラーは P22-23

◆カラーは P23　　　　　　　　　　　　　　　　　　　　　　　　　　　囲み罫　皐月（五月）

プリント用 JPG　データの場所　→　白黒　→　02_5月_B

5_44_B

5_46_B

5_45_B

5_47_B

5_48_B

5_49_B

93

皐月(五月) 囲み罫　　　　　　　　　　　　　　　　　　　　　　　◆カラーは P24

プリント用 JPG
データの場所
白黒
02_5月_B

5_50_B

5_51_B

★縦長
Lサイズ…5_52a_B
Sサイズ…5_52b_B

94

◆カラーは P24

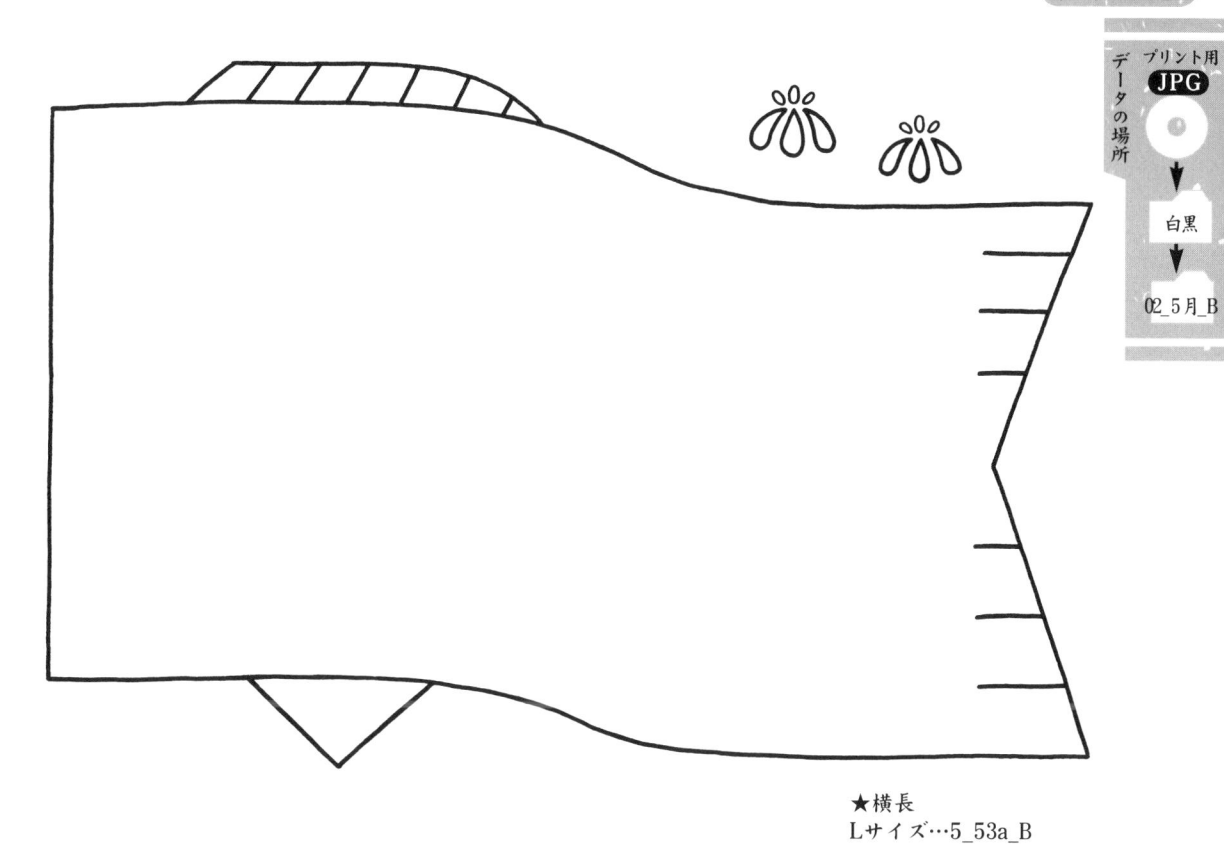

囲み罫 　皐月(五月)

プリント用 JPG
データの場所
↓
白黒
↓
02_5月_B

★横長
Lサイズ…5_53a_B
Sサイズ…5_53b_B

★横長
Lサイズ…5_54a_B
Sサイズ…5_54b_B

95

皐月(五月)　囲み罫／飾り罫　　　　　　　　　　　　　　　　　　　　　　　　◆カラーは P24

★縦長・横長共通
Lサイズ…5_55b_B
Sサイズ…5_55c_B

5_55a_B

★縦長・横長共通
Lサイズ…5_56b_B
Sサイズ…5_56c_B

5_56a_B

◆カラーは P24

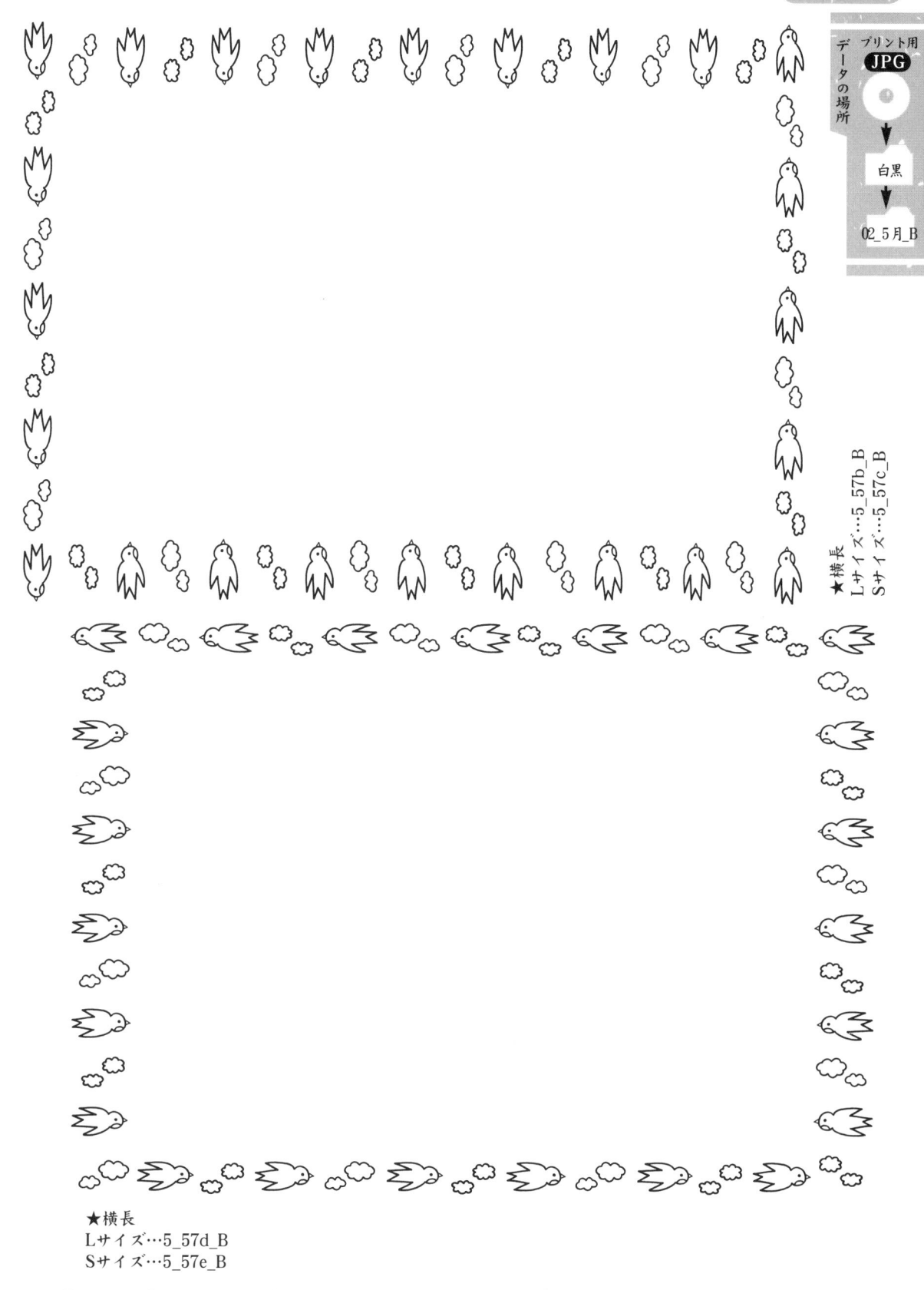

囲み罫／飾り罫　皐月（五月）

プリント用 JPG
データの場所
↓
白黒
↓
02_5月_B

★横長
Lサイズ…5_57b_B
Sサイズ…5_57c_B

★横長
Lサイズ…5_57d_B
Sサイズ…5_57e_B

5_57a_B

# 皐月（五月） 囲み罫／飾り罫

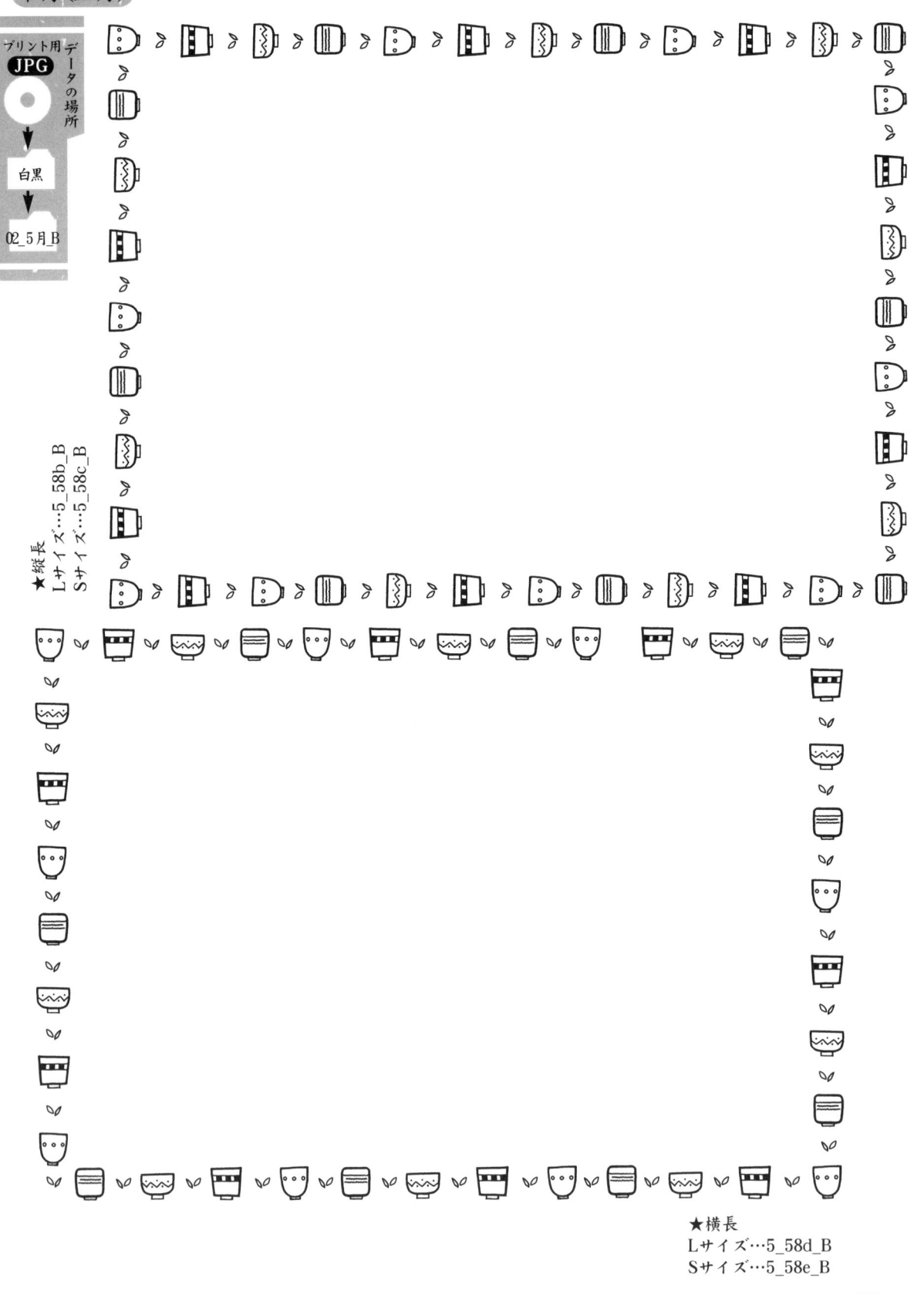

◆カラーは P25

プリント用データの場所
**JPG** → 白黒 → 02_5月_B

★縦長
Lサイズ…5_58b_B
Sサイズ…5_58c_B

★横長
Lサイズ…5_58d_B
Sサイズ…5_58e_B

◆カラーは P25　　　　　　　　　　　　　　　　　　　囲み罫／飾り罫　**皐月（五月）**

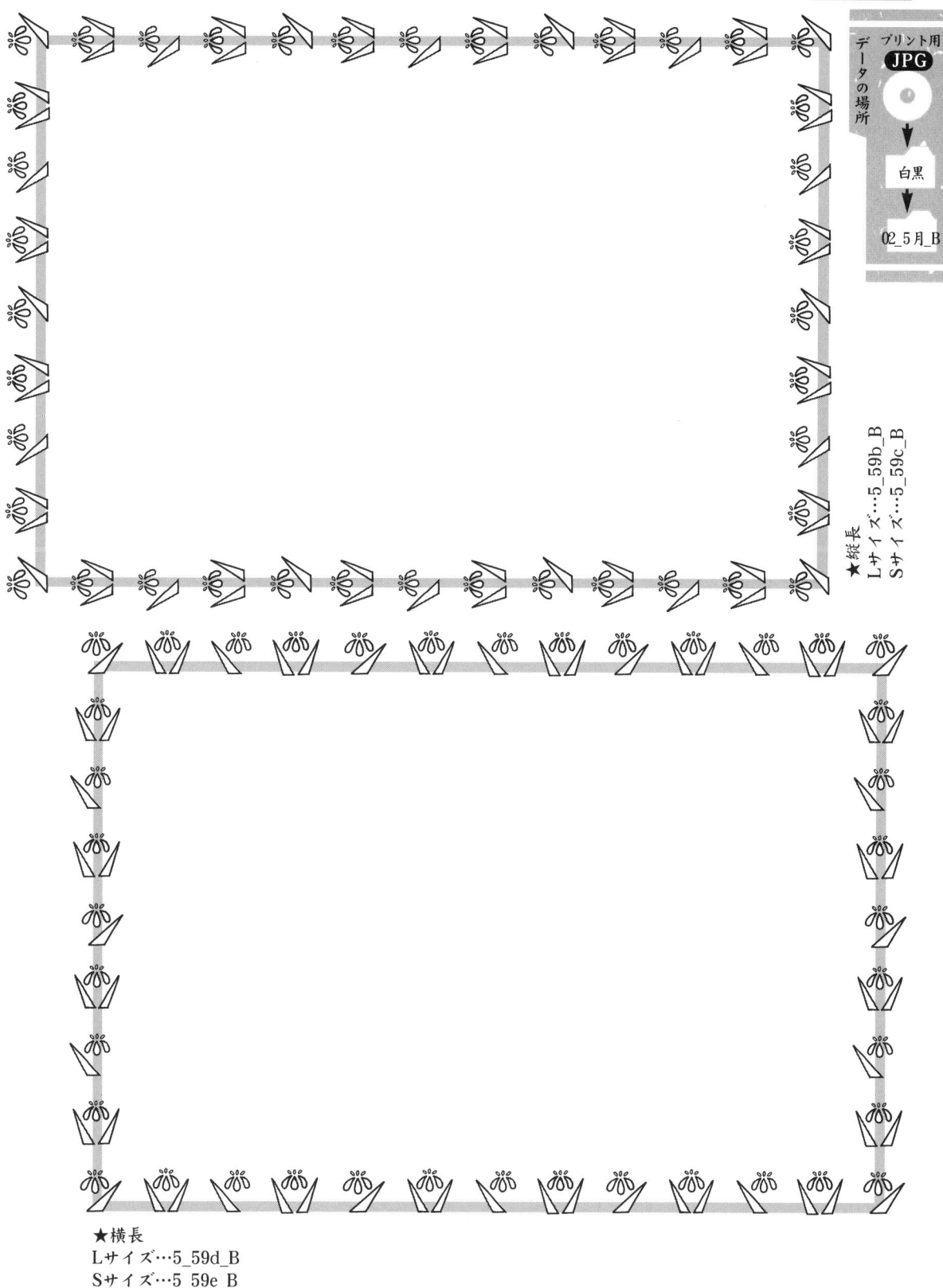

プリント用データの場所
JPG
↓
白黒
↓
02_5月_B

★縦長
Lサイズ…5_59b_B
Sサイズ…5_59c_B

★横長
Lサイズ…5_59d_B
Sサイズ…5_59e_B

5_59a_B

皐月(五月) 囲み罫／飾り罫 ◆カラーは P25

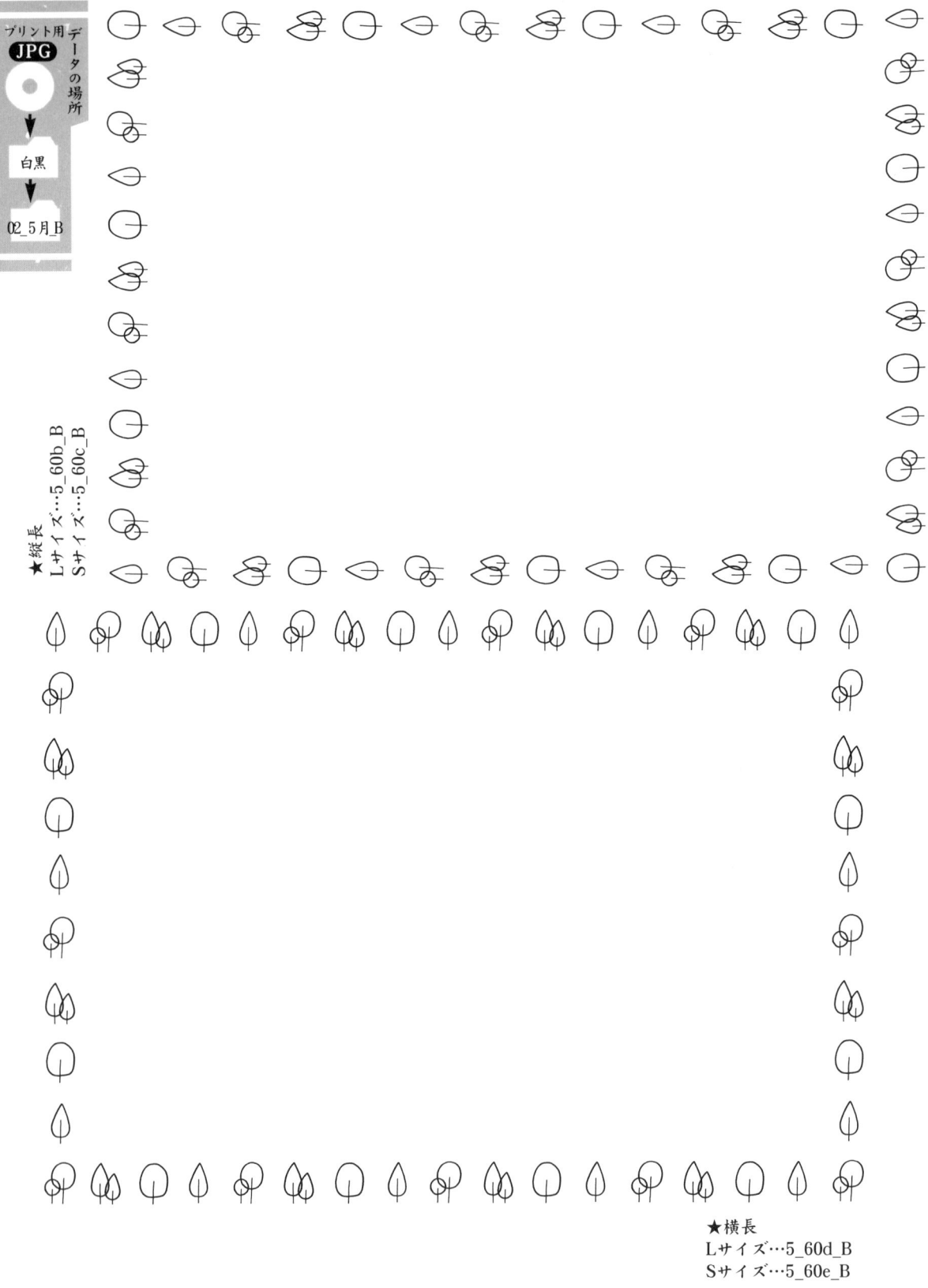

★縦長
Lサイズ…5_60b_B
Sサイズ…5_60c_B

★横長
Lサイズ…5_60d_B
Sサイズ…5_60e_B

◆カラーは P26

梅雨　**水無月(六月)**

6_01_B
6_02_B
6_03_B
6_04_B
6_05_B
6_06_B
6_07_B
6_08_B
6_09_B
6_10_B
6_11_B
6_12_B
6_13_B
6_14_B
6_15_B
6_16_B
6_17_B
6_18_B
6_19_B

101

## 水無月（六月）

梅雨／虫歯予防デー／さくらんぼ／桃／時の記念日／衣替え／習い事始め

◆カラーは P26-27

◆カラーは P27-28　　　　　　　　　　　父の日／水芭蕉／囲み罫　水無月（六月）

プリント用 JPG
データの場所
↓
白黒
↓
03_6月_B

6_39_B　6_40_B　6_41_B 　6_42_B 　6_43_B

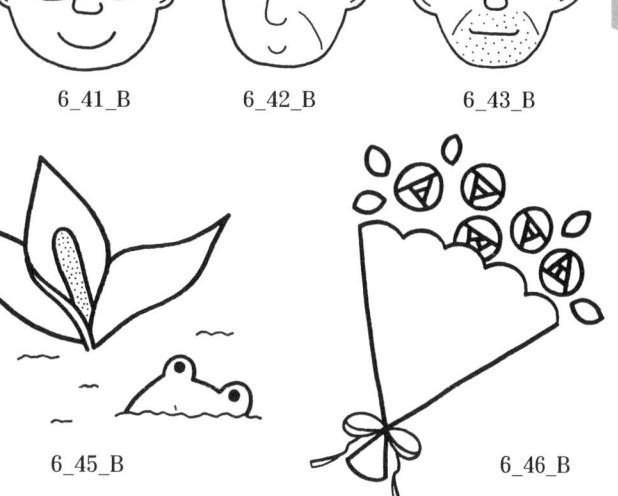

6_44_B　6_45_B　6_46_B

6_47_B　6_48_B

6_49_B

103

水無月(六月) 囲み罫　　　　　　　　　　　　　　　　　　◆カラーは P28

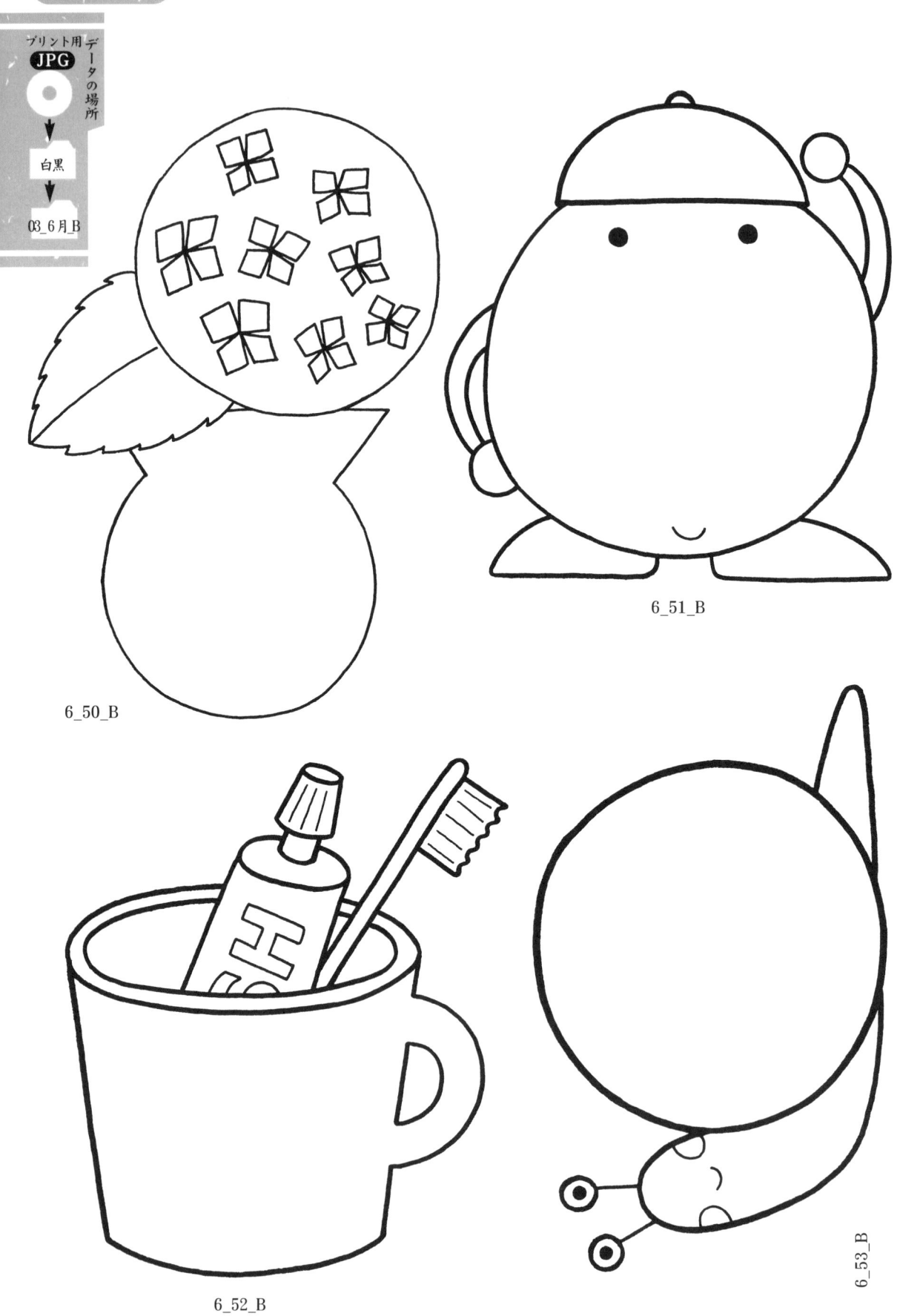

プリント用 JPG データの場所 → 白黒 → 03_6月_B

6_50_B

6_51_B

6_52_B

6_53_B

104

◆カラーは P28

囲み罫　水無月(六月)

プリント用 JPG
データの場所
↓
白黒
↓
03_6月_B

★横長
Lサイズ…6_54a_B
Sサイズ…6_54b_B

★縦長
Lサイズ…6_55a_B
Sサイズ…6_55b_B

105

# 水無月(六月) 囲み罫／飾り罫

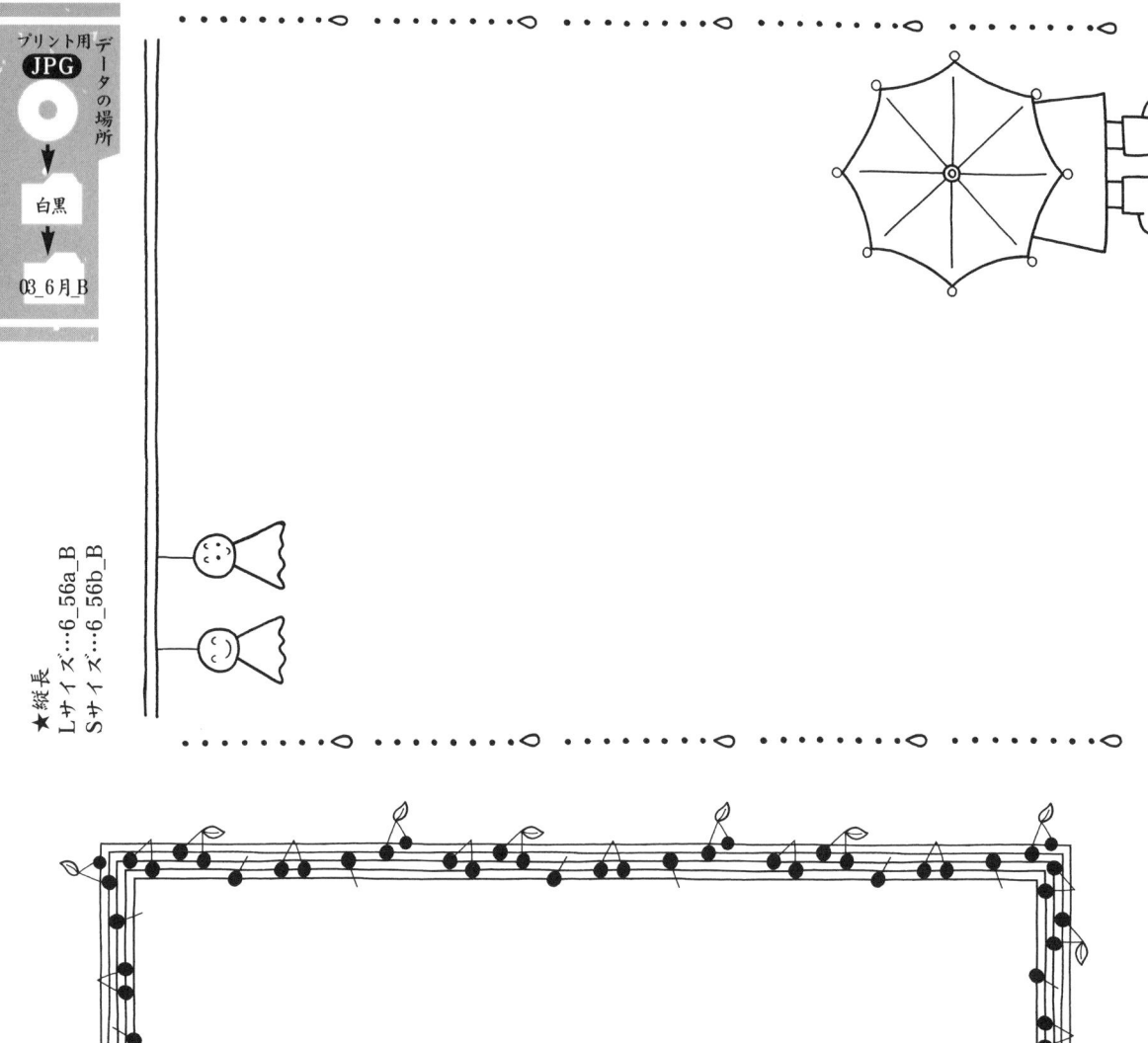

◆カラーは P28-29

プリント用 JPG データの場所
↓
白黒
↓
03_6月_B

★縦長
Lサイズ…6_56a_B
Sサイズ…6_56b_B

★縦長・横長共通
Lサイズ…6_57b_B
Sサイズ…6_57c_B

106

6_57a_B

◆カラーは P29　　　囲み罫／飾り罫　**水無月(六月)**

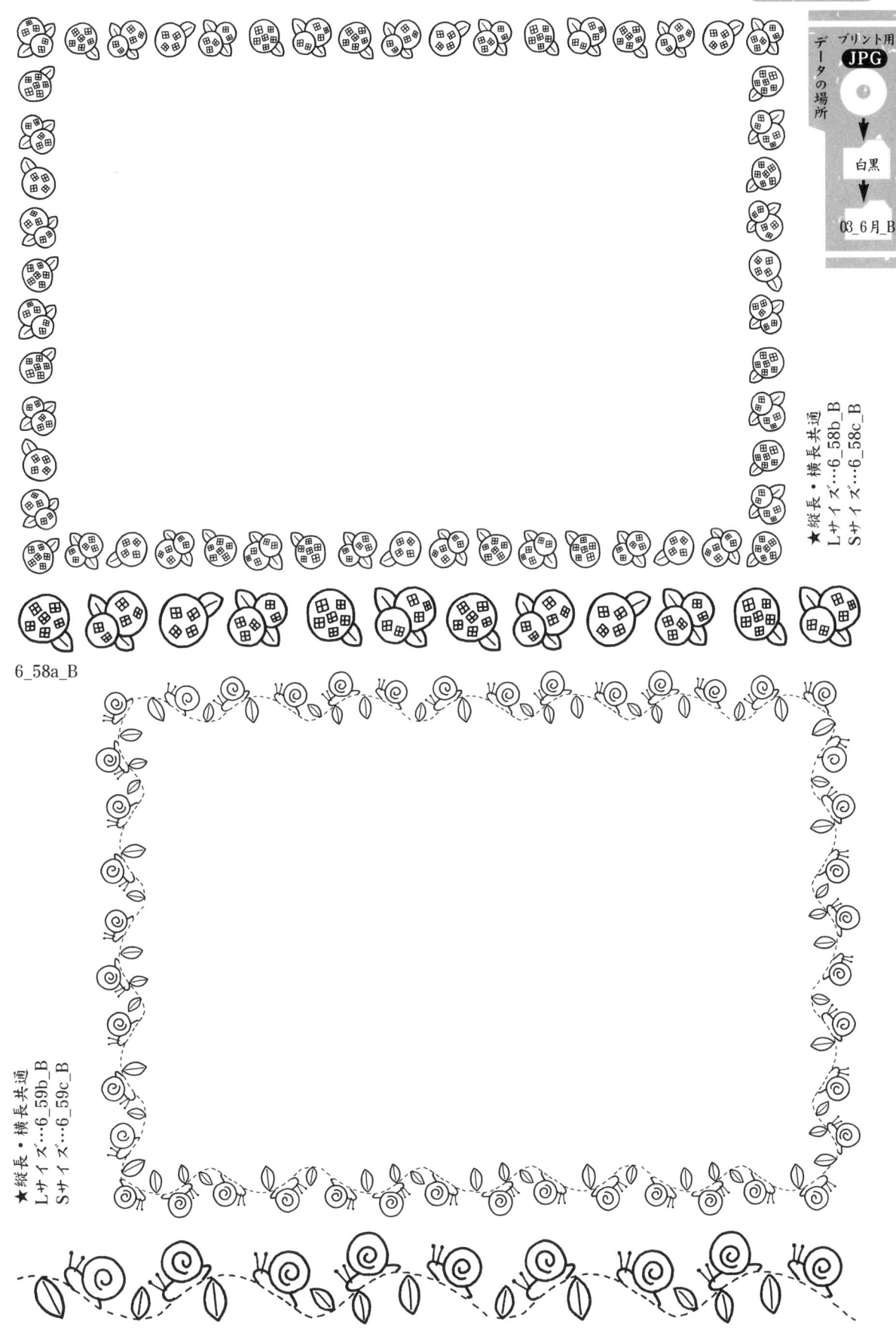

6_58a_B

★縦長・横長共通
Lサイズ…6_58b_B
Sサイズ…6_58c_B

★縦長・横長共通
Lサイズ…6_59b_B
Sサイズ…6_59c_B

6_59a_B

# 水無月(六月) 囲み罫／飾り罫

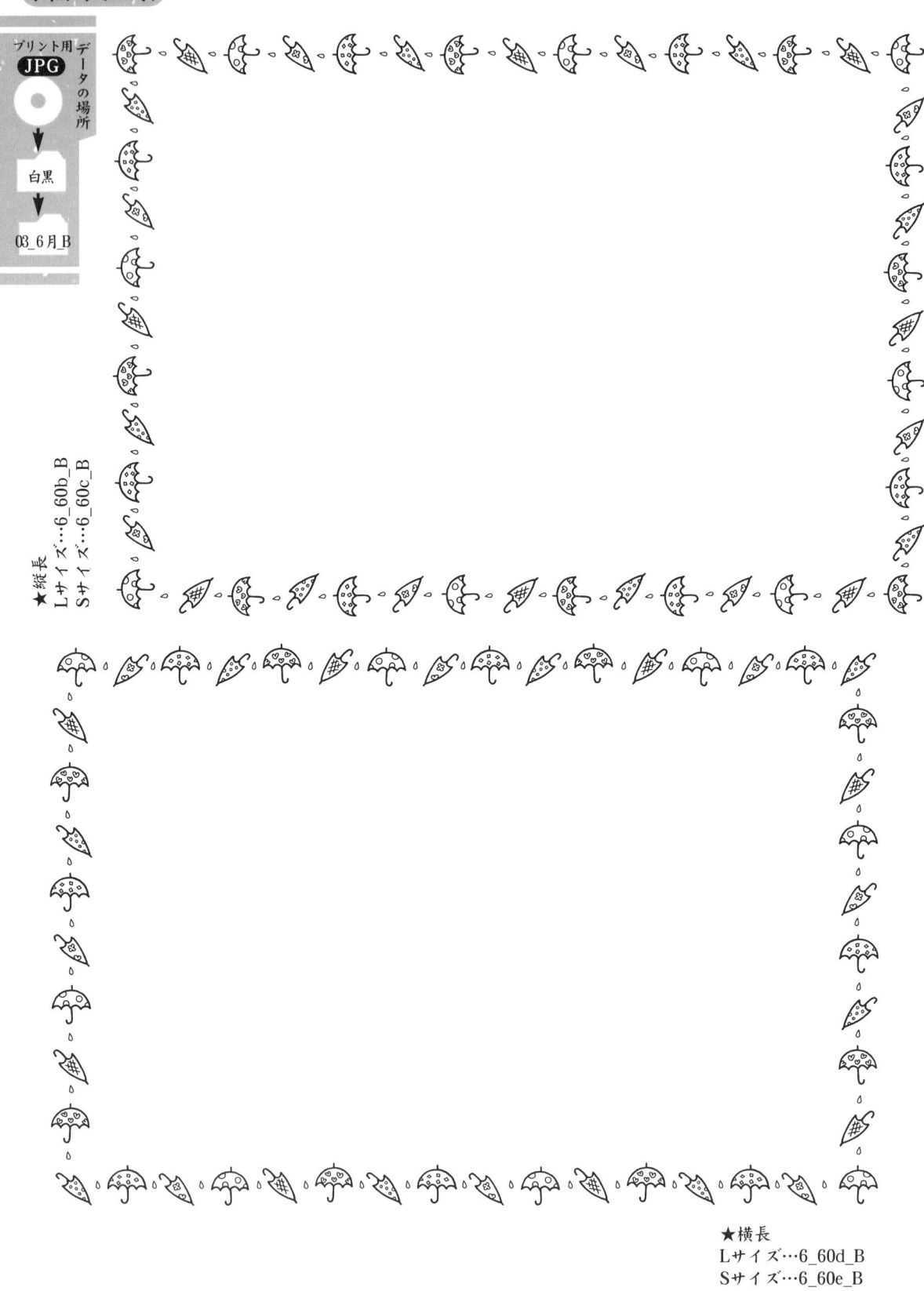

◆カラーは P29

プリント用データの場所
JPG → 白黒 → 03_6月_B

★縦長
Lサイズ…6_60b_B
Sサイズ…6_60c_B

★横長
Lサイズ…6_60d_B
Sサイズ…6_60e_B

6_60a_B

◆カラーは P30

七夕／夏の食べ物／螢／初夏のイメージ　文月（七月）

文月(七月)　初夏のイメージ／夏の花／海／海の生き物　　　◆カラーは P30-31

プリント用データの場所
JPG
↓
白黒
↓
04_7月_B

7_27_B
7_28_B
7_29_B
7_30_B
7_31_B
7_32_B
7_33_B
7_34_B
7_35_B
7_36_B
7_37_B
7_38_B
7_39_B
7_40_B
7_41_B
7_42_B
7_43_B
7_44_B
7_45_B
7_46_B
7_47_B
7_48_B
7_49_B
7_50_B
7_51_B

110

◆カラーは P31　　　　　　　　　　　　　　　　　　　　　　　囲み罫　文月（七月）

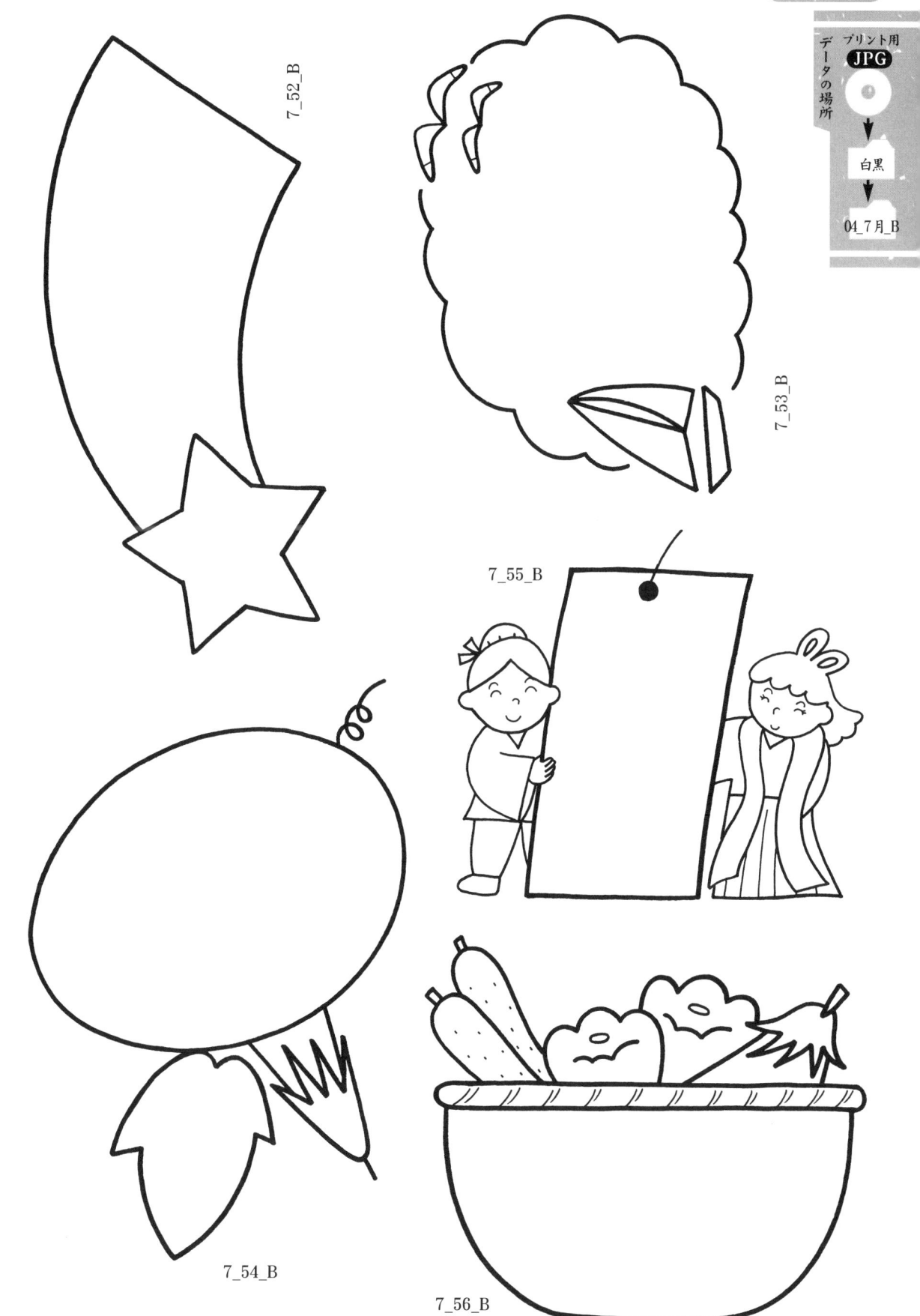

7_52_B

7_53_B

7_55_B

7_54_B

7_56_B

プリント用 JPG
データの場所
↓
白黒
↓
04_7月_B

111

| 文月（七月） | 囲み罫 | ◆カラーは P32 |

プリント用
JPG
データの場所
↓
白黒
↓
04_7月_B

7_57_B

7_58_B

★縦長
Lサイズ…7_59a_B
Sサイズ…7_59b_B

112

◆カラーは P32

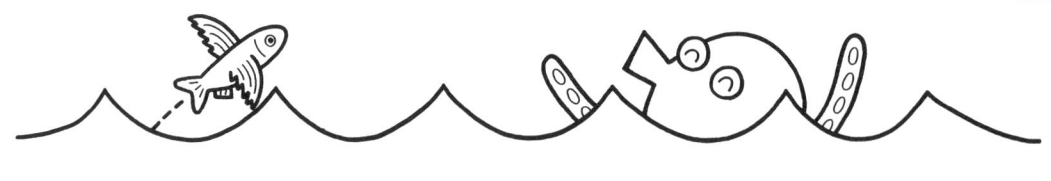

囲み罫 文月(七月)

プリント用 JPG
データの場所
↓
白黒
↓
04_7月_B

★横長
Lサイズ…7_60a_B
Sサイズ…7_60b_B

★横長
Lサイズ…7_61a_B
Sサイズ…7_61b_B

113

文月（七月） 囲み罫／飾り罫　　　◆カラーは P32

プリント用 JPG データの場所
白黒
04_7月_B

★縦長
Lサイズ…7_62b_B
Sサイズ…7_62c_B

★横長
Lサイズ…7_62d_B
Sサイズ…7_62e_B

7_62a_B

◆カラーは P32-33  囲み罫／飾り罫  **文月(七月)**

プリント用データの場所
**JPG** → 白黒 → 04_7月_B

★縦長・横長共通
Lサイズ…7_63b_B
Sサイズ…7_63c_B

7_63a_B

★縦長・横長共通
Lサイズ…7_64b_B
Sサイズ…7_64c_B

7_64a_B

115

| 文月(七月) | 囲み罫／飾り罫

◆カラーは P33

プリント用データの場所
JPG → 白黒 → 04_7月_B

★縦長
Lサイズ…7_65b_B
Sサイズ…7_65c_B

★横長
Lサイズ…7_65d_B
Sサイズ…7_65e_B

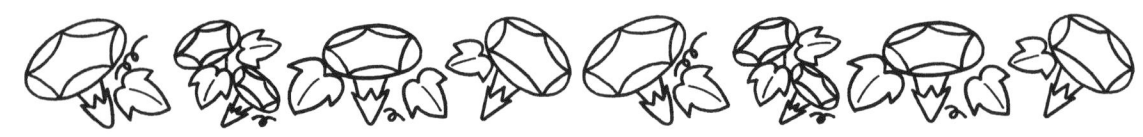

7_65a_B

◆カラーは P33

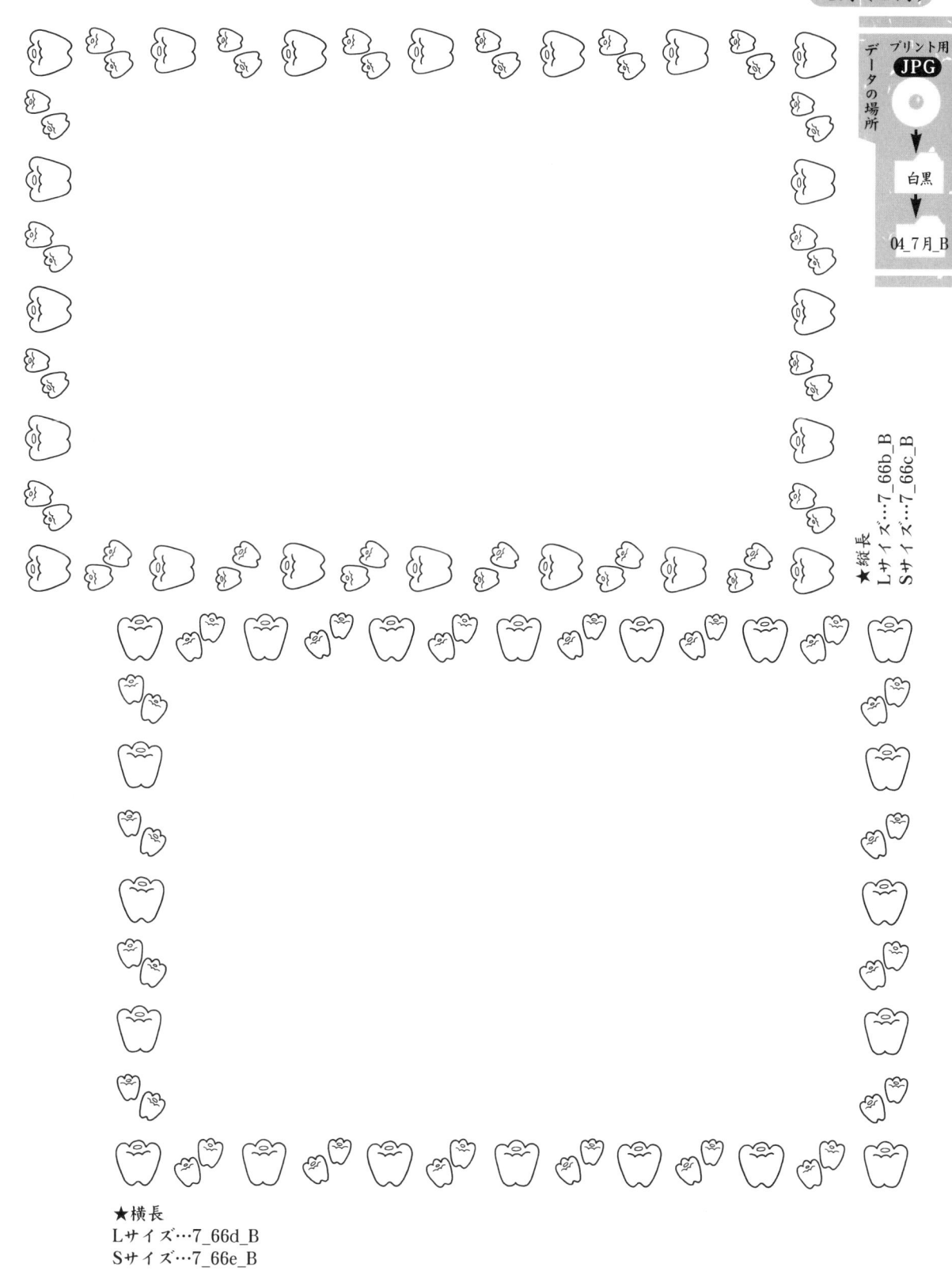

囲み罫／飾り罫　文月(七月)

プリント用データの場所 JPG → 白黒 → 04_7月_B

★縦長
Lサイズ…7_66b_B
Sサイズ…7_66c_B

★横長
Lサイズ…7_66d_B
Sサイズ…7_66e_B

7_66a_B

# 文月（七月）　囲み罫／飾り罫

◆カラーは P33

プリント用 JPG データの場所
→ 白黒
→ 04_7月_B

★縦長
Lサイズ…7_67b_B
Sサイズ…7_67c_B

★横長
Lサイズ…7_67d_B
Sサイズ…7_67e_B

7_67a_B

◆カラーは P34　　　　　　　　　　　　　　夏祭り／夏のイメージ　**葉月(八月)**

セット…8_01a_B
男の子のみ…8_01b_B
女の子のみ…8_01c_B

8_02_B
8_03_B
8_04_B
8_05_B
8_06_B
8_07_B
8_08_B
8_09_B
8_10_B
8_11_B
8_12_B
8_13_B
8_14_B
8_15_B
8_16_B
8_17_B
8_18_B
8_19_B
8_20_B
8_21_B
8_22_B
8_23_B
8_24_B
8_25_B
8_26_B
8_27_B
8_28_B

プリント用データの場所 JPG → 白黒 → 05_8月_B

# 葉月(八月)

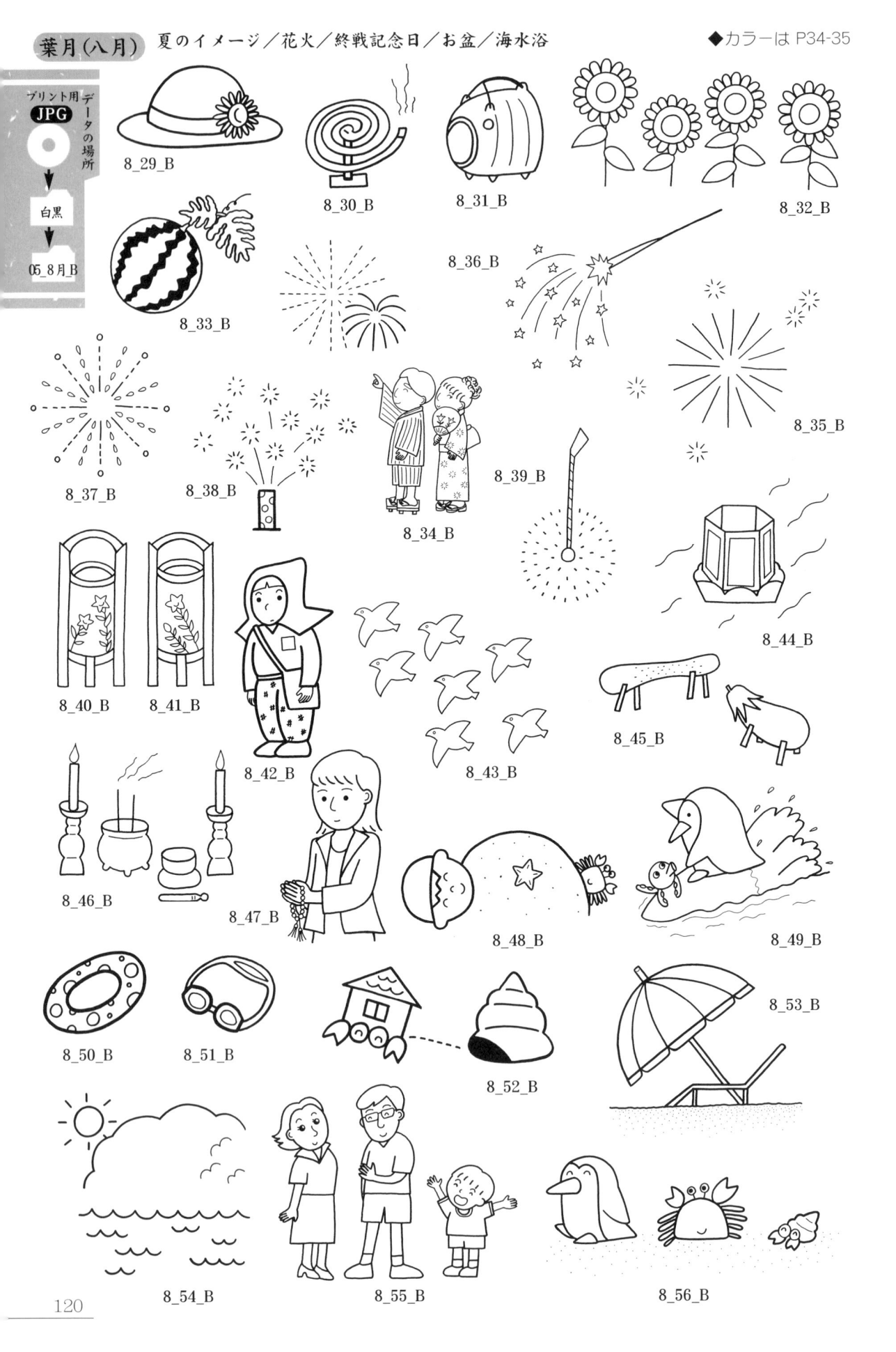

夏のイメージ／花火／終戦記念日／お盆／海水浴

◆カラーは P34-35

プリント用データの場所
JPG
↓
白黒
↓
05_8月_B

8_29_B
8_30_B
8_31_B
8_32_B
8_33_B
8_36_B
8_35_B
8_37_B
8_38_B
8_34_B
8_39_B
8_44_B
8_40_B
8_41_B
8_42_B
8_43_B
8_45_B
8_46_B
8_47_B
8_48_B
8_49_B
8_50_B
8_51_B
8_52_B
8_53_B
8_54_B
8_55_B
8_56_B

◆カラーは P35-36

囲み罫 葉月(八月)

プリント用 JPG
データの場所
↓
白黒
↓
05_8月_B

8_57_B

8_61_B

8_58_B

8_59_B

8_60_B

121

葉月(八月)　囲み罫　　　　　　　　　　　　　　　　　　　　　◆カラーは P36

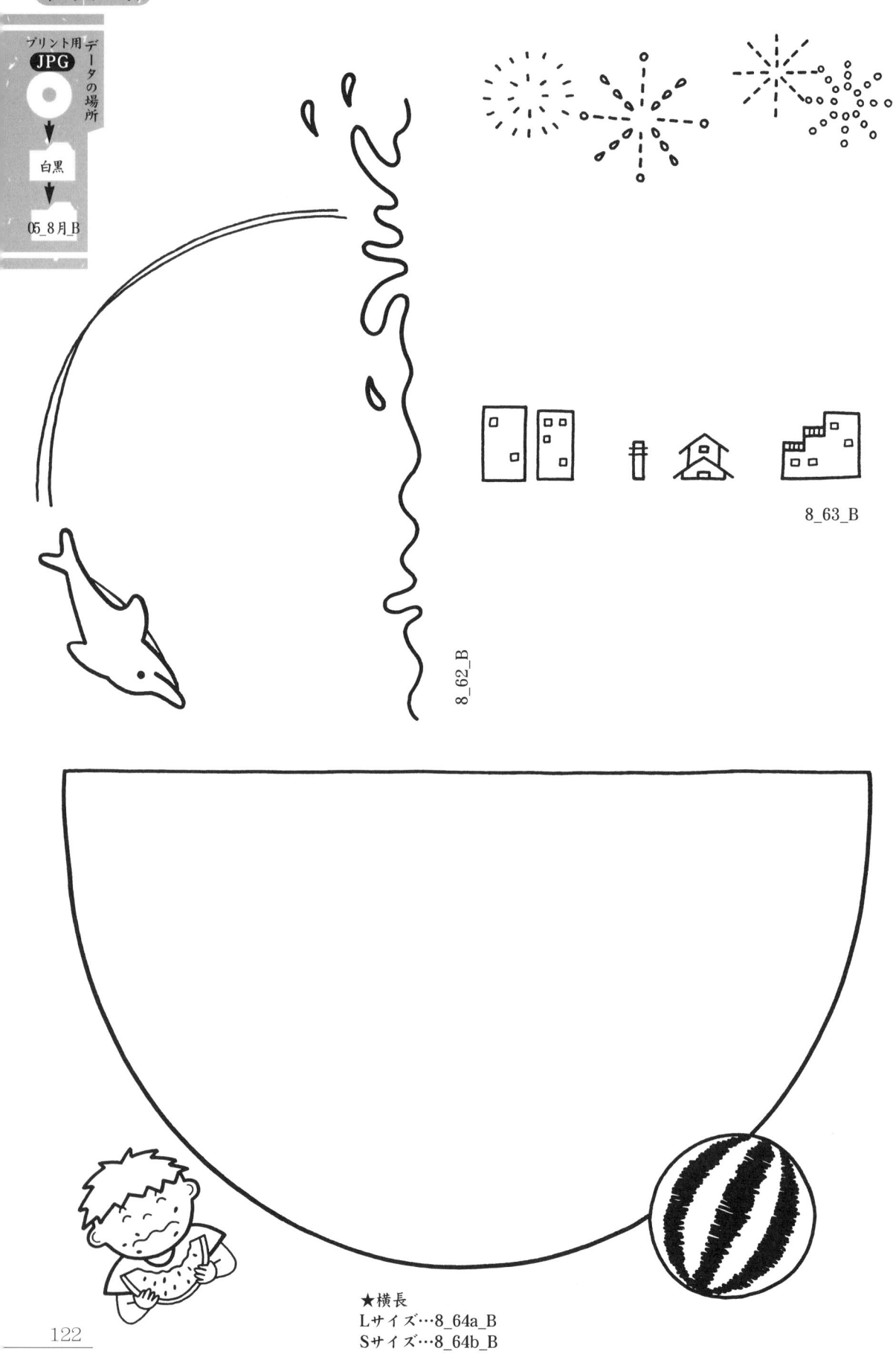

プリント用データの場所
JPG
↓
白黒
↓
05_8月_B

8_62_B

8_63_B

★横長
Lサイズ…8_64a_B
Sサイズ…8_64b_B

122

◆カラーは P36

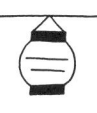

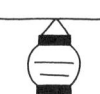

囲み罫 葉月(八月)

プリント用 JPG
データの場所
↓
白黒
↓
05_8月_B

★横長
Lサイズ…8_65a_B
Sサイズ…8_65b_B

★縦長
Lサイズ…8_66a_B
Sサイズ…8_66b_B

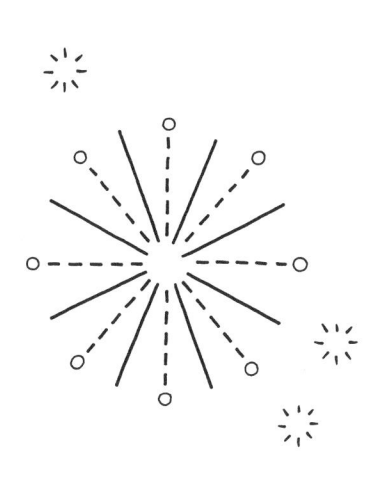

# 葉月(八月) 囲み罫／飾り罫

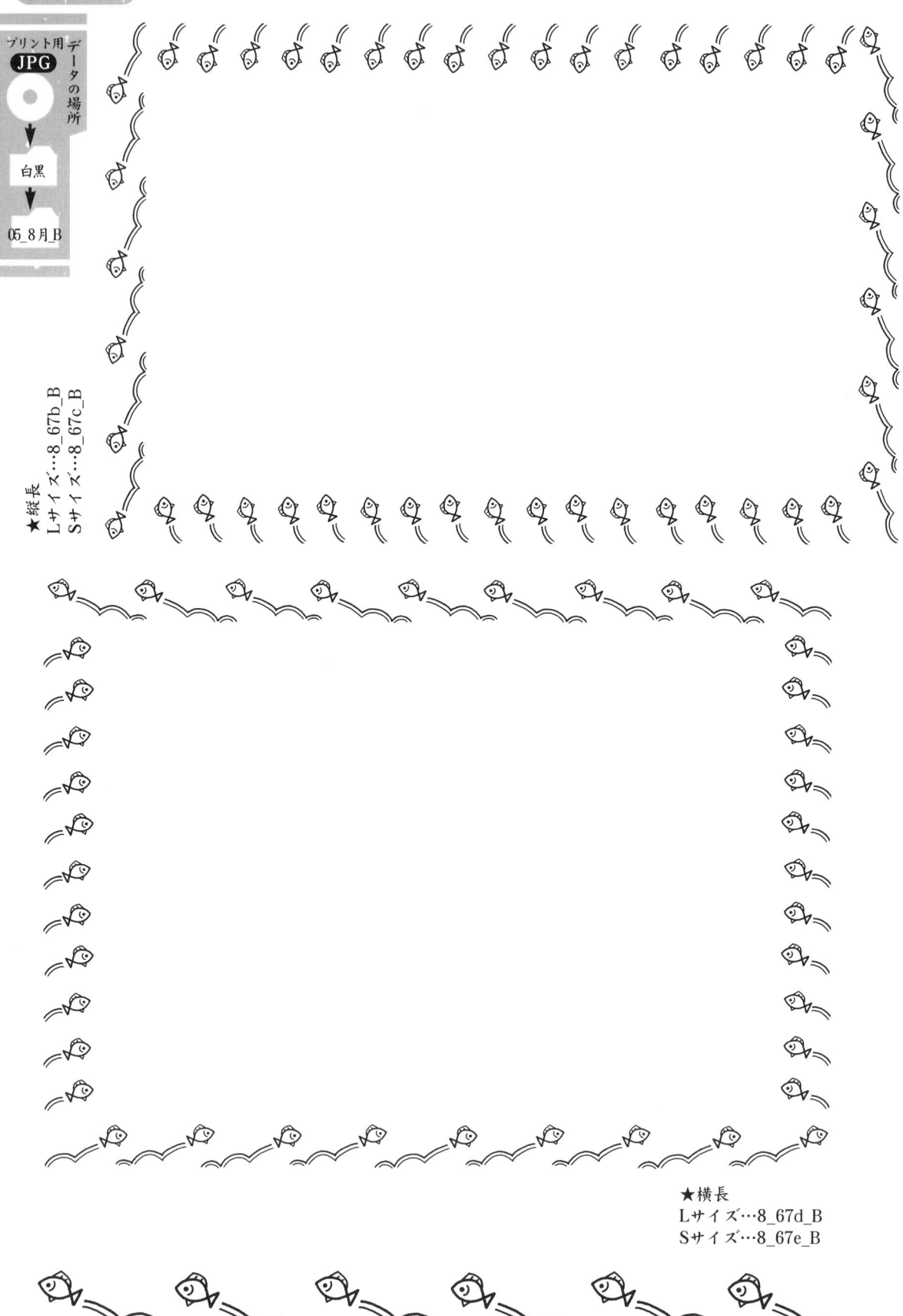

◆カラーは P36

プリント用データの場所
JPG → 白黒 → 05_8月_B

★縦長
Lサイズ…8_67b_B
Sサイズ…8_67c_B

★横長
Lサイズ…8_67d_B
Sサイズ…8_67e_B

8_67a_B

◆カラーは P37

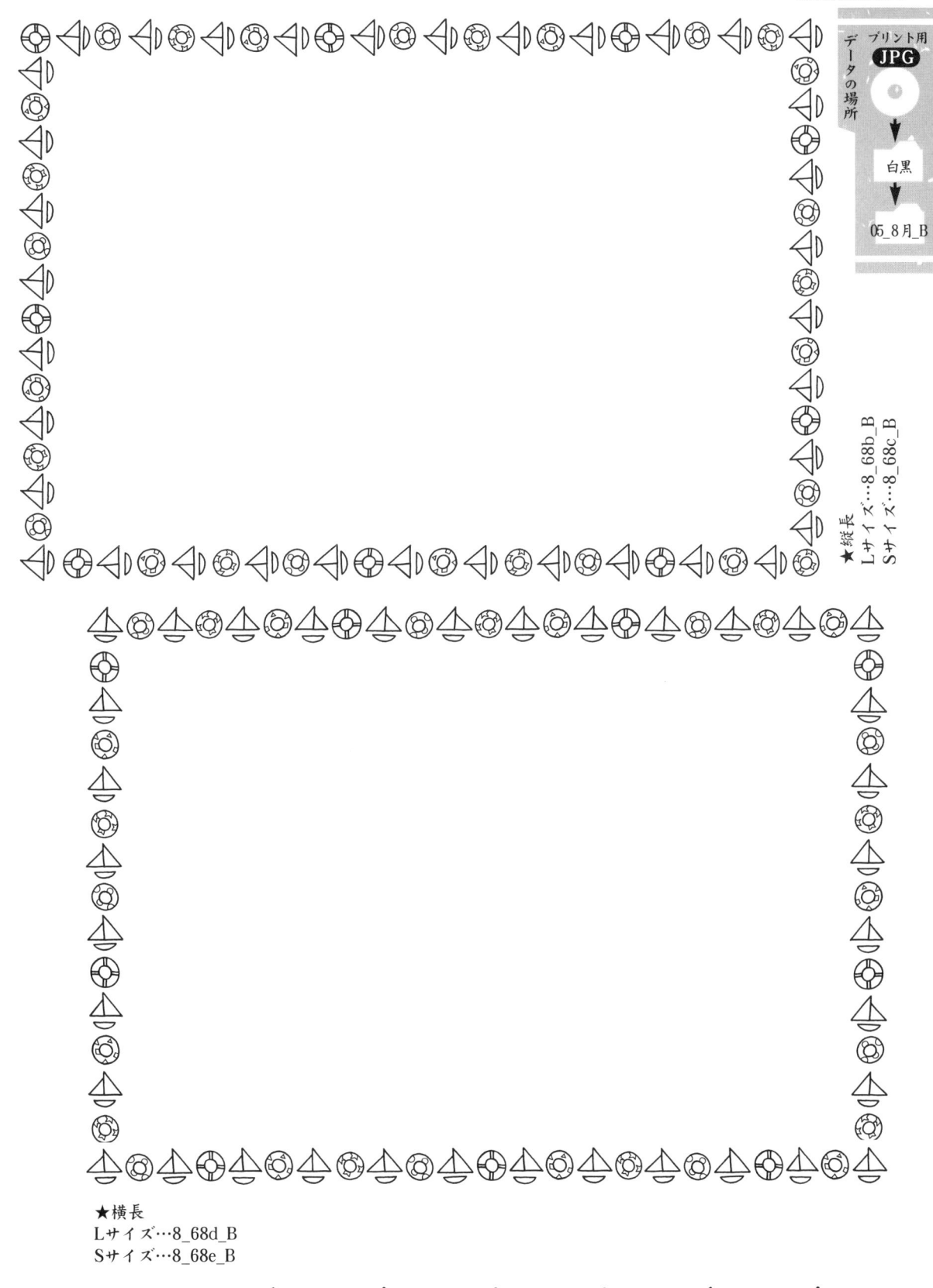

囲み罫／飾り罫　葉月(八月)

プリント用 JPG → 白黒 → 05_8月_B
データの場所

★縦長
Lサイズ…8_68b_B
Sサイズ…8_68c_B

★横長
Lサイズ…8_68d_B
Sサイズ…8_68e_B

8_68a_B

葉月(八月)　囲み罫／飾り罫　　　　　　　　　　　　　　　　　　　　　　◆カラーは P37

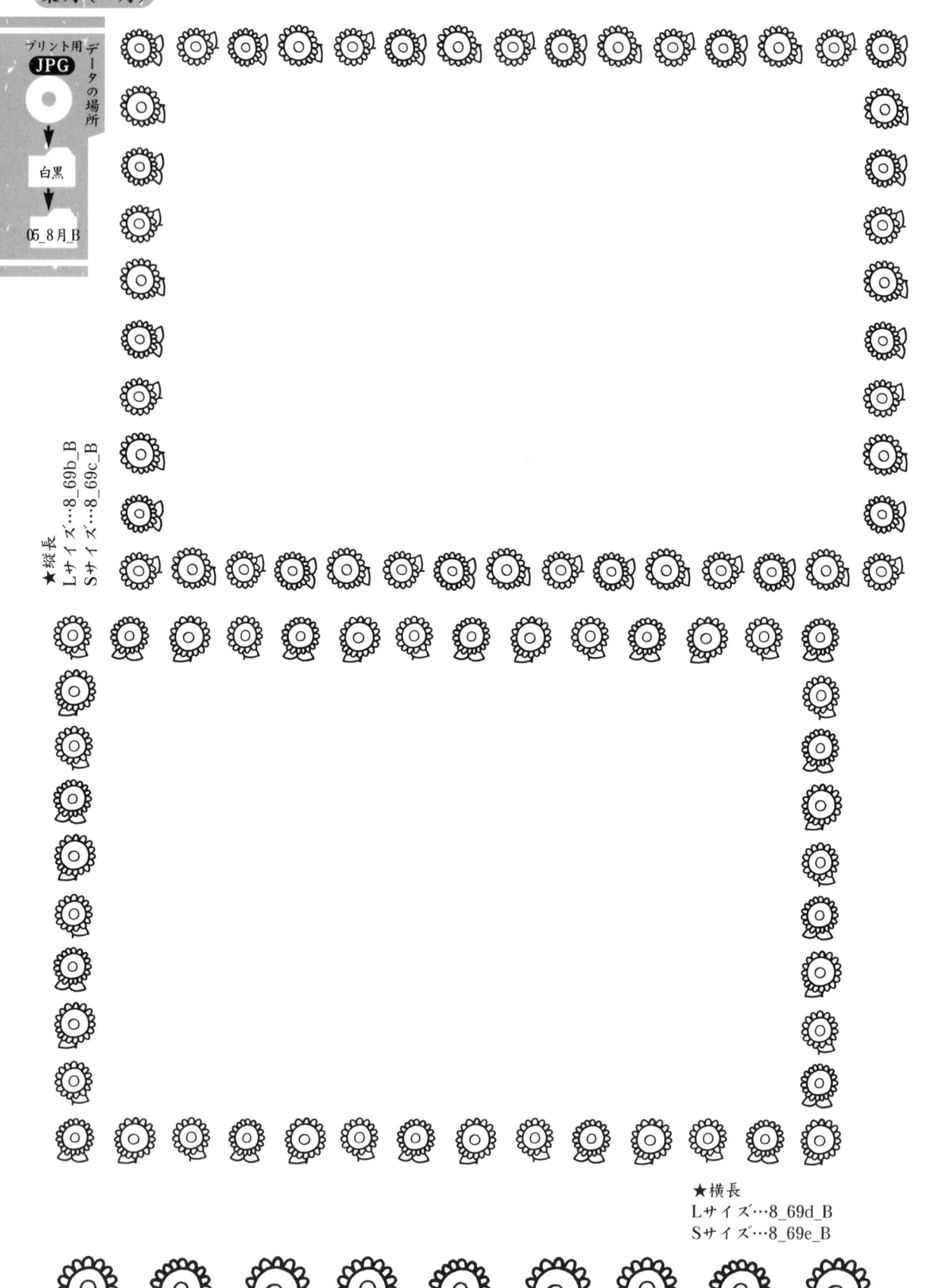

プリント用 JPG データの場所
↓
白黒
↓
05_8月_B

★縦長
Lサイズ…8_69b_B
Sサイズ…8_69c_B

★横長
Lサイズ…8_69d_B
Sサイズ…8_69e_B

8_69a_B

◆カラーは P37　　　　　　　　　　　　囲み罫／飾り罫　**葉月(八月)**

プリント用データの場所
JPG → 白黒 → 05_8月_B

★縦長
Lサイズ…8_70b_B
Sサイズ…8_70c_B

★横長
Lサイズ…8_70d_B
Sサイズ…8_70e_B

8_70a_B

127

長月（九月）　月見／防災の日／動物愛護週間／敬老の日　　　◆カラーは P38

プリント用 JPG データの場所
白黒
06_9月_B

9_01_B
9_02_B
9_03_B
9_04_B
9_05_B
9_06_B
9_07_B
9_08_B
9_09_B
9_10_B
9_11_B
9_12_B
9_13_B

いつまでも おげんきでいてください
文字あり…9_16a_B
文字なし…9_16b_B

9_15_B
8_14_B

セット…9_17a_B
男性のみ…9_17b_B
女性のみ…9_17c_B

げんきでいてね
吹き出しあり…9_18a_B
吹き出しなし…9_18b_B

9_19_B

◆カラーは P39

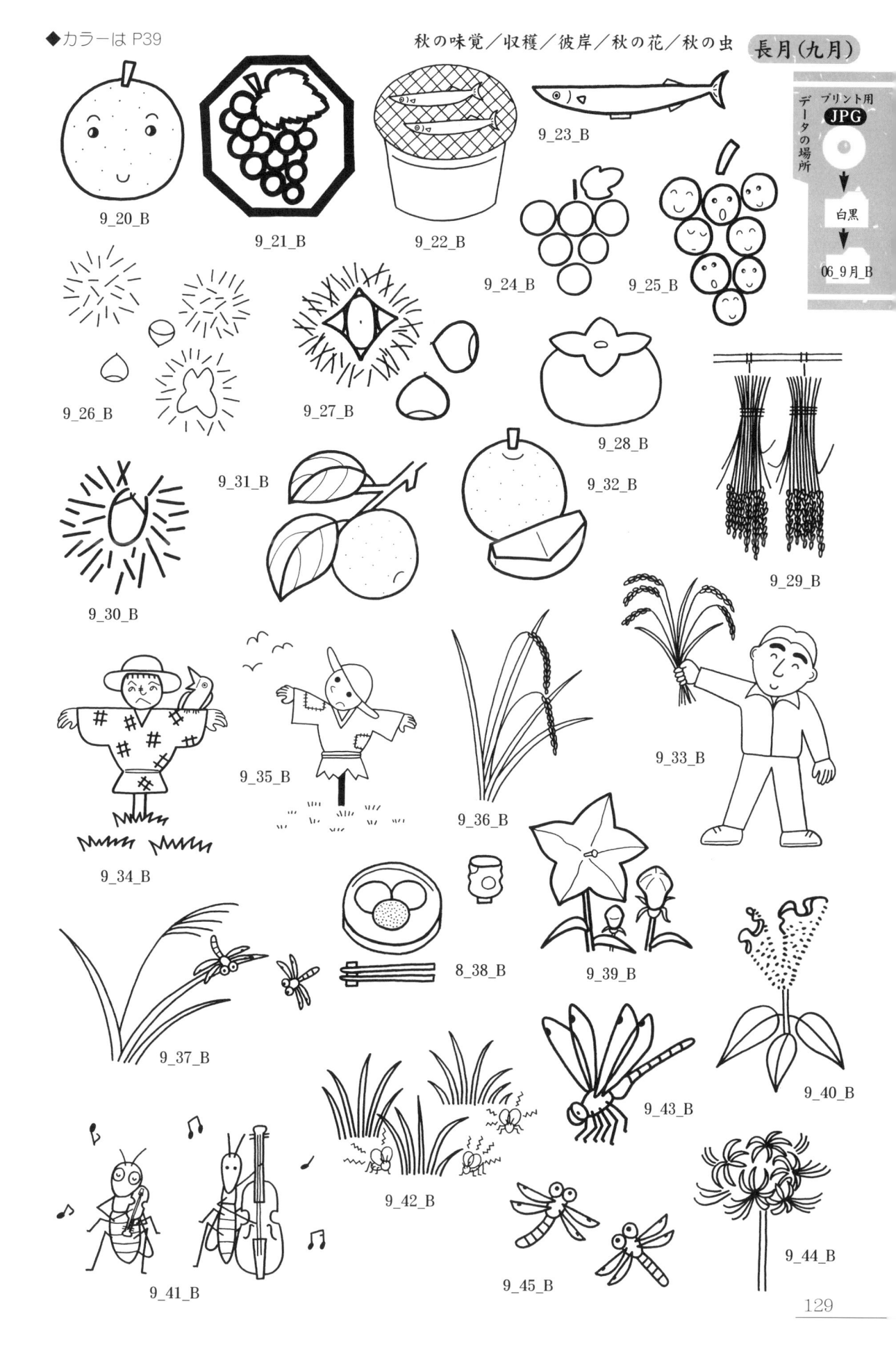

秋の味覚／収穫／彼岸／秋の花／秋の虫

長月（九月）

プリント用
JPG
データの場所
↓
白黒
↓
06_9月_B

9_20_B
9_21_B
9_22_B
9_23_B
9_24_B
9_25_B
9_26_B
9_27_B
9_28_B
9_29_B
9_30_B
9_31_B
9_32_B
9_33_B
9_34_B
9_35_B
9_36_B
8_38_B
9_39_B
9_40_B
9_37_B
9_41_B
9_42_B
9_43_B
9_44_B
9_45_B

# 長月（九月） 秋の虫／囲み罫

◆カラーは P39-40

9_46_B
9_47_B
9_48_B
9_49_B

9_50_B
9_51_B
9_52_B
9_53_B
9_54_B

◆カラーは P40

囲み罫　長月(九月)

プリント用データの場所
JPG
↓
白黒
↓
06_9月_B

9_55_B

9_56_B

9_57_B

9_58_B

131

| 長月(九月) | 囲み罫 | ◆カラーは P40-41

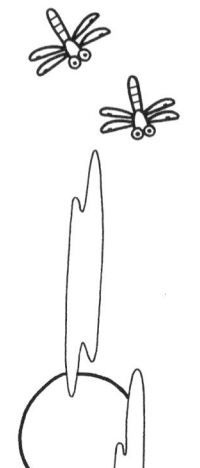

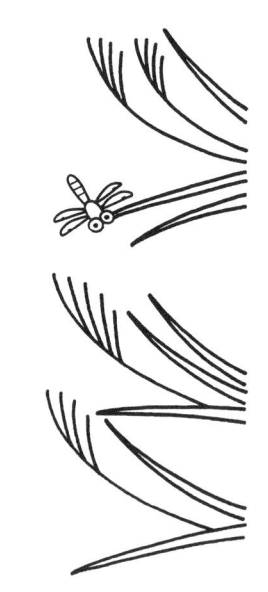

プリント用 JPG
データの場所
白黒
06_9月_B

★縦長
Lサイズ…9_59a_B
Sサイズ…9_59b_B

★横長
Lサイズ…9_60a_B
Sサイズ…9_60b_B

囲み罫

◆カラーは P41  囲み罫／飾り罫  **長月(九月)**

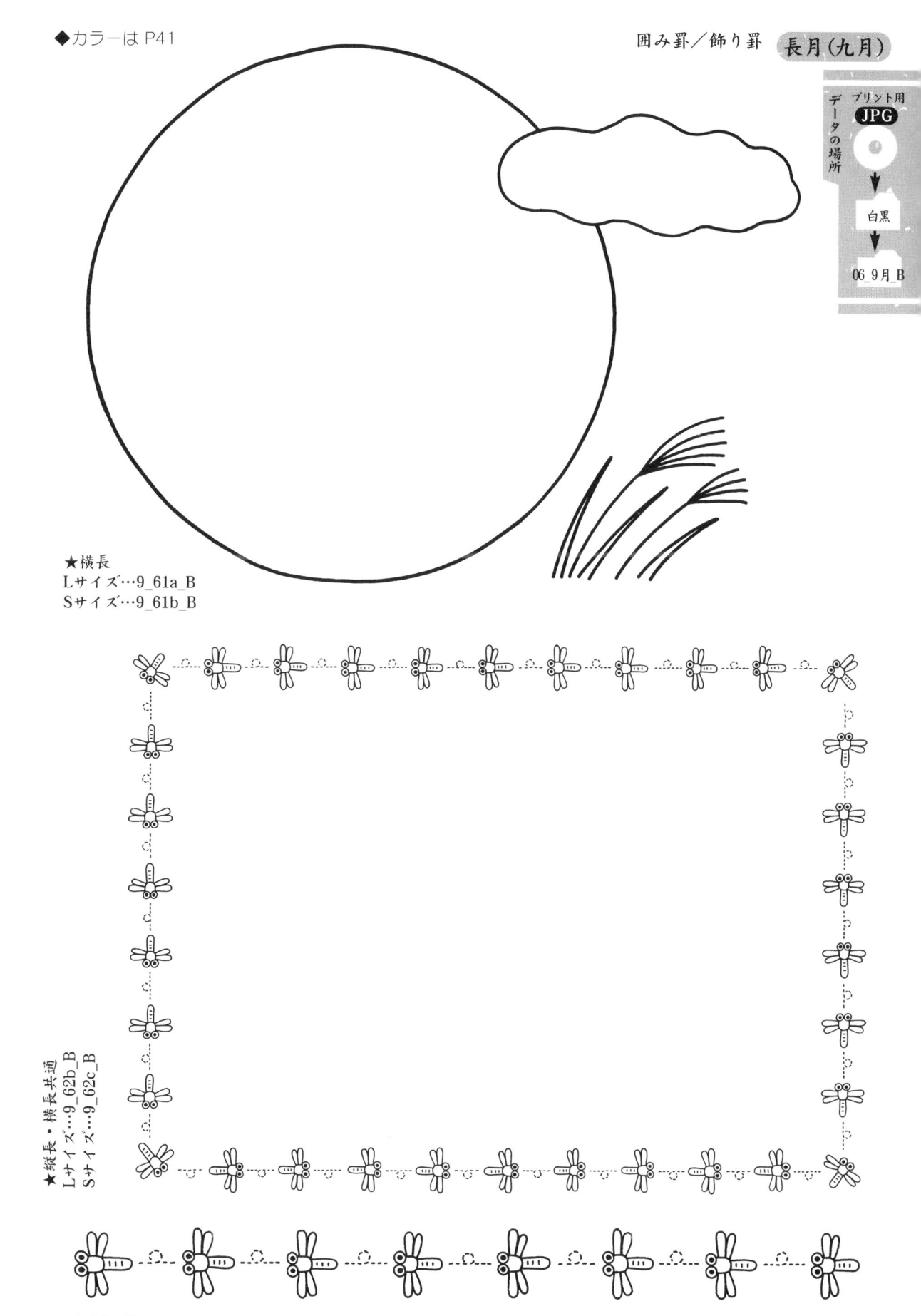

プリント用 JPG データの場所 → 白黒 → 06_9月_B

★横長
Lサイズ…9_61a_B
Sサイズ…9_61b_B

★縦長・横長共通
Lサイズ…9_62b_B
Sサイズ…9_62c_B

9_62a_B

133

長月(九月)　囲み罫／飾り罫　　　　　　　　　　◆カラーは P41

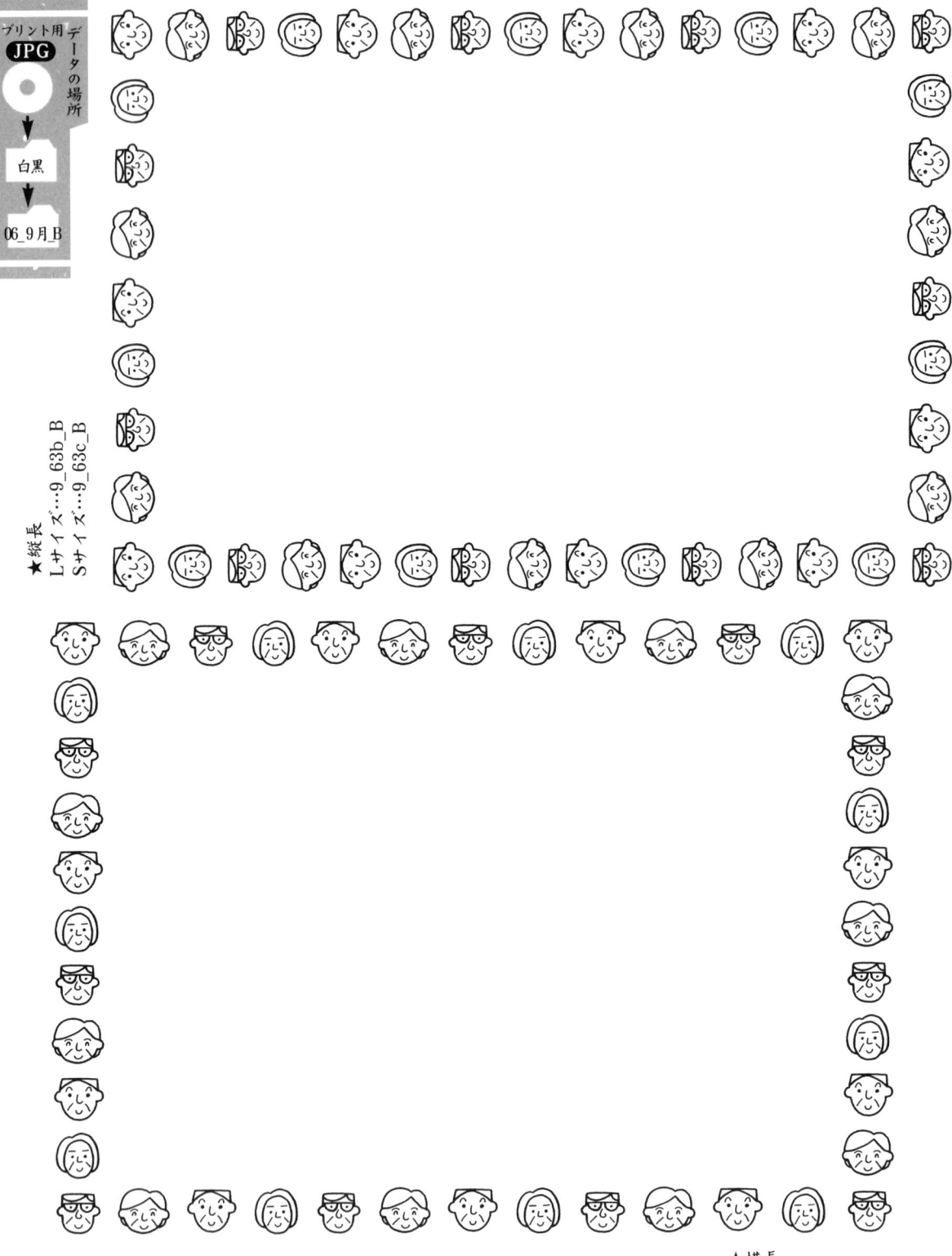

プリント用データの場所
JPG
白黒
06_9月_B

★縦長
Lサイズ…9_63b_B
Sサイズ…9_63c_B

★横長
Lサイズ…9_63d_B
Sサイズ…9_63e_B

9_63a_B

◆カラーは P41　　　　　　　　　　　　　囲み罫／飾り罫　**長月（九月）**

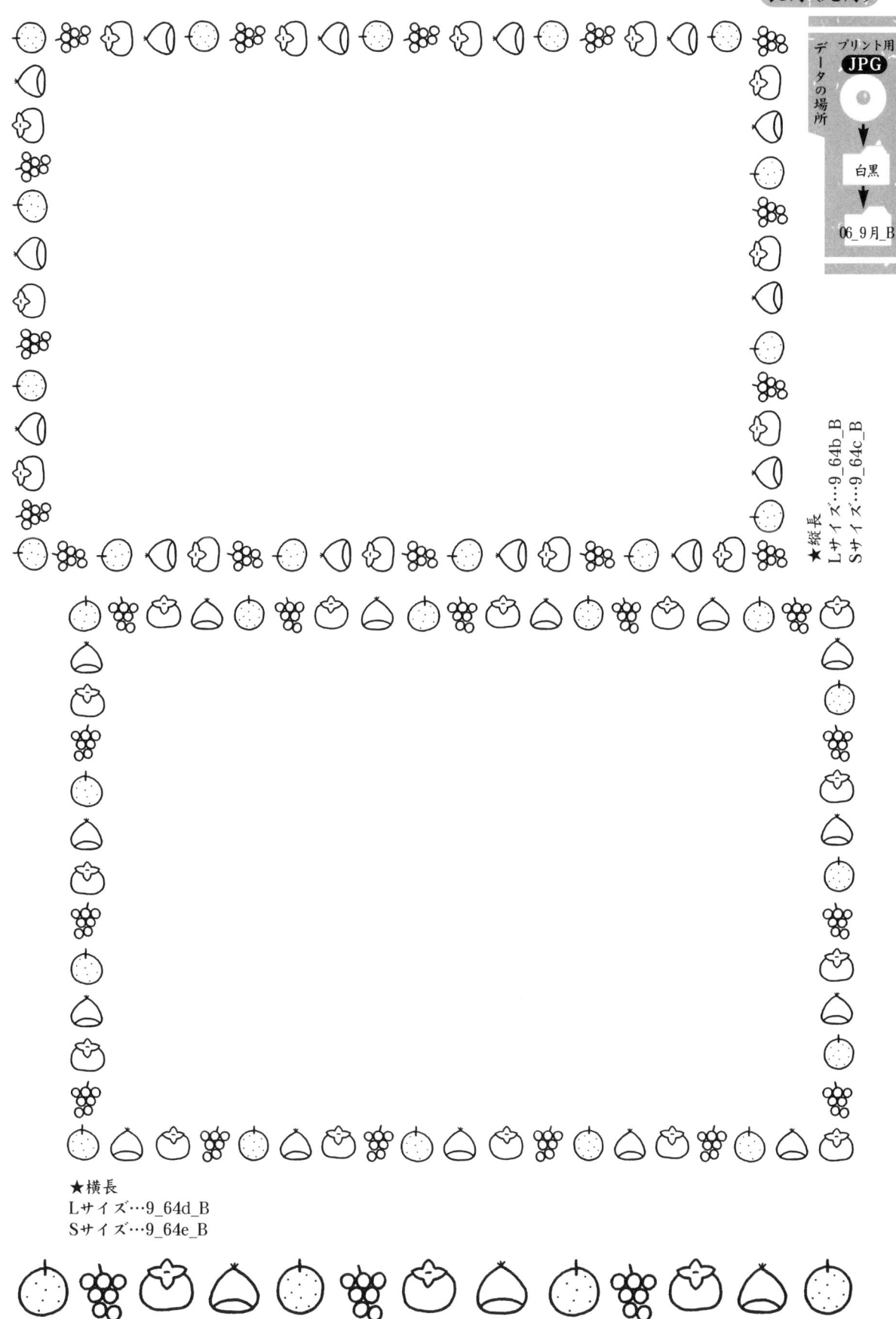

プリント用 **JPG** → 白黒 → 06_9月_B

★縦長
Lサイズ…9_64b_B
Sサイズ…9_64c_B

★横長
Lサイズ…9_64d_B
Sサイズ…9_64e_B

9_64a_B

135

神無月（十月）　運動会／目の愛護デー　　　　　　　　　　　　◆カラーは P42

プリント用データの場所
JPG
↓
白黒
↓
07_10月_B

10_01_B
10_02_B
10_03_B
10_04_B
10_05_B
10_06_B
10_07_B
10_08_B

メダルなどに
10_10_B

10_09_B

メダルなどに
10_11_B

セット…10_12a_B
女性のみ…10_12b_B
男性のみ…10_12c_B

10_13_B
10_14_B
10_16_B

メガネ3つセット…10_17a_B

10_17b_B
10_17c_B
10_15_B
10_17d_B
10_18_B
10_19_B
10_20_B

◆カラーは P42-43　　目の愛護デー／コスモス／きのこ／さつま芋／木の実／ハロウィン　　神無月（十月）

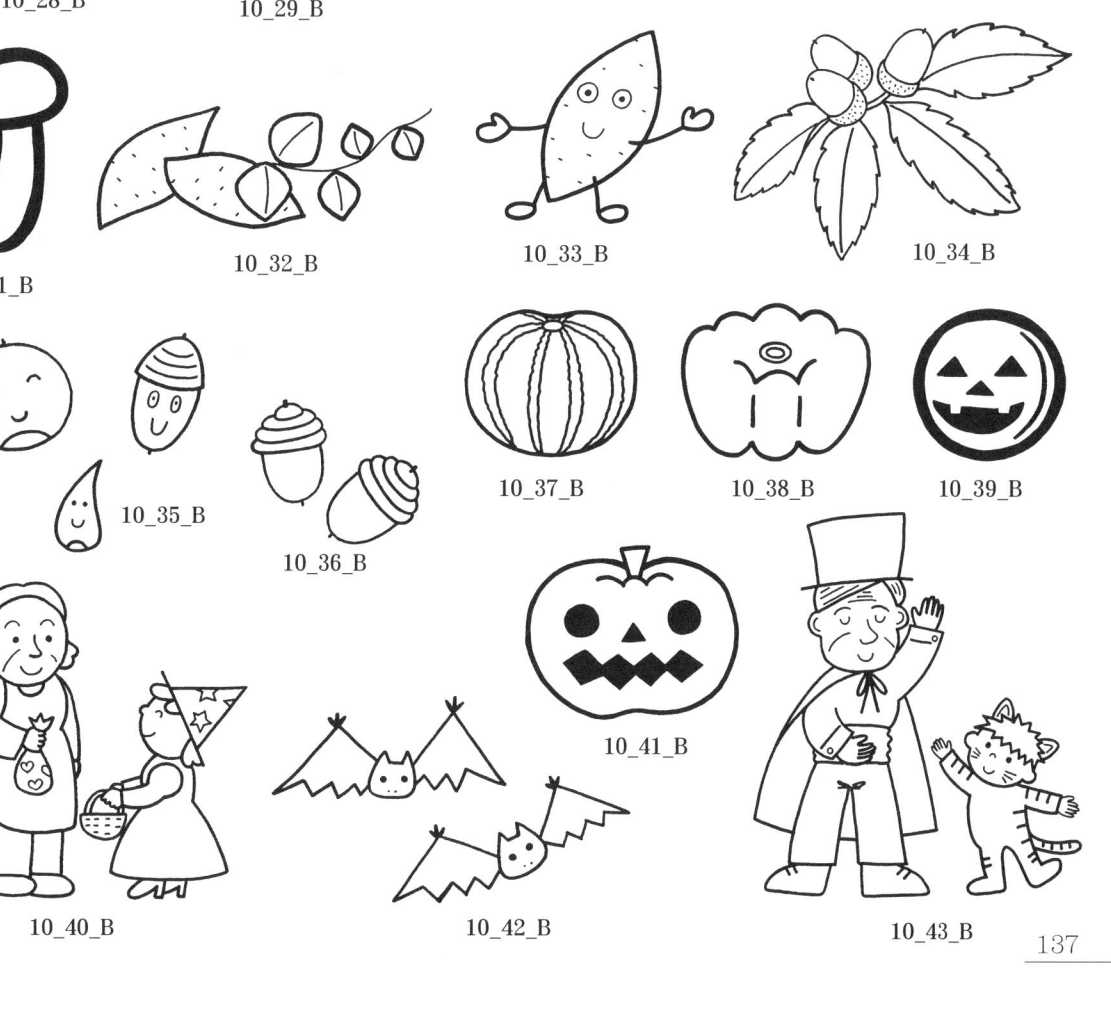

10_21_B
10_22_B
10_23_B

目の愛護デー

テレビは離れて見ましょう！
文字・吹き出しあり…10_25a_B
文字・吹き出しなし…10_25b_B

遠くの緑を見ましょう
文字あり…10_24a_B
文字なし…10_24b_B

10_26_B
10_27_B

きのこ5種セット…10_30a_B

10_28_B
10_29_B
10_30b_B
10_30c_B
10_30d_B
10_30e_B
10_30f_B

10_31_B
10_32_B
10_33_B
10_34_B

10_35_B
10_36_B
10_37_B
10_38_B
10_39_B

10_40_B
10_41_B
10_42_B
10_43_B

プリント用データの場所
JPG
↓
白黒
↓
07_10月_B

137

神無月（十月） 囲み罫／飾り罫　　　　　　　　　　　　　　　　　　　　　　　　　◆カラーは P43

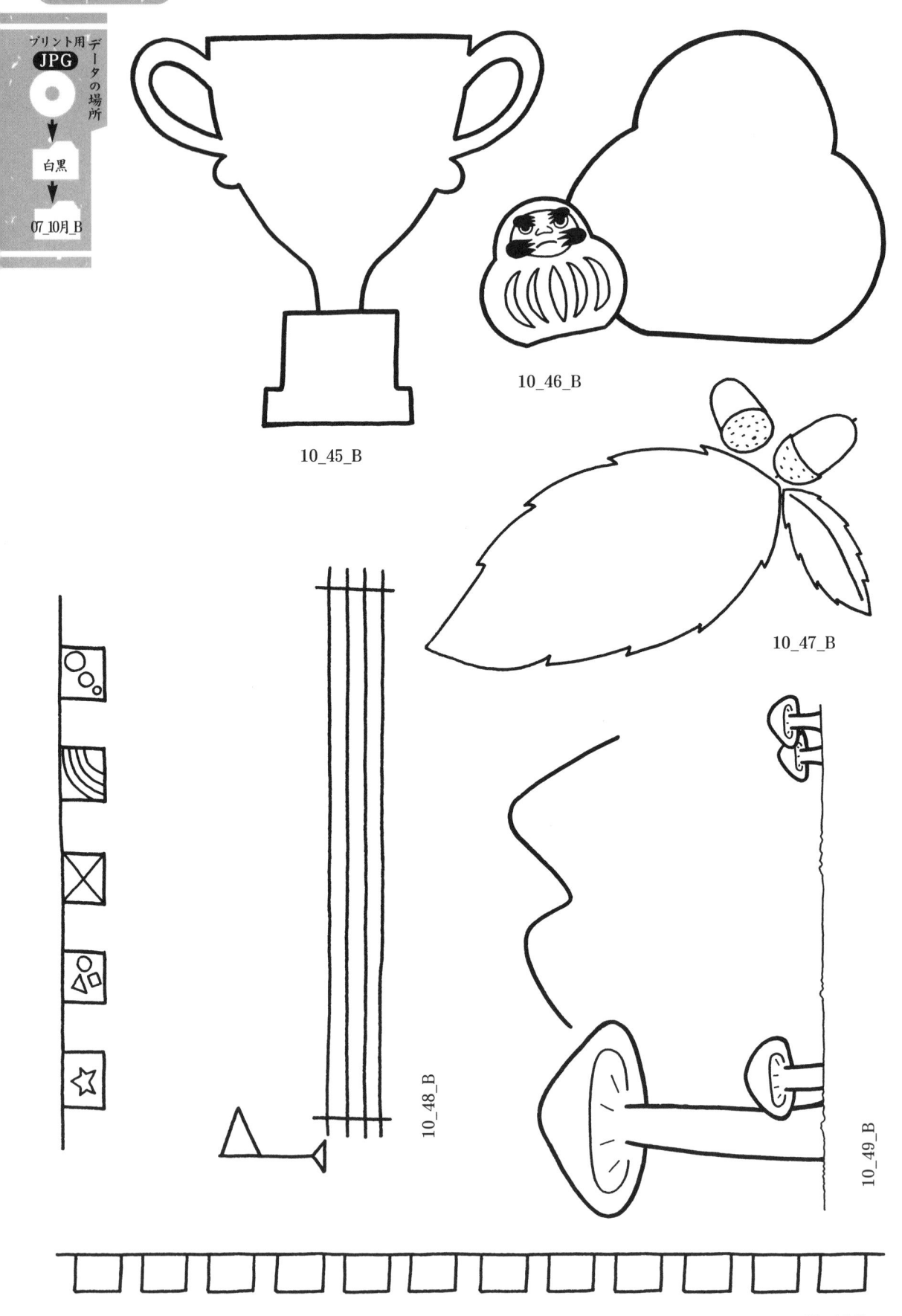

プリント用データの場所
JPG
↓
白黒
↓
07_10月_B

10_45_B

10_46_B

10_47_B

10_48_B

10_49_B

10_44_B

◆カラーは P43-44　　　　　　　　　　　　　　　　　　　　　　　囲み罫　神無月（十月）

プリント用 JPG
データの場所
白黒
07_10月_B

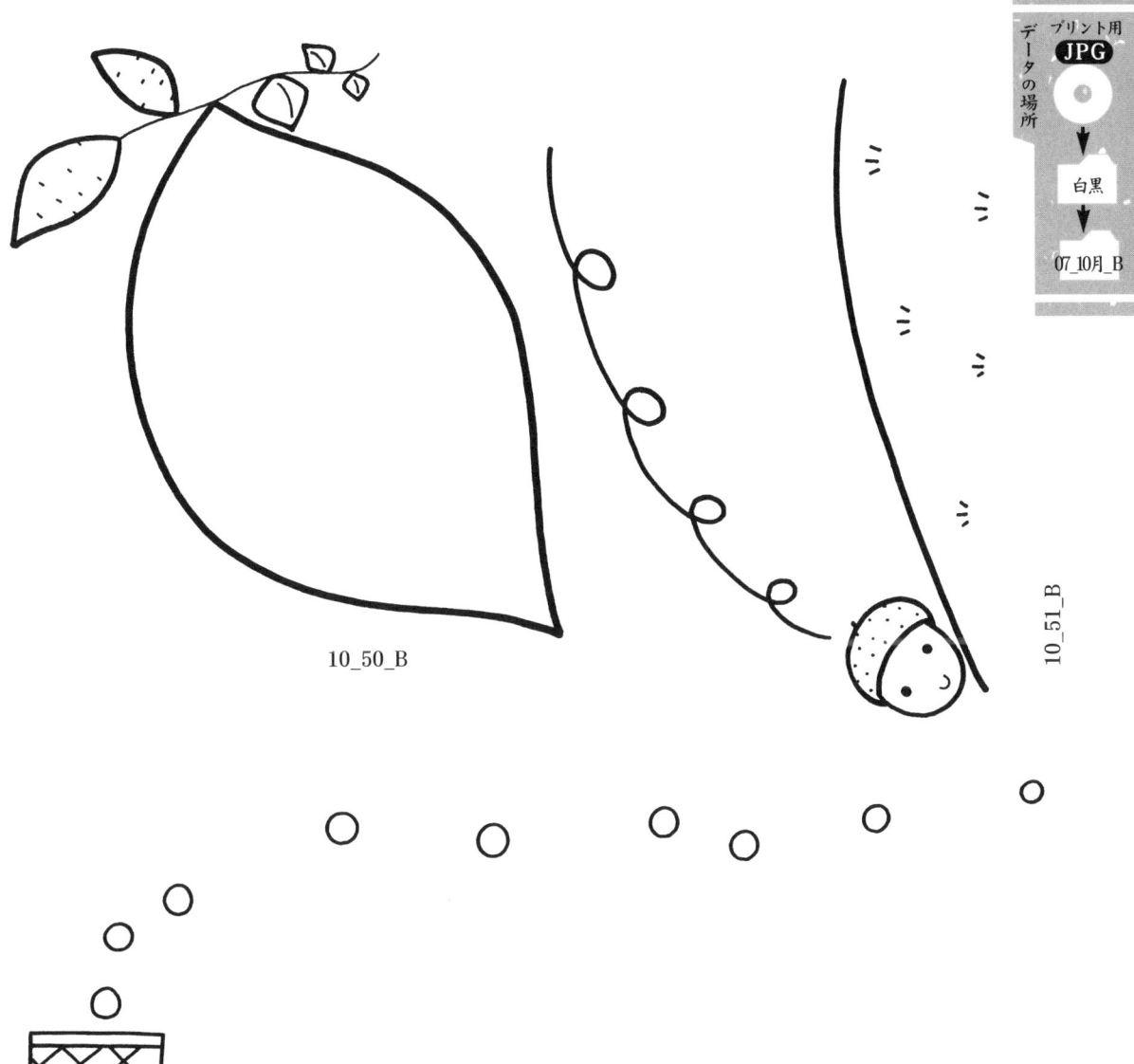

10_50_B

10_51_B

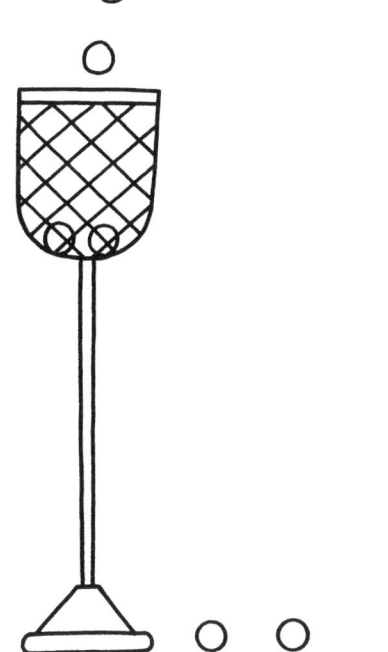

★横長
Lサイズ…10_52a_B
Sサイズ…10_52b_B

139

| 神無月（十月） | 囲み罫 | ◆カラーは P44 |

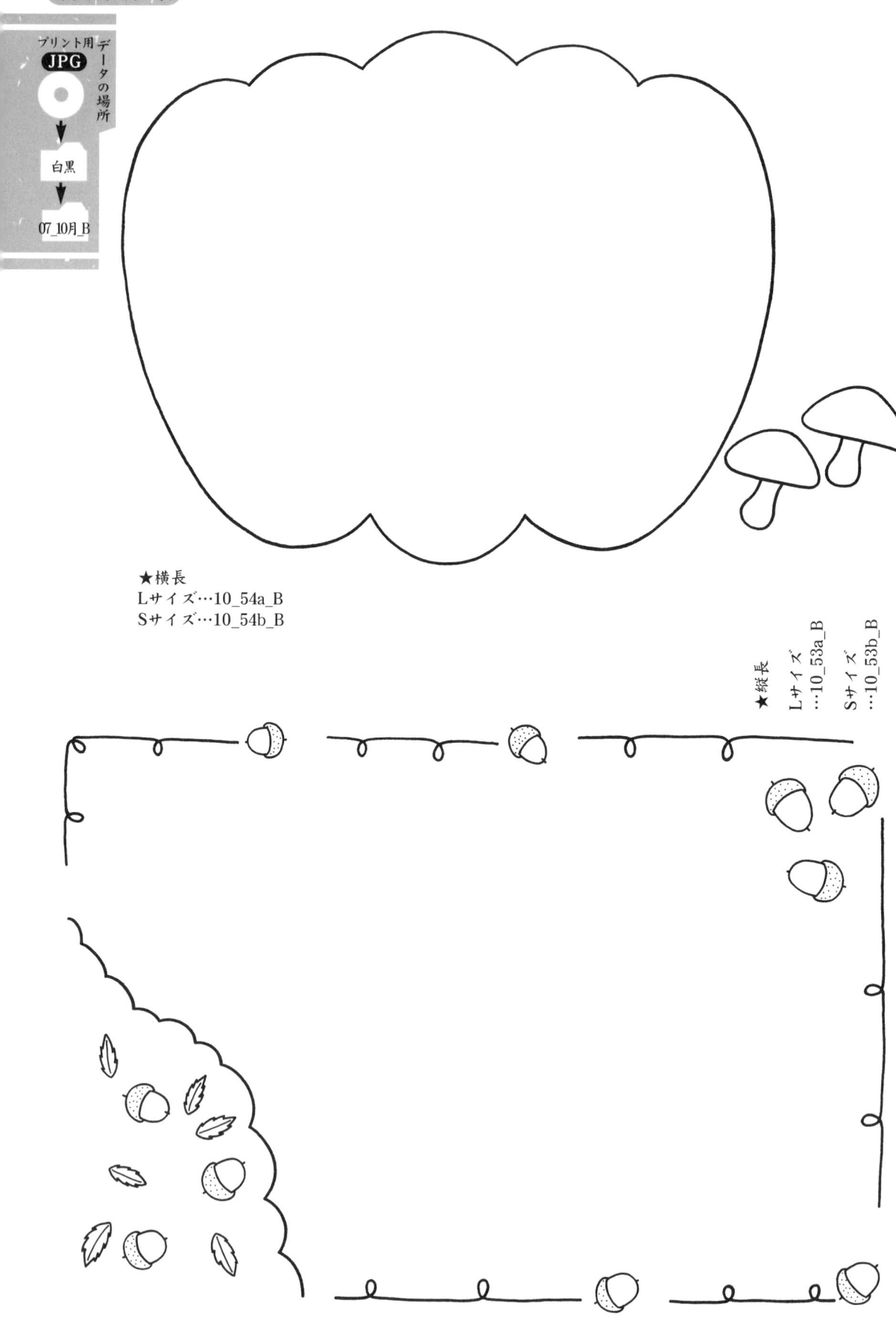

プリント用 JPG データの場所
↓
白黒
↓
07_10月_B

★横長
Lサイズ…10_54a_B
Sサイズ…10_54b_B

★縦長
Lサイズ…10_53a_B
Sサイズ…10_53b_B

◆カラーは P44　　　　　　　　　　　囲み罫／飾り罫　**神無月（十月）**

プリント用 JPG → 白黒 → 07_10月_B
データの場所

★縦長・横長共通
Lサイズ…10_55b_B
Sサイズ…10_55c_B

10_55a_B

★縦長・横長共通
Lサイズ…10_56b_B
Sサイズ…10_56c_B

10_56a_B

141

神無月（十月） 囲み罫／飾り罫　　　　　　　　　　　　　　　　　　　　　　　　　　　◆カラーは P44-45

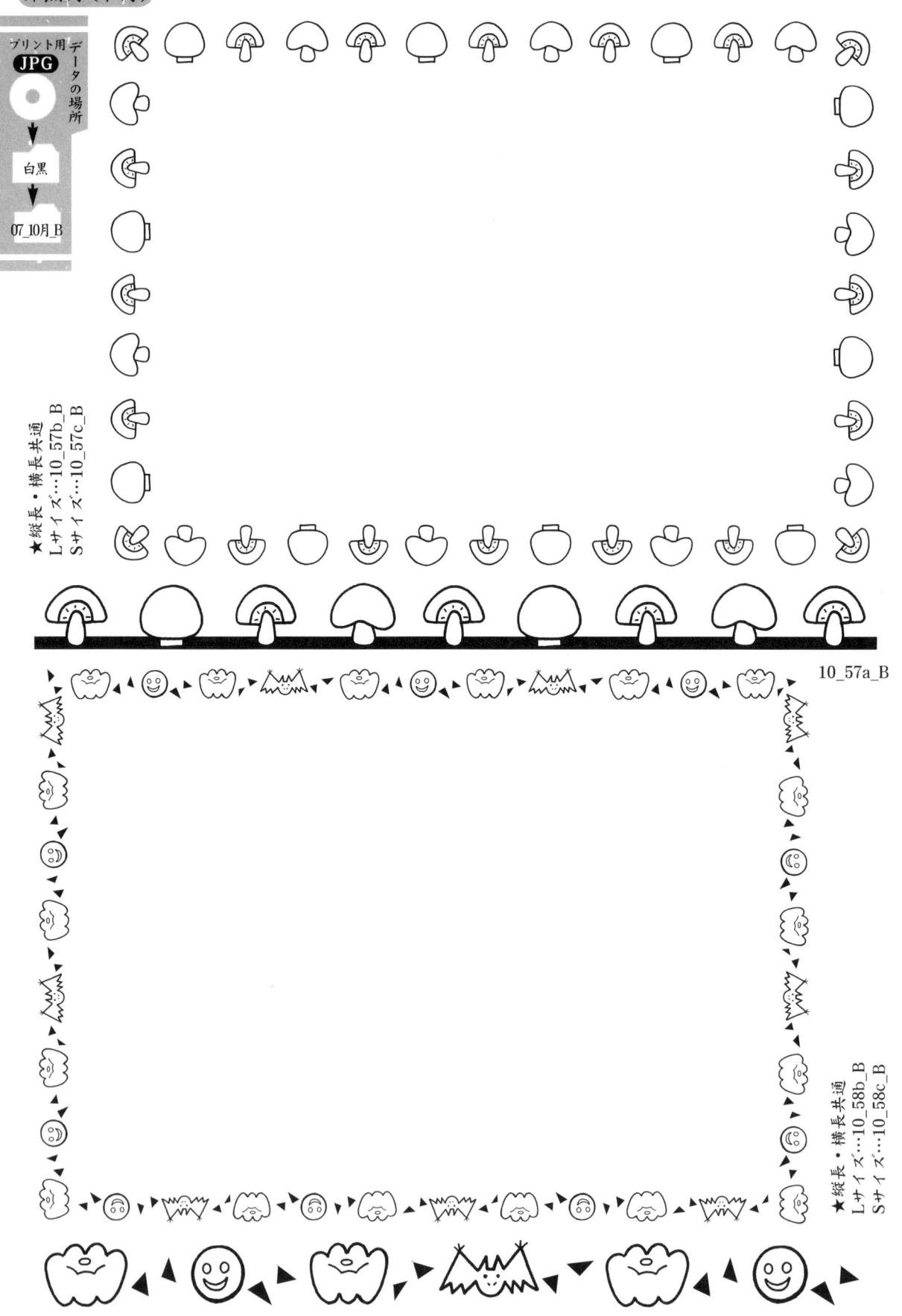

プリント用データの場所
JPG
↓
白黒
↓
07_10月_B

★縦長・横長共通
Lサイズ…10_57b_B
Sサイズ…10_57c_B

10_57a_B

★縦長・横長共通
Lサイズ…10_58b_B
Sサイズ…10_58c_B

10_58a_B

◆カラーは P45　　　　　　　　　　　囲み罫／飾り罫　**神無月（十月）**

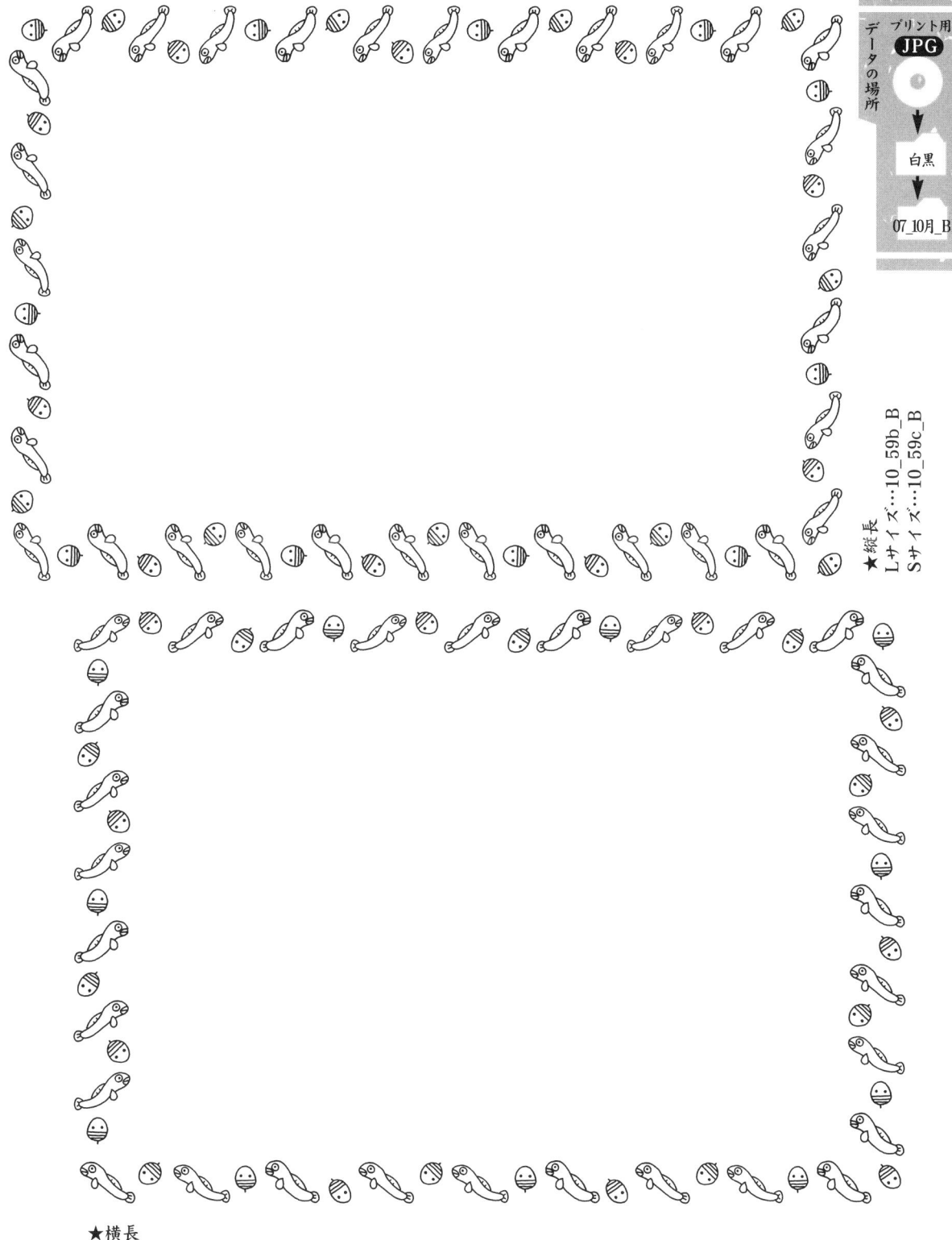

プリント用データの場所　**JPG** → 白黒 → 07_10月_B

★縦長
Lサイズ…10_59b_B
Sサイズ…10_59c_B

★横長
Lサイズ…10_59d_B
Sサイズ…10_59e_B

10_59a_B

143

# 神無月（十月） 囲み罫／飾り罫

◆カラーはP45

★縦長
Lサイズ…10_60b_B
Sサイズ…10_60c_B

★横長
Lサイズ…10_60d_B
Sサイズ…10_60e_B

◆カラーは P45　　　　　　　　　　　　　囲み罫／飾り罫　**神無月（十月）**

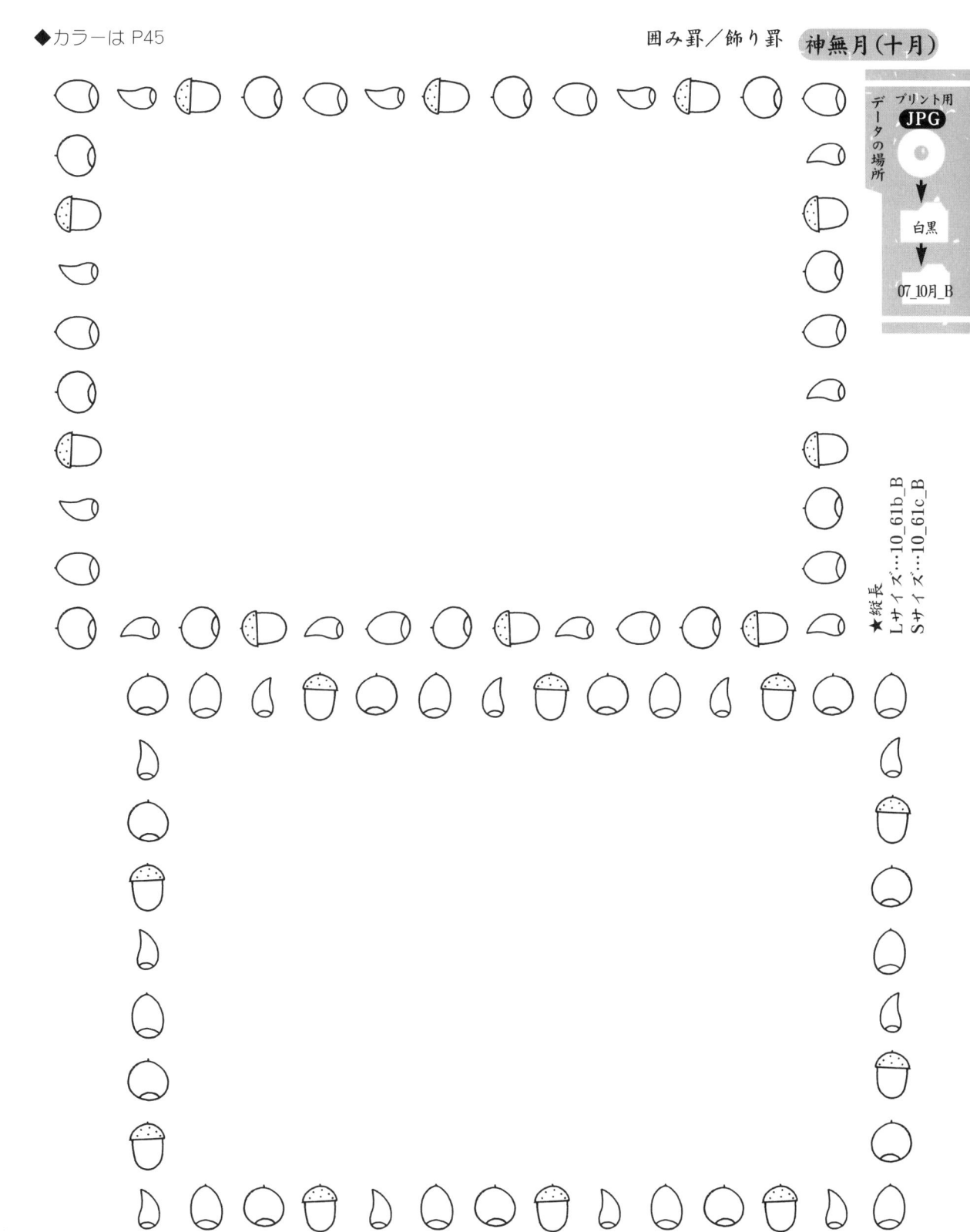

プリント用 JPG
データの場所
↓
白黒
↓
07_10月_B

★縦長
Lサイズ…10_61b_B
Sサイズ…10_61c_B

★横長
Lサイズ…10_61d_B
Sサイズ…10_61e_B

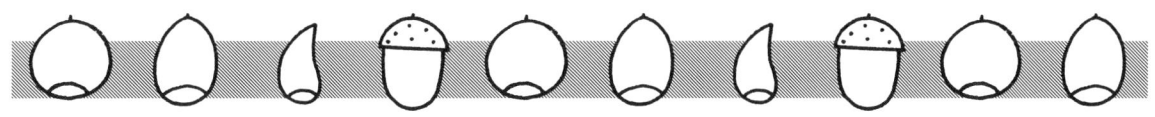

10_61a_B

145

# 霜月(十一月)　七五三／芸術の秋／読書／酉の市／紫綬褒章／菊

◆カラーは P46

プリント用データの場所
JPG
↓
白黒
↓
08_11月_B

11_01_B
11_02_B
11_03_B
11_04_B
11_05_B
11_06_B
11_07_B
11_08_B
11_09_B
11_10_B
11_11_B
11_12_B
11_13_B
11_14_B
11_15_B
11_16_B
11_17_B
11_18_B
11_19_B
11_20_B
11_21_B
11_22_B
11_23_B
11_24_B
11_25_B

◆カラーは P47　　勤労感謝の日／風邪予防／焼き芋／落ち葉／囲み罫　　霜月（十一月）

プリント用 JPG データの場所 → 白黒 → 08_11月_B

11_26_B　11_27_B　11_28_B　11_29_B

11_30_B　11_31_B　11_32_B

11_33_B　11_34_B　11_35_B　11_36_B

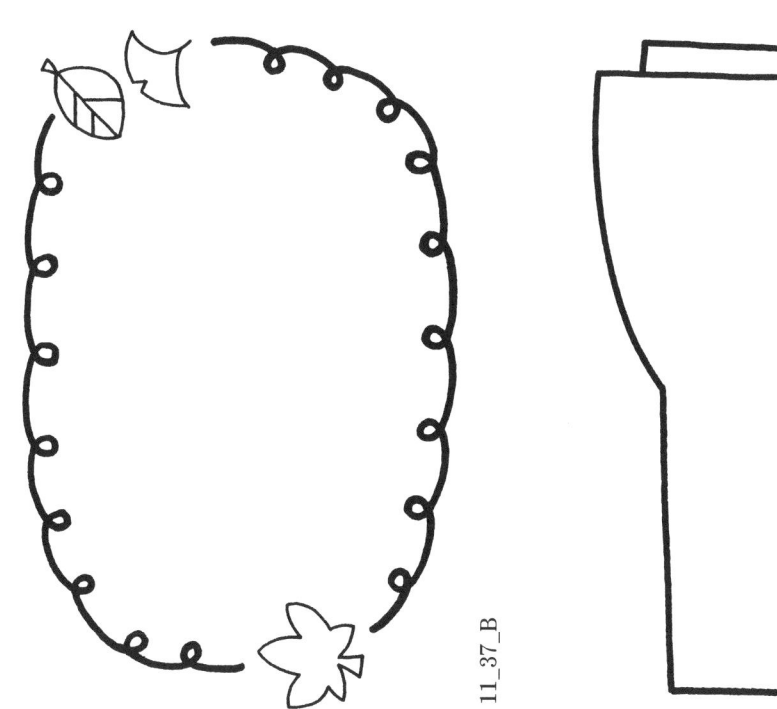

11_37_B 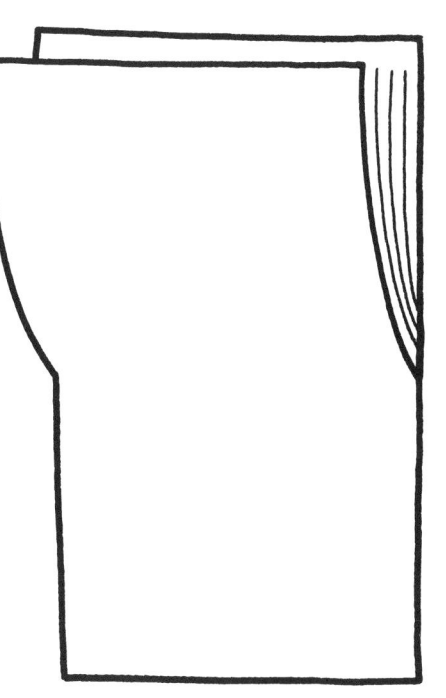　11_38_B

147

| 霜月(十一月) | 囲み罫 | ◆カラーは P47-48

プリント用データの場所
JPG
↓
白黒
↓
08_11月_B

11_39_B
11_40_B
11_42_B
11_43_B
11_44_B
11_46_B

◆カラーは P48　　　　　　　　　　　　　囲み罫／飾り罫　**霜月（十一月）**

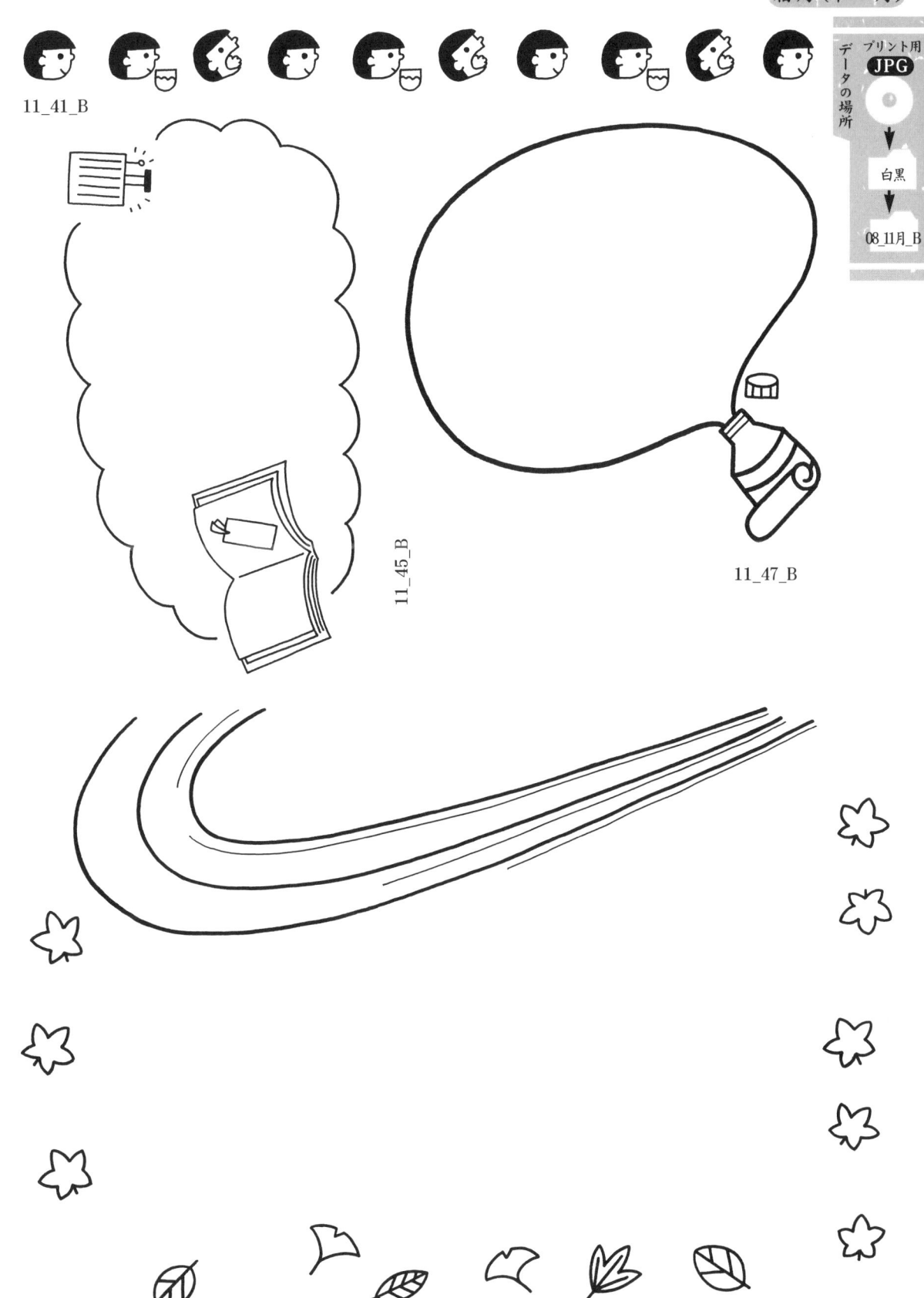

11_41_B

データの場所　プリント用 **JPG** → 白黒 → 08_11月_B

11_45_B

11_47_B

★横長
Lサイズ…11_48a_B
Sサイズ…11_48b_B

149

**霜月(十一月)** 囲み罫 ◆カラーはP48

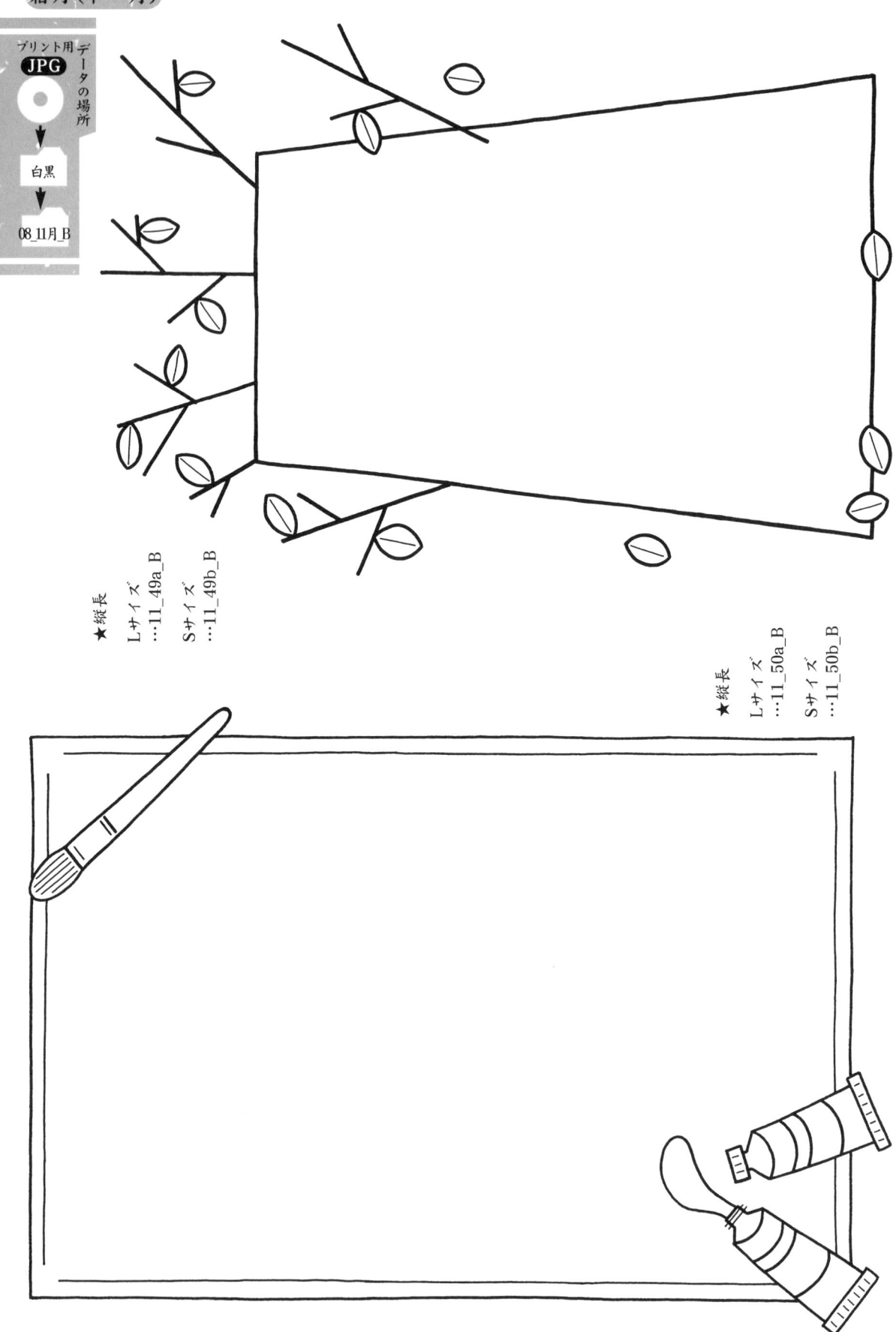

プリント用データの場所
JPG → 白黒 → 08_11月_B

★縦長
Lサイズ…11_49a_B
Sサイズ…11_49b_B

★縦長
Lサイズ…11_50a_B
Sサイズ…11_50b_B

◆カラーは P49　　　　　　　　　　　　　　　囲み罫／飾り罫　**霜月（十一月）**

プリント用 JPG
データの場所
↓
白黒
↓
08_11月_B

★縦長・横長共通
Lサイズ…11_51b_B
Sサイズ…11_51c_B

11_51a_B

★縦長・横長共通
Lサイズ…11_52b_B
Sサイズ…11_52c_B

11_52a_B

151

霜月(十一月) 囲み罫／飾り罫 ◆カラーは P49

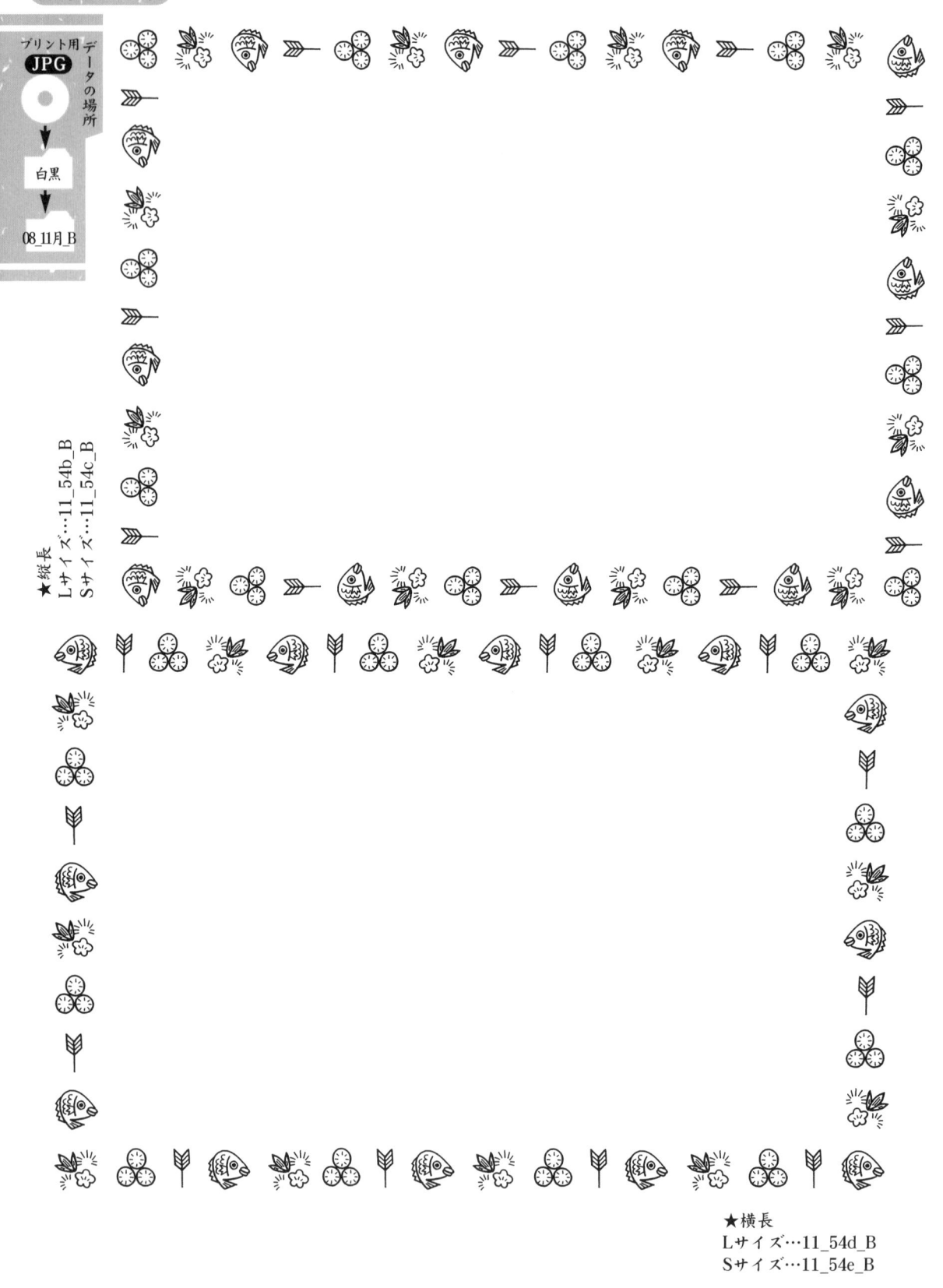

プリント用データの場所
JPG
↓
白黒
↓
08_11月_B

★縦長
Lサイズ…11_54b_B
Sサイズ…11_54c_B

★横長
Lサイズ…11_54d_B
Sサイズ…11_54e_B

※「11_53a_B」「11_53b_B」「11_53c_B」はP154

11_54a_B

◆カラーはP49　　　　　　　　　　　　　囲み罫／飾り罫　**霜月（十一月）**

プリント用 JPG
データの場所
白黒
08_11月_B

★縦長
Lサイズ…11_55b_B
Sサイズ…11_55c_B

★横長
Lサイズ…11_55d_B
Sサイズ…11_55e_B

11_55a_B

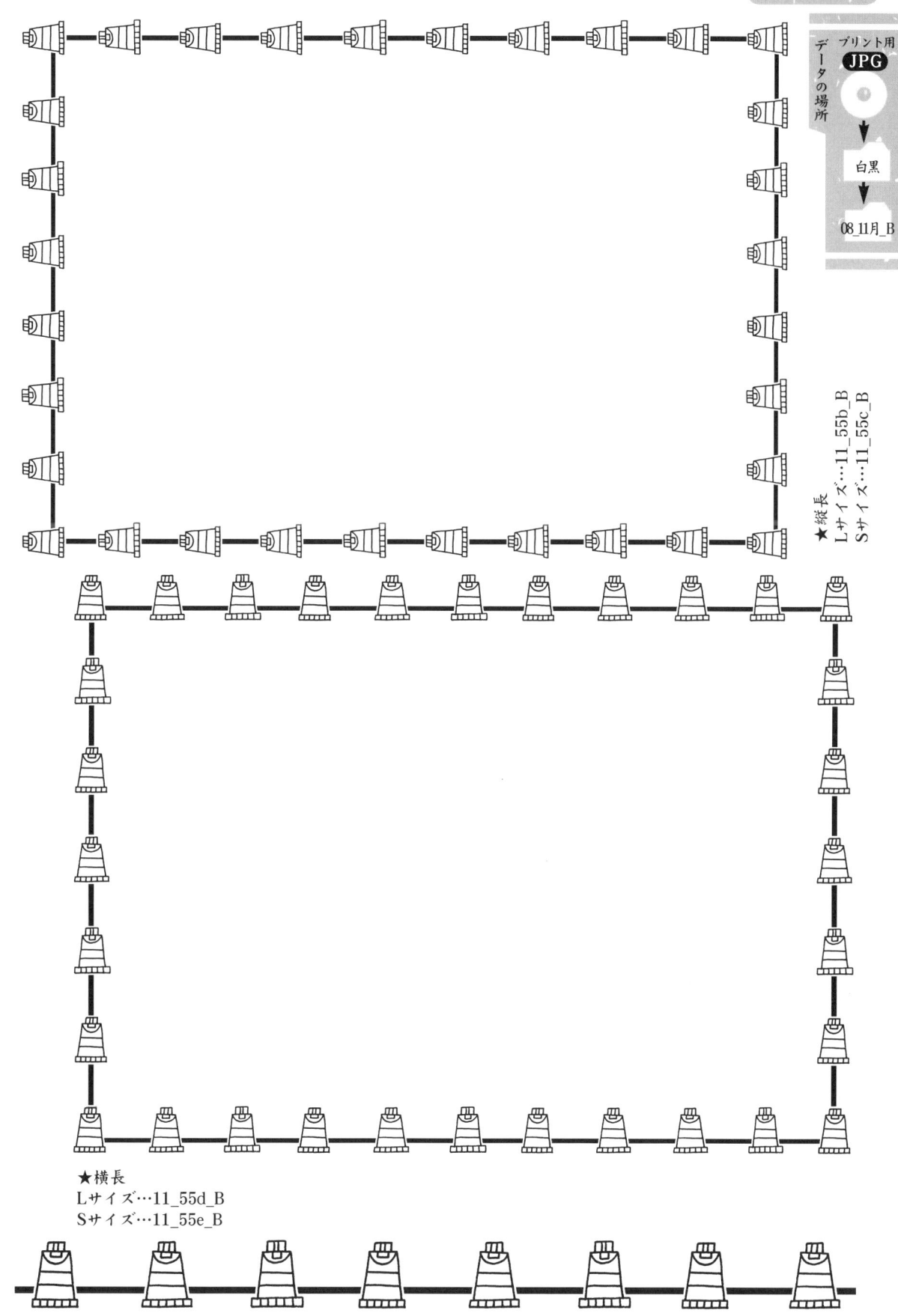

153

## 霜月（十一月） 囲み罫／飾り罫

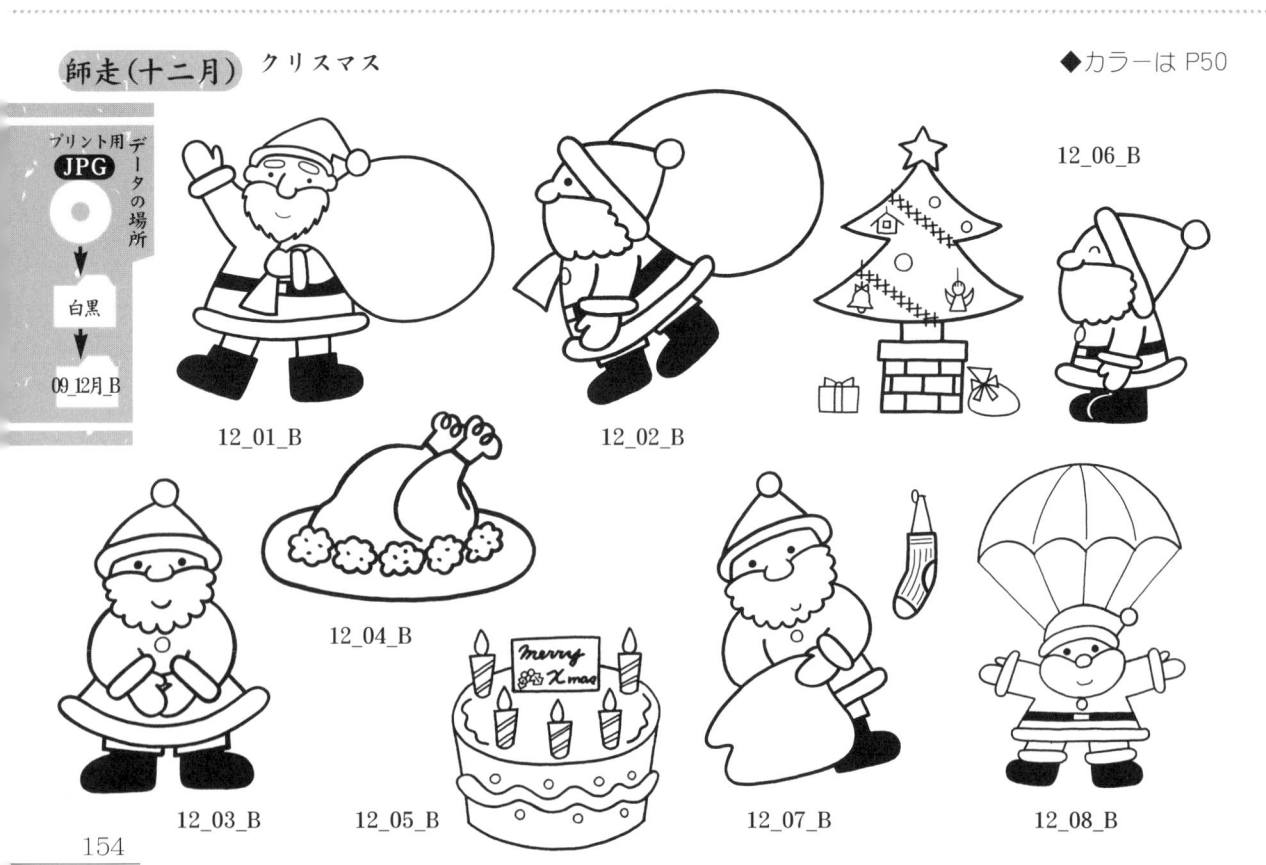

◆カラーは P49

プリント用 JPG データの場所
白黒
08_11月_B

★縦長・横長共通
Lサイズ…11_53b_B
Sサイズ…11_53c_B

11_53a_B

## 師走（十二月） クリスマス

◆カラーは P50

プリント用 JPG データの場所
白黒
09_12月_B

12_06_B

12_01_B

12_02_B

12_03_B

12_04_B

12_05_B

12_07_B

12_08_B

154

◆カラーは P50　　　　　　　　　　　　　　　　　　　　　　　　　　クリスマス　師走(十二月)

プリント用 JPG
データの場所 → 白黒 → 09_12月_B

12_09_B　　12_10_B　　12_11_B

12_12_B　　12_13_B　　12_14_B　　12_15_B　　12_17_B

12_16_B　　12_18_B　　12_19_B　　12_20_B

12_21_B　　12_22_B　　12_23_B　　12_25_B

12_24_B　　12_26_B　　12_27_B　　12_28_B

12_29_B　　12_30_B　　12_31_B

155

# 師走(十二月)

クリスマス／冬至／大掃除／もちつき／年越し

◆カラーはP50-51

プリント用データの場所
JPG
白黒
09_12月_B

12_32_B
12_33_B
12_34_B
12_35_B
12_36_B
12_37_B
12_38_B
12_39_B
12_40_B
12_41_B
12_42_B
12_43_B
12_44_B
12_45_B
12_46_B
12_47_B
12_48_B
12_49_B
12_50_B
12_53_B
12_51_B
12_52_B

◆カラーは P51

囲み罫　師走（十二月）

プリント用 JPG
データの場所
→ 白黒
→ 09_12月_B

12_54_B

12_55_B

12_56_B

12_57_B

12_58_B

157

師走(十二月) 囲み罫　　　　　　　　　　　　　　　　　　　　　　　　◆カラーは P51-52

プリント用データの場所
JPG
↓
白黒
↓
09_12月_B

12_59_B

12_62_B

12_60_B

12_63_B

12_61_B

◆カラーは P52

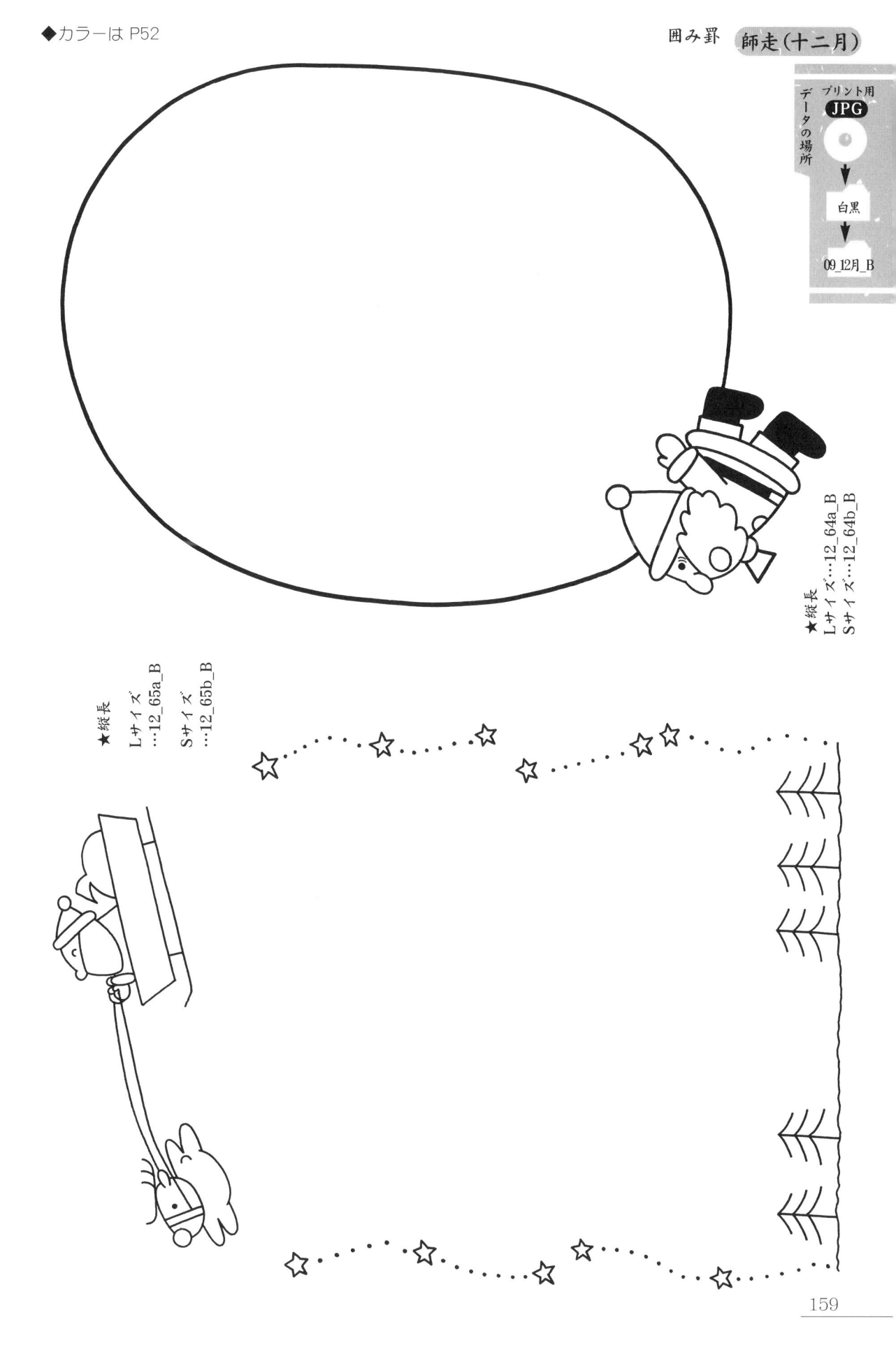

囲み罫 **師走(十二月)**

プリント用 JPG
データの場所
↓
白黒
↓
09_12月_B

★縦長
Lサイズ…12_64a_B
Sサイズ…12_64b_B

★縦長
Lサイズ…12_65a_B
Sサイズ…12_65b_B

159

師走(十二月) 囲み罫／飾り罫　　　　　　　　　　　　　　　　　　◆カラーは P52

★横長
Lサイズ…12_66a_B
Sサイズ…12_66b_B

★縦長・横長共通
Lサイズ…12_67b_B
Sサイズ…12_67c_B

12_67a_B

◆カラーは P52-53　　　　　　　　　　　囲み罫／飾り罫　**師走(十二月)**

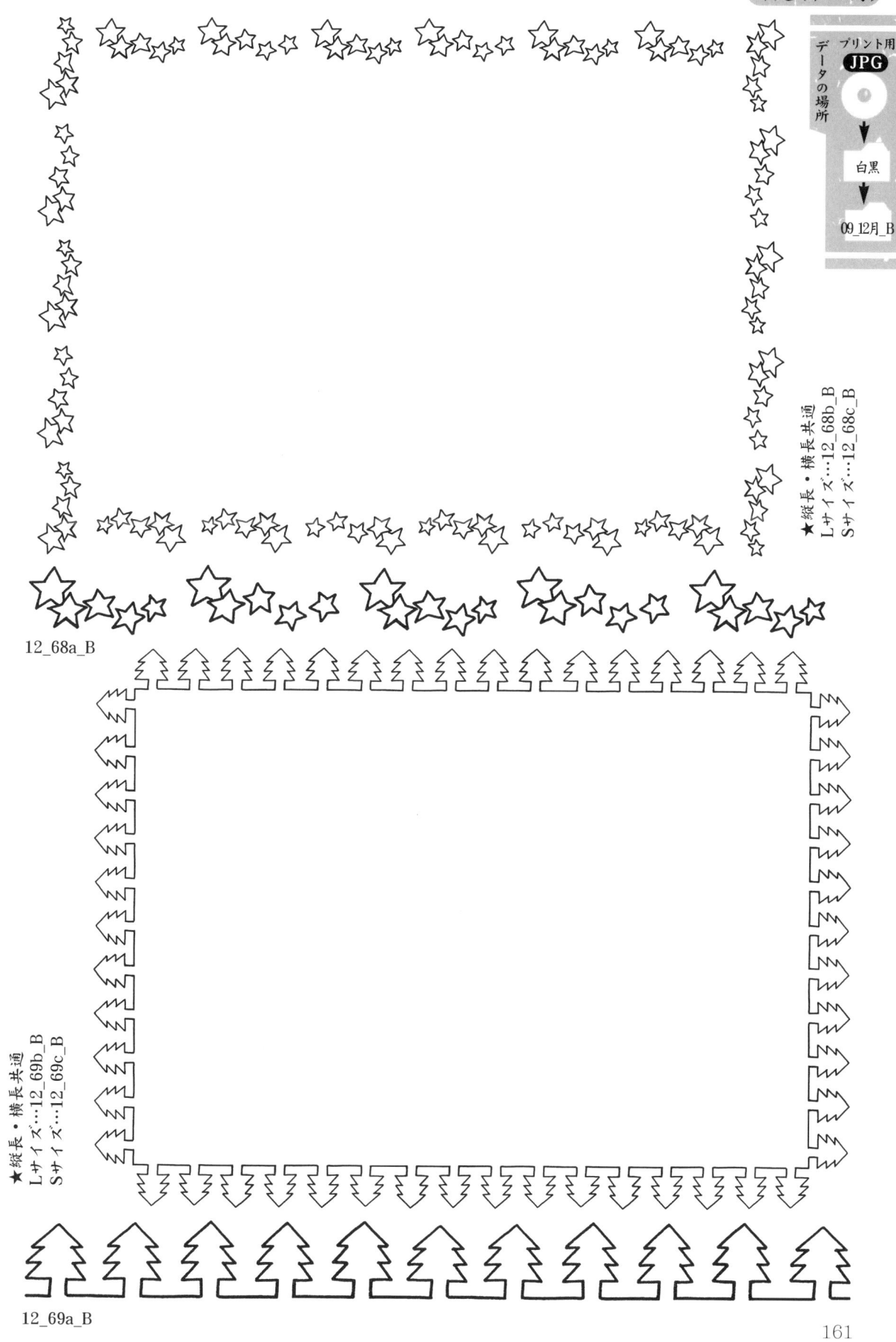

★縦長・横長共通
Lサイズ…12_68b_B
Sサイズ…12_68c_B

12_68a_B

★縦長・横長共通
Lサイズ…12_69b_B
Sサイズ…12_69c_B

12_69a_B

# 師走(十二月) 囲み罫／飾り罫

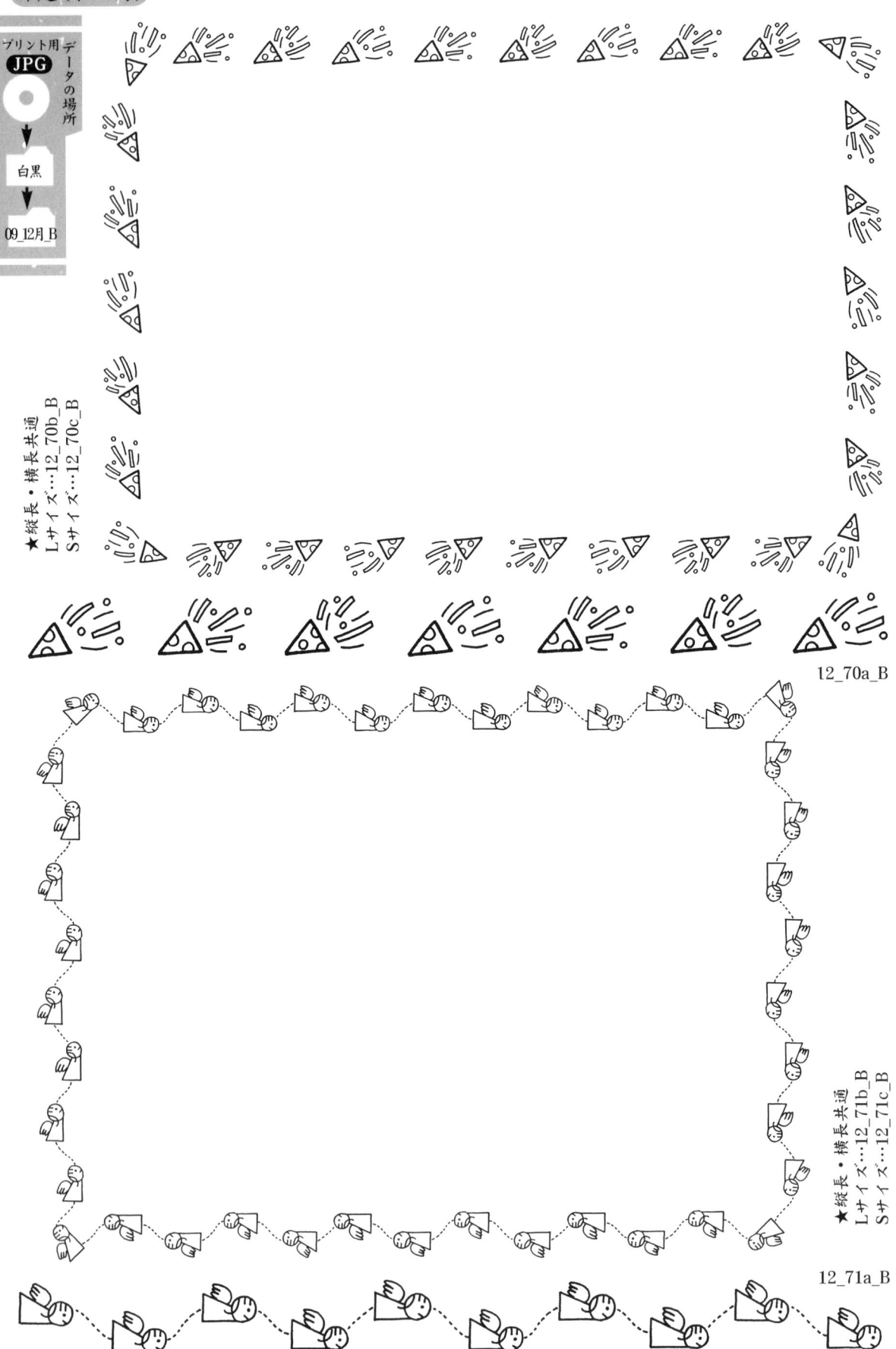

◆カラーは P52-53

プリント用データの場所 **JPG** 白黒 09_12月_B

★縦長・横長共通
Lサイズ…12_70b_B
Sサイズ…12_70c_B

12_70a_B

★縦長・横長共通
Lサイズ…12_71b_B
Sサイズ…12_71c_B

12_71a_B

162　囲み罫／飾り罫

◆カラーは P53

囲み罫／飾り罫　**師走（十二月）**

プリント用データの場所　JPG → 白黒 → 09_12月_B

★縦長
Lサイズ…12_72b_B
Sサイズ…12_72c_B

★横長
Lサイズ…12_72d_B
Sサイズ…12_72e_B

12_72a_B

# 師走(十二月) 囲み罫／飾り罫

◆カラーは P53

プリント用 JPG データの場所
→ 白黒
→ 09_12月_B

★縦長
Lサイズ…12_73b_B
Sサイズ…12_73c_B

★横長
Lサイズ…12_73d_B
Sサイズ…12_73e_B

12_73a_B

◆カラーは P53　　　　　　　　　　　囲み罫／飾り罫　**師走(十二月)**

★縦長
Lサイズ…12_74b_B
Sサイズ…12_74c_B

★横長
Lサイズ…12_74d_B
Sサイズ…12_74e_B

09_12月_B

12_74a_B

# 睦月（一月）　お正月／お正月の遊び

◆カラーは P54

プリント用データの場所
JPG
↓
白黒
↓
10_1月_B

1_01_B
1_02_B
1_03_B
1_04_B
1_05_B
1_06_B
1_07_B
1_08_B
1_09_B
1_10_B
1_11_B
1_12_B
1_13_B
1_14_B
1_15_B
1_17_B
1_19_B
1_18_B
1_23_B
1_16_B
1_21_B
1_22_B
1_26_B
1_20_B
1_24_B
1_25_B
1_27_B

166

◆カラーは P54-55　　お正月／お正月の遊び／七草／福寿草／成人式／梅／七福神／干支　　睦月(一月)

プリント用データの場所
JPG
↓
白黒
↓
10_1月_B

1_28_B
1_29_B
1_30_B
1_31_B
1_32_B
1_33_B
1_34_B
1_35_B

二人セット…1_36a_B
女性のみ…1_36b_B
男性のみ…1_36c_B

1_37_B
1_38_B
1_39_B
1_40_B
1_41_B
1_42_B
1_43_B
1_44_B
1_45_B
1_46_B
1_47_B
1_48_B
1_49_B
1_50_B
1_51_B

167

| 睦月（一月） | 干支 | | ◆カラーは P55-56 |

プリント用 JPG データの場所
↓
白黒
↓
10_1月_B

1_52_B  1_53_B  1_54_B  1_55_B

1_56_B  1_57_B  1_58_B  1_59_B  1_60_B

1_61_B  1_62_B  1_63_B  1_64_B  1_65_B

1_66_B  1_67_B  1_68_B  1_69_B  1_70_B

1_71_B  1_72_B  1_73_B  1_74_B  1_75_B

1_76_B  1_77_B  1_78_B  1_79_B  1_80_B

168

◆カラーは P56

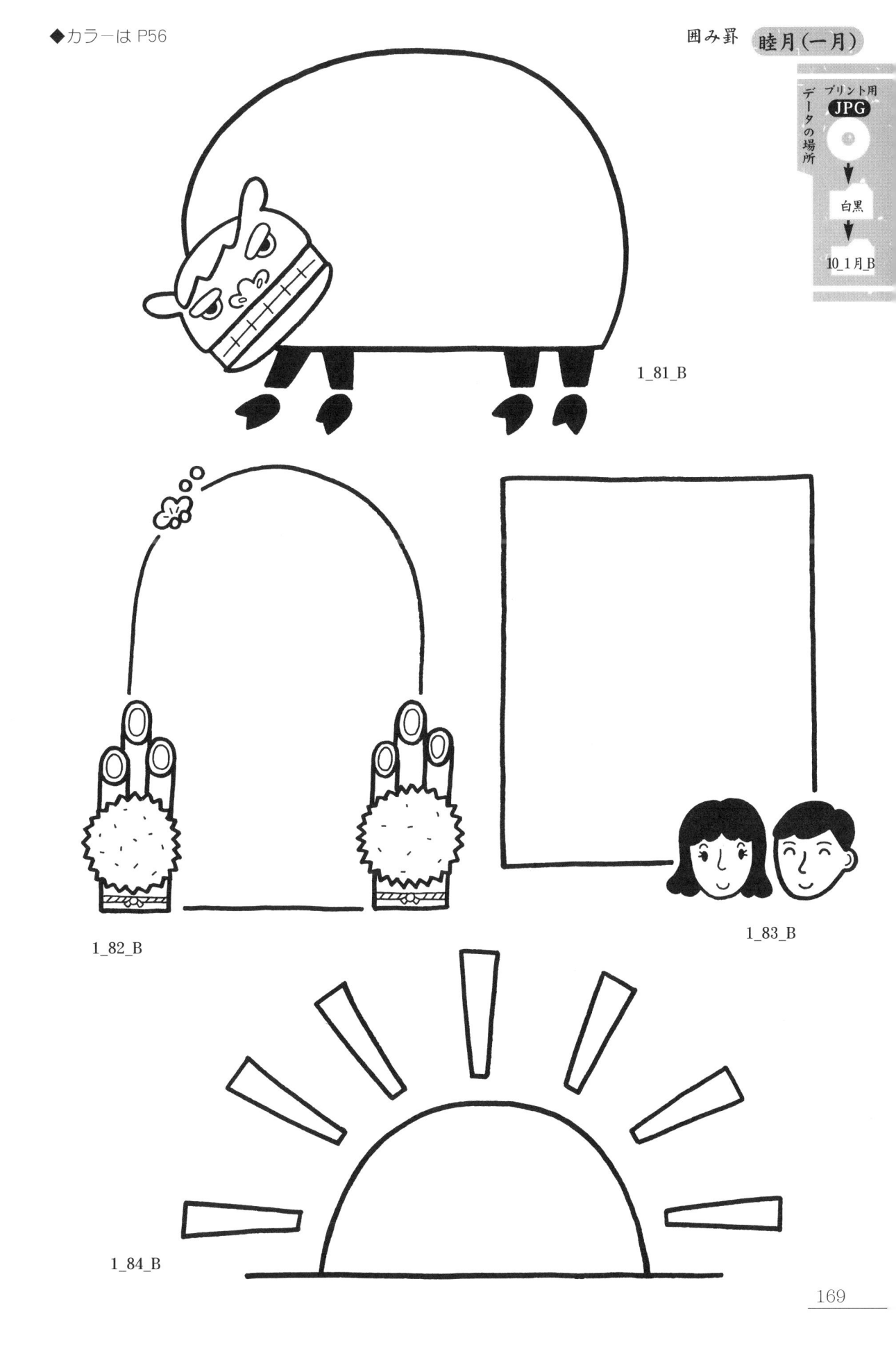

囲み罫 睦月（一月）

データの場所 プリント用 JPG → 白黒 → 10_1月_B

1_81_B

1_82_B

1_83_B

1_84_B

169

**睦月（一月）** 囲み罫 ◆カラーは P56

プリント用データの場所
JPG → 白黒 → 10_1月_B

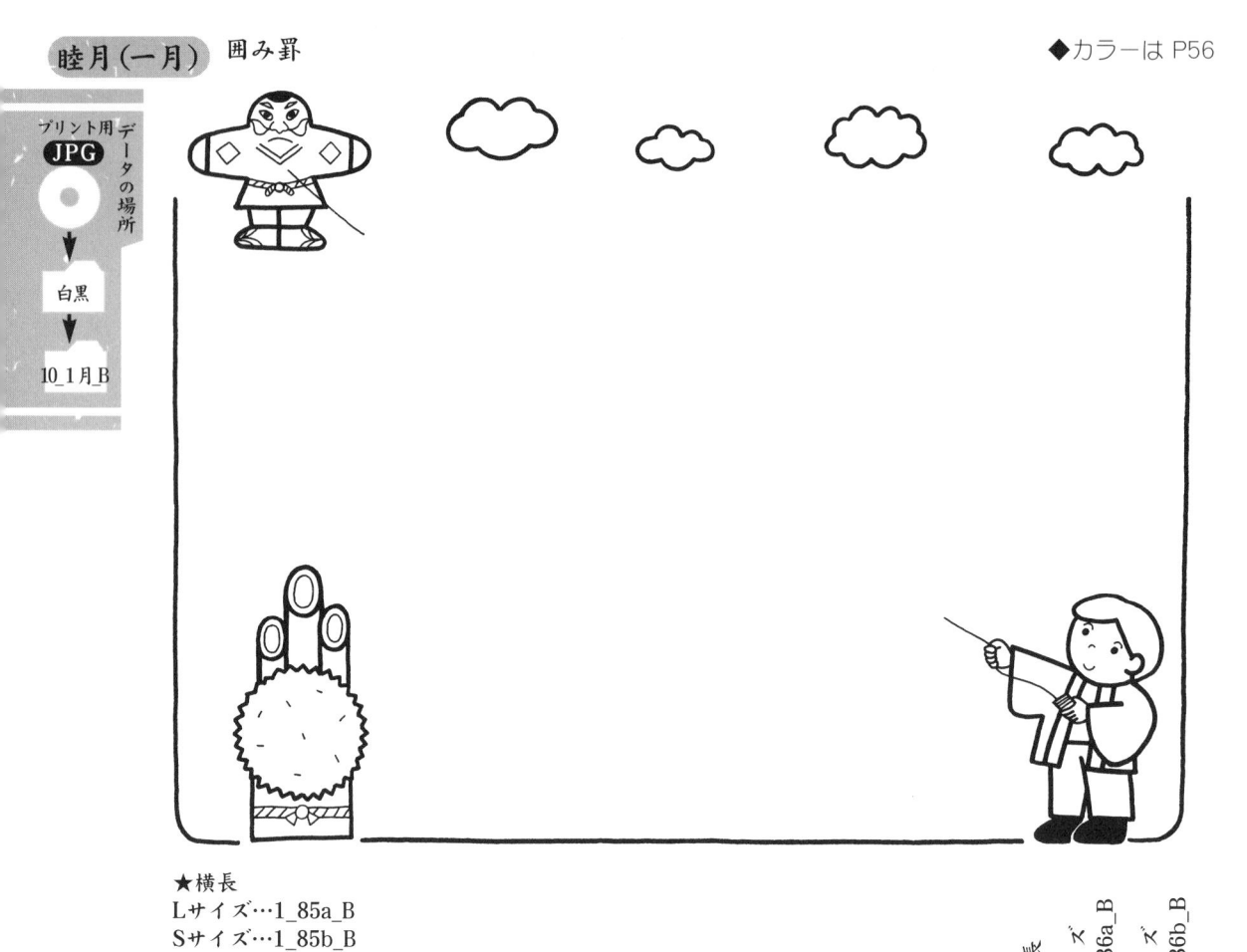

★横長
Lサイズ…1_85a_B
Sサイズ…1_85b_B

★縦長
Lサイズ…1_86a_B
Sサイズ…1_86b_B

170

◆カラーは P56-57　　　　　　　　　　　　囲み罫／飾り罫　**睦月（一月）**

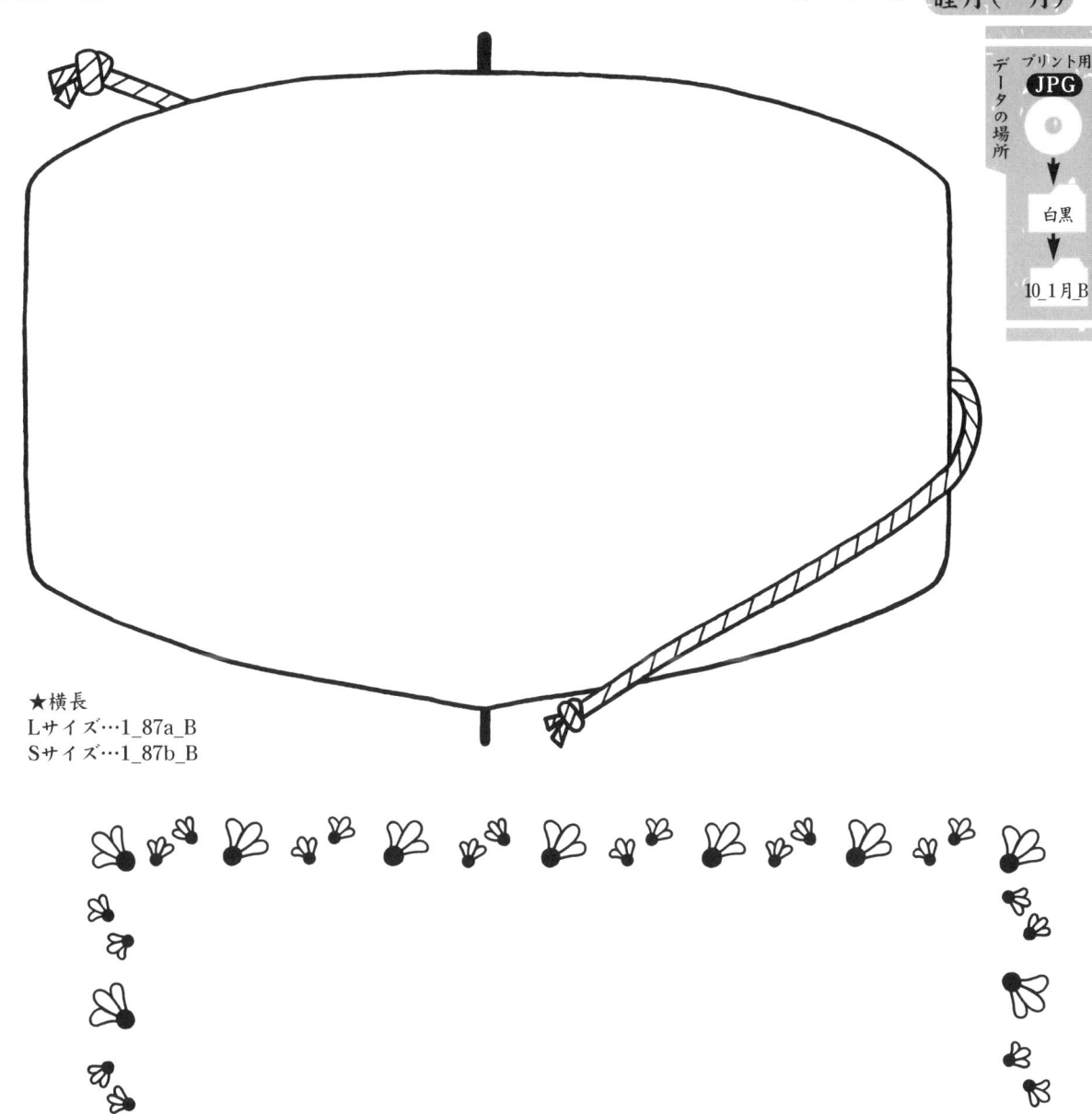

プリント用 JPG
データの場所
↓
白黒
↓
10_1月_B

★横長
Lサイズ…1_87a_B
Sサイズ…1_87b_B

★縦長・横長共通
Lサイズ…1_88b_B
Sサイズ…1_88c_B

1_88a_B

# 睦月（一月） 囲み罫／飾り罫

◆カラーは P57

プリント用データの場所
JPG → 白黒 → 10_1月_B

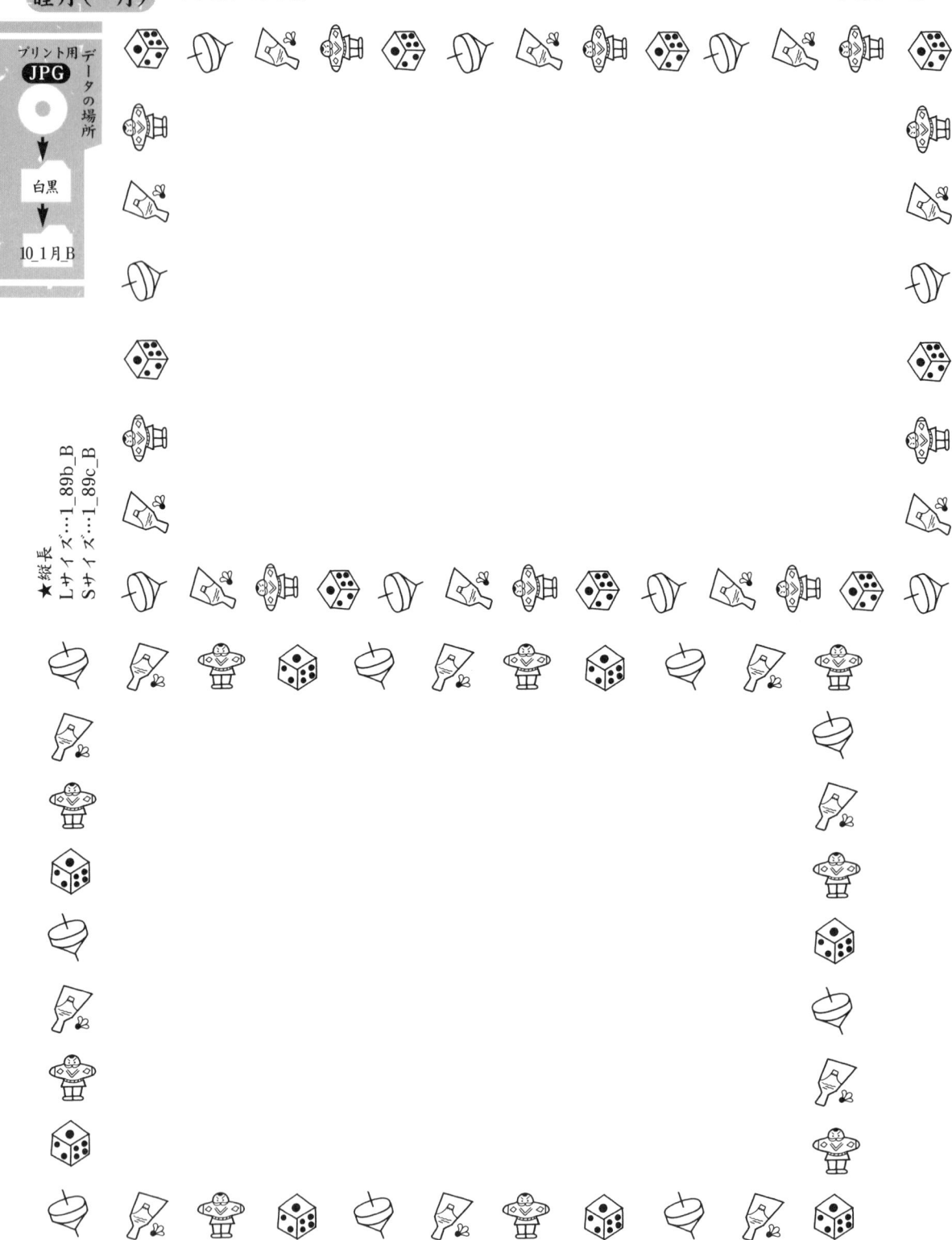

★縦長
Lサイズ…1_89b_B
Sサイズ…1_89c_B

★横長
Lサイズ…1_89d_B
Sサイズ…1_89e_B

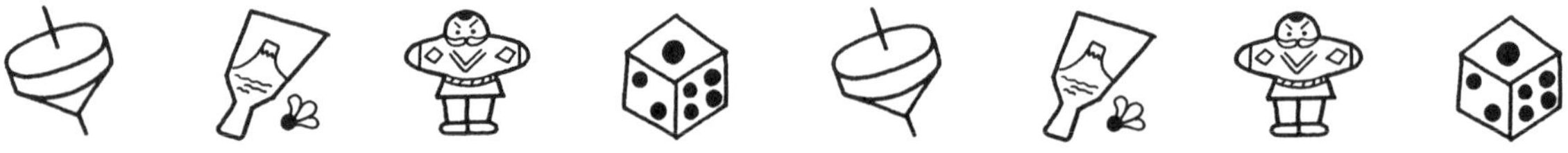

1_89a_B

172

◆カラーは P57

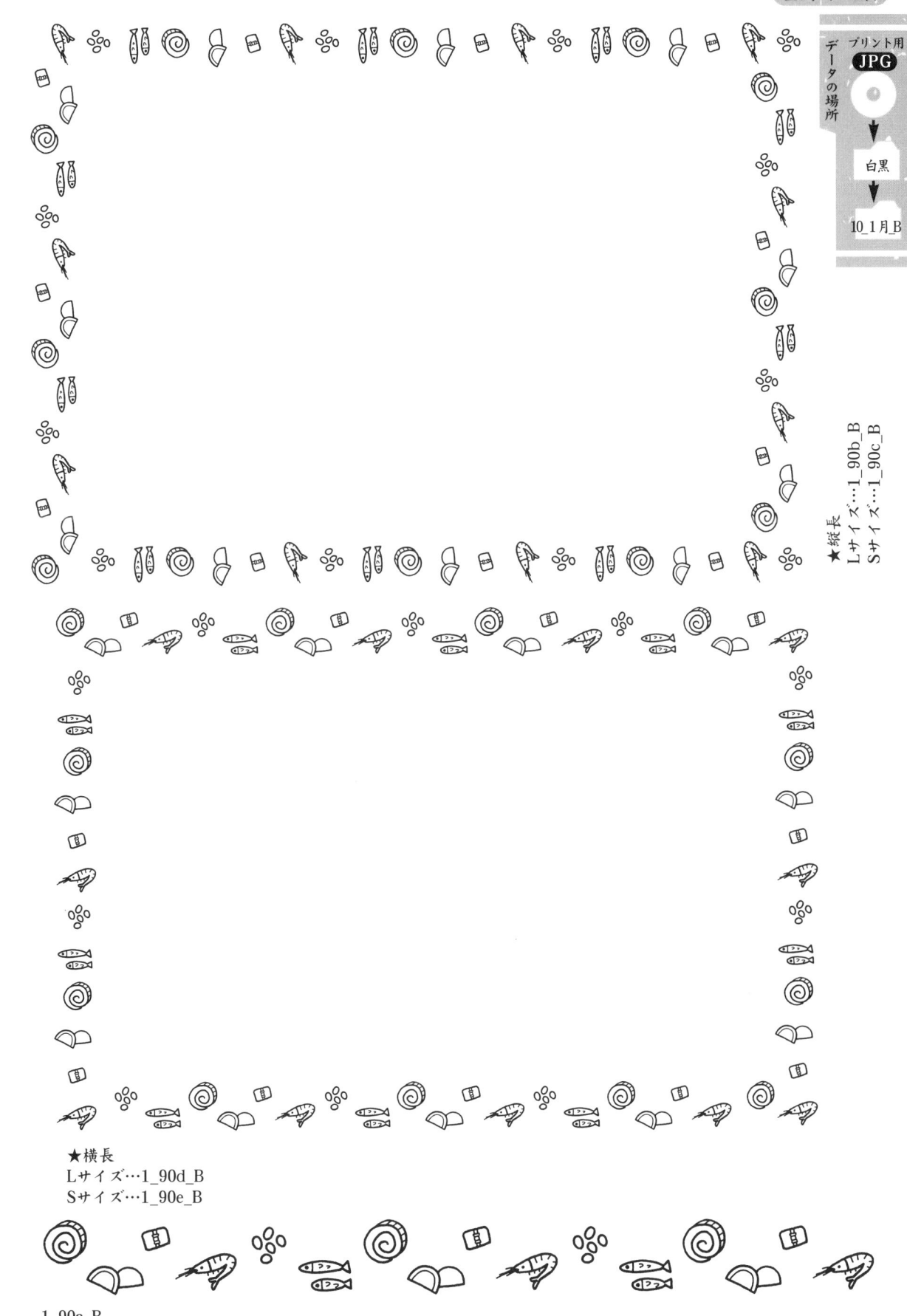

囲み罫／飾り罫　**睦月（一月）**

プリント用データの場所
JPG → 白黒 → 10_1月_B

★縦長
Lサイズ…1_90b_B
Sサイズ…1_90c_B

★横長
Lサイズ…1_90d_B
Sサイズ…1_90e_B

1_90a_B

**睦月（一月）** 囲み罫／飾り罫 ◆カラーは P57

プリント用JPGデータの場所
白黒
10_1月_B

★縦長
Lサイズ…1_91b_B
Sサイズ…1_91c_B

★横長
Lサイズ…1_91d_B
Sサイズ…1_91e_B

174  1_91a_B

◆カラーは P58　　　雪／うがい／ウィンタースポーツ／火の用心　　**如月（二月）**

プリント用 JPG
データの場所
→ 白黒
→ 11_2月_B

2_01_B
2_02_B
2_03_B
2_04_B
2_05_B
2_06_B
2_07_B
2_08_B
2_09_B
2_10_B
2_11_B
2_12_B
2_13_B
2_14_B
2_15_B
2_16_B
2_17_B
2_18_B

175

# 如月（二月） バレンタイン／節分／立春／初春の花

◆カラーは P58-59

プリント用 JPG データの場所
↓
白黒
↓
11_2月_B

2_19_B
2_20_B
2_21_B
2_22_B
2_23_B
2_24_B
2_25_B
2_26_B
2_27_B
2_28_B
2_29_B
2_30_B
2_31_B
2_34_B
2_35_B
2_33_B

セット…2_32a_B
うぐいすのみ…2_32b_B
人物のみ…2_32c_B

2_36_B
2_37_B
2_38_B

◆カラーは P59-60

囲み罫　**如月（二月）**

プリント用データの場所
JPG
↓
白黒
↓
11_2月_B

2_39_B

2_40_B

2_41_B

2_43_B

177

| 如月(二月) | 囲み罫 | ◆カラーは P59-60

プリント用データの場所
JPG
↓
白黒
↓
11_2月_B

2_42_B

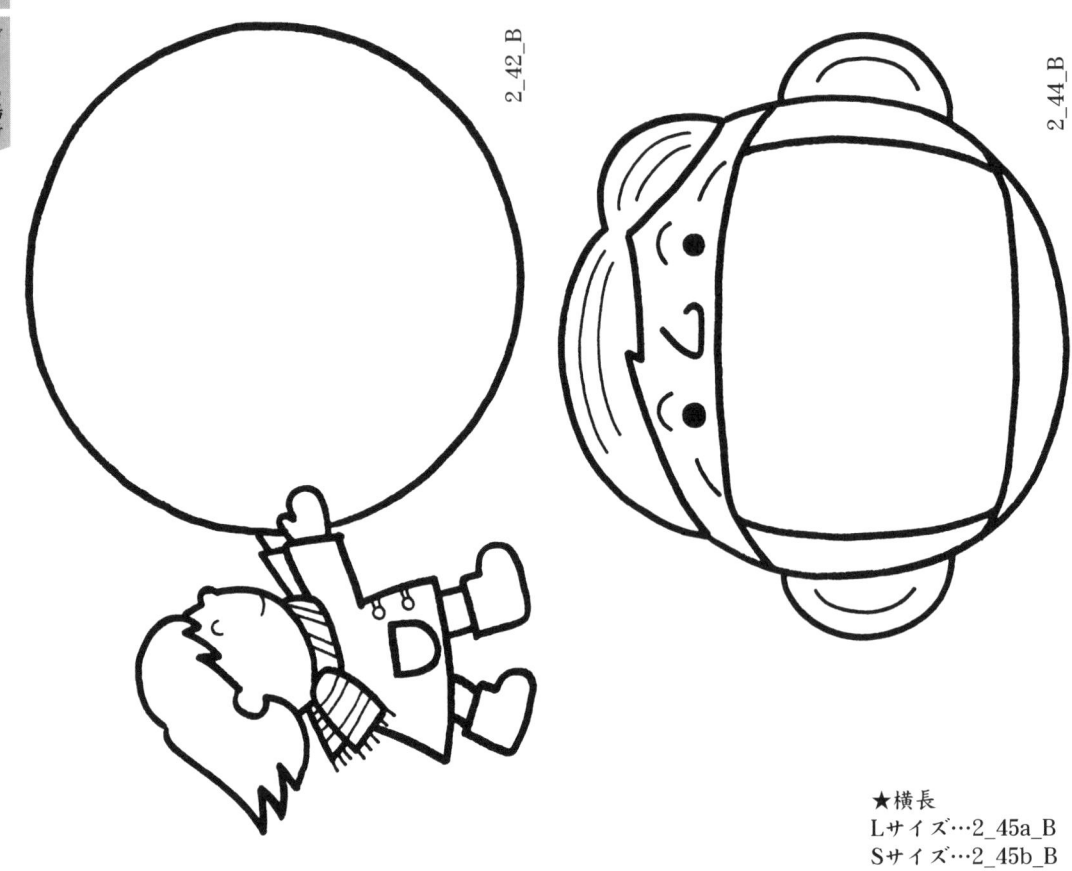

2_44_B

★横長
Lサイズ…2_45a_B
Sサイズ…2_45b_B

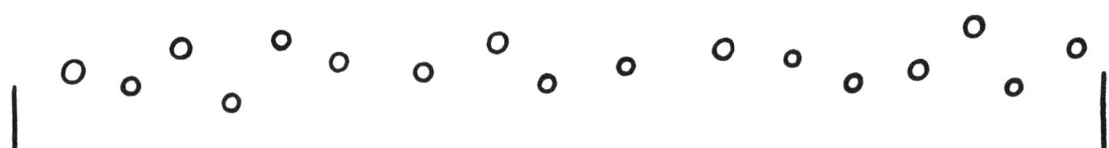

◆カラーは P60

囲み罫　如月(二月)

プリント用
JPG
データの場所
↓
白黒
↓
11_2月_B

★横長
Lサイズ…2_46a_B
Sサイズ…2_46b_B

★縦長
Lサイズ…2_47a_B
Sサイズ…2_47b_B

179

如月（二月） 囲み罫／飾り罫　　　◆カラーは P60

プリント用 JPG データの場所
白黒
11_2月_B

★縦長・横長共通
Lサイズ…2_48b_B
Sサイズ…2_48c_B

2_48a_B

★縦長・横長共通
Lサイズ…2_49b_B
Sサイズ…2_49c_B

2_49a_B

180

◆カラーは P61　　　　　　　　　　　　　囲み罫／飾り罫　**如月（二月）**

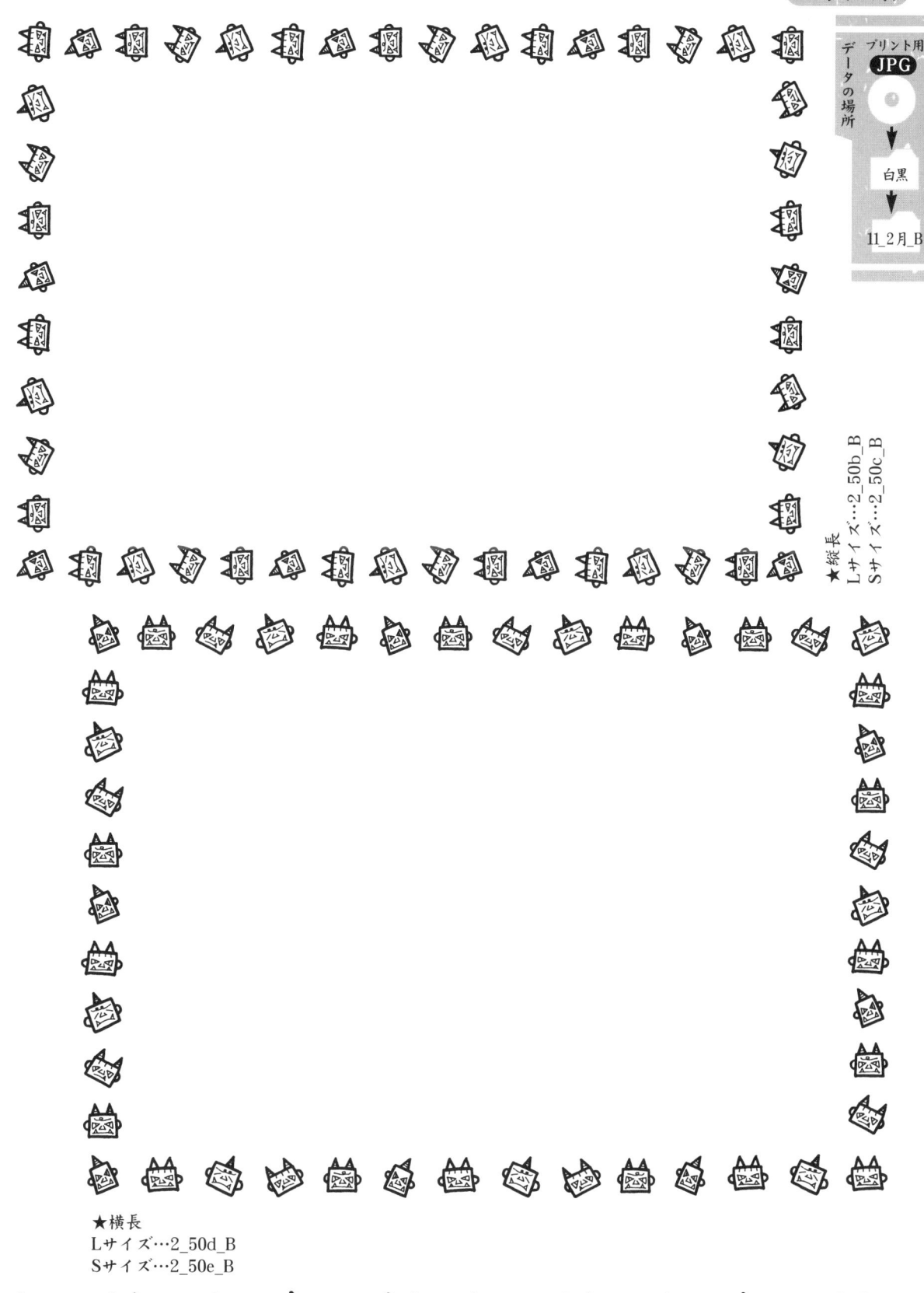

★縦長
Lサイズ…2_50b_B
Sサイズ…2_50c_B

★横長
Lサイズ…2_50d_B
Sサイズ…2_50e_B

2_50a_B

如月（二月）　囲み罫／飾り罫　　　　　　　　　　　　　　　　　　　　　　　　　◆カラーは P61

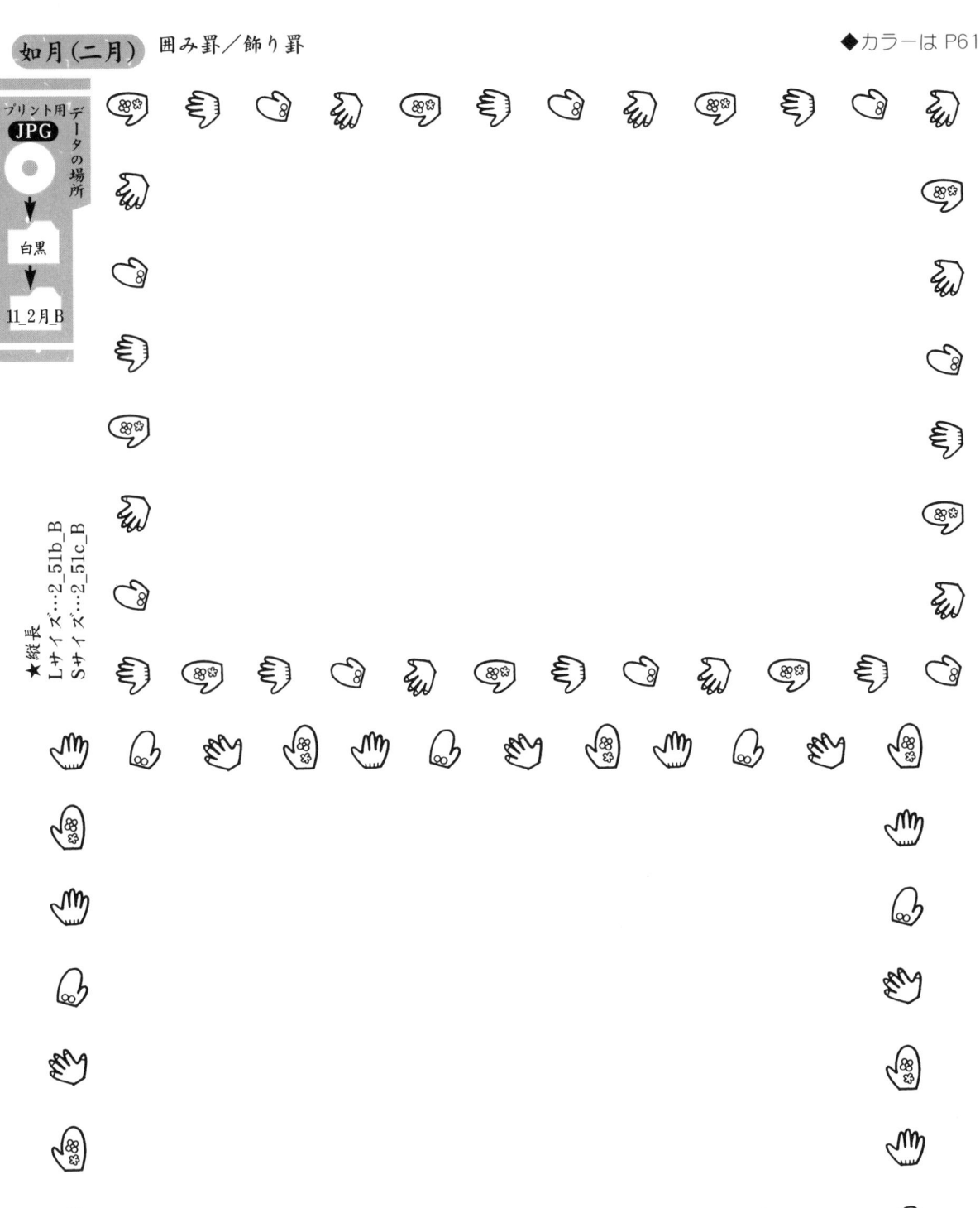

プリント用データの場所
JPG
↓
白黒
↓
11_2月_B

★縦長
Lサイズ…2_51b_B
Sサイズ…2_51c_B

★横長
Lサイズ…2_51d_B
Sサイズ…2_51e_B

2_51a_B

◆カラーは P61

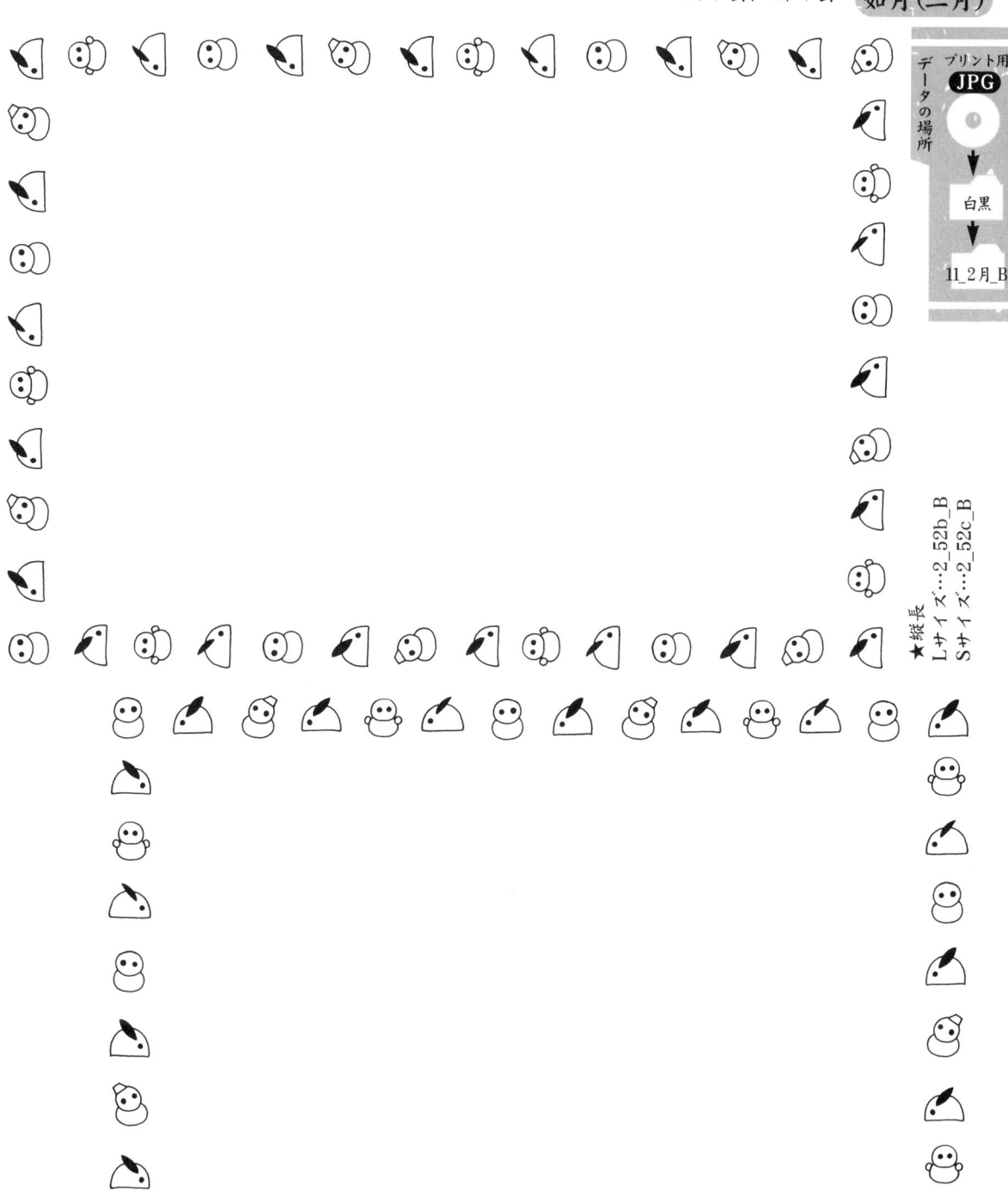

囲み罫／飾り罫　**如月（二月）**

★縦長
Lサイズ…2_52b_B
Sサイズ…2_52c_B

★横長
Lサイズ…2_52d_B
Sサイズ…2_52e_B

2_52a_B

# 弥生(三月)

彼岸／桃の節句／卒業／啓蟄／つくし

◆カラーは P62

プリント用 JPG データの場所
→ 白黒
→ 12_3月_B

3_01_B
3_02_B
3_03_B
3_04_B
3_05_B
3_06_B
3_07_B
3_08_B
3_09_B
3_10_B
3_11_B
3_12_B
3_13_B
3_14_B
3_15_B
3_16_B
3_17_B
3_18_B
3_19_B
3_20_B
3_21_B
3_22_B
3_23_B

◆カラーは P63　　　　　　　　　　　耳の日／すみれ／囲み罫　**弥生（三月）**

みみのひ

3_24_B　3_25_B　3_26_B　3_27_B

プリント用データの場所 JPG → 白黒 → 12_3月_B

3_28_B　3_29_B　3_30_B　3_31_B　3_32_B

185

弥生（三月）　囲み罫　　　　　　　　　　　　　　　　　　　　　　　　　　　　　◆カラーは P64

プリント用データの場所
JPG
↓
白黒
↓
12_3月_B

★横長
Lサイズ…3_33a_B
Sサイズ…3_33b_B

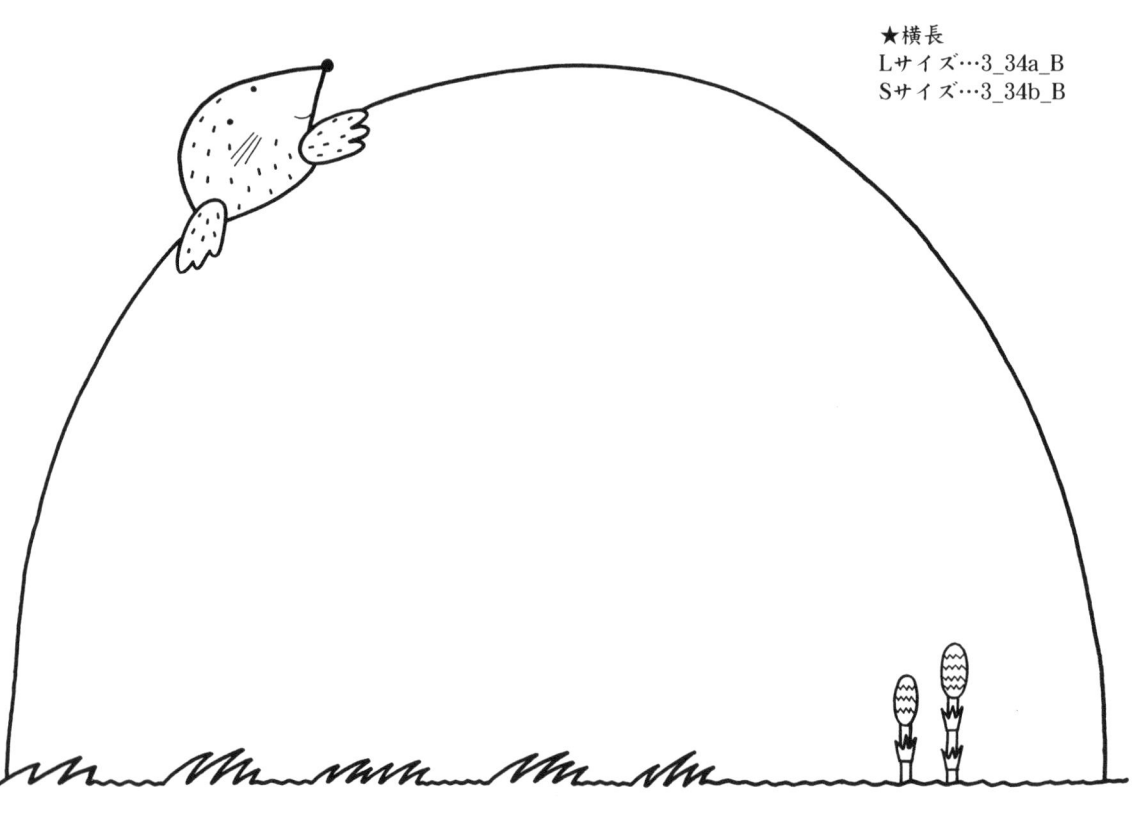

★横長
Lサイズ…3_34a_B
Sサイズ…3_34b_B

186

◆カラーは P64　　　　　　　　　　　囲み罫／飾り罫　**弥生(三月)**

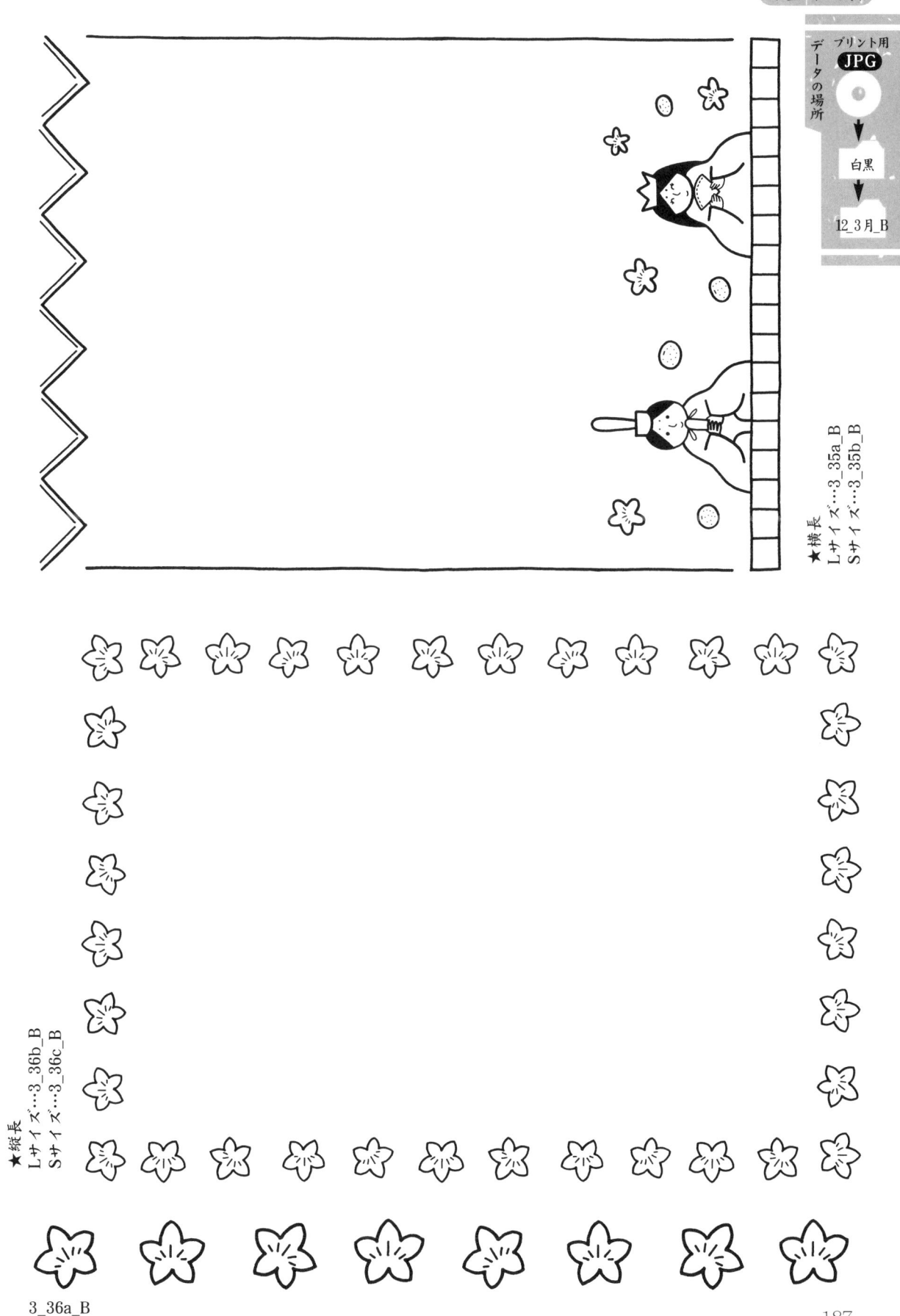

プリント用 JPG データの場所 → 白黒 → 12_3月_B

★横長
Lサイズ…3_35a_B
Sサイズ…3_35b_B

★縦長
Lサイズ…3_36b_B
Sサイズ…3_36c_B

3_36a_B

187

弥生（三月）　囲み罫／飾り罫　　　　　　　　　　　　　　　　　　　　　　　　◆カラーは P64

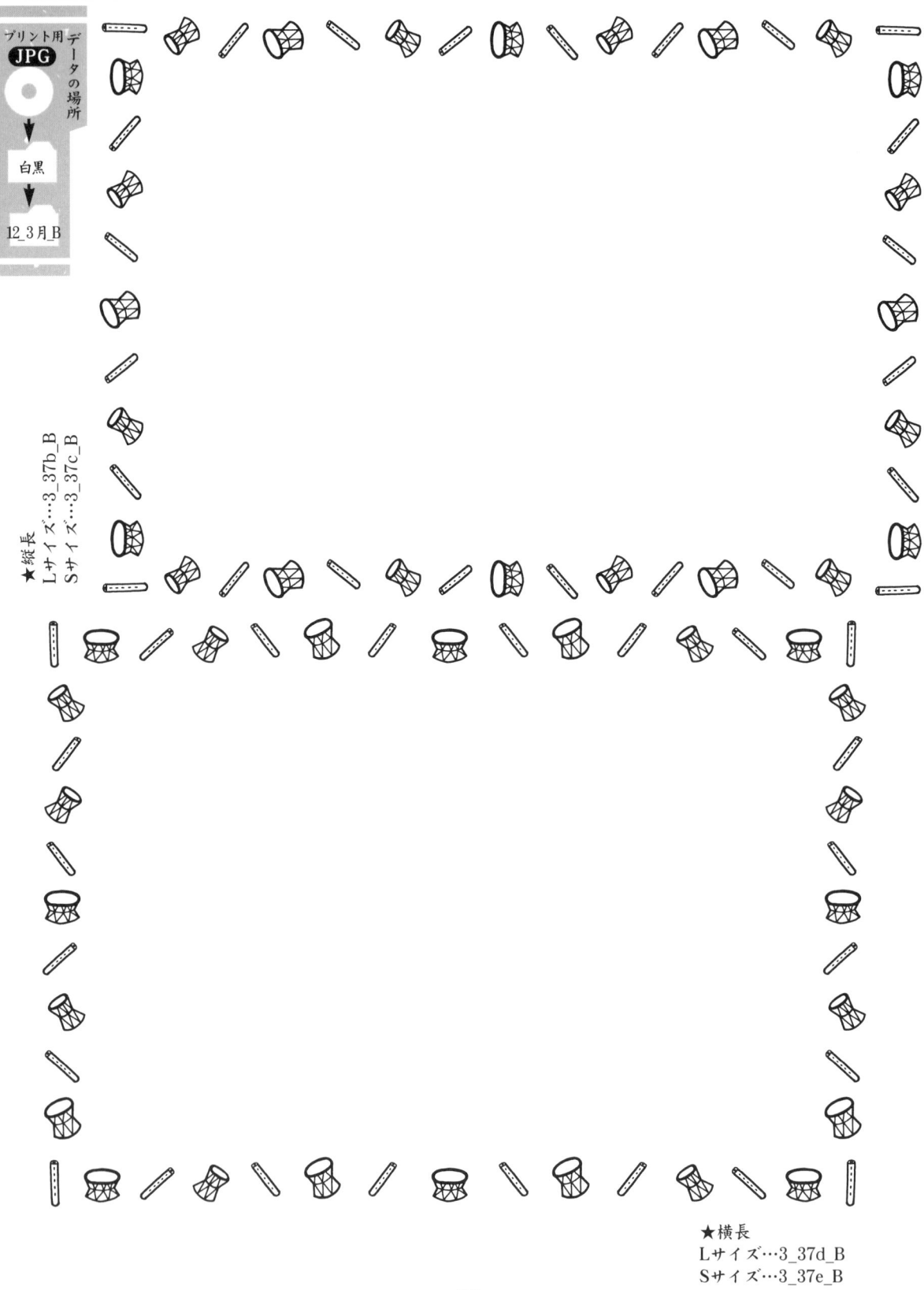

プリント用 JPG データの場所
↓
白黒
↓
12_3月_B

★縦長
Lサイズ…3_37b_B
Sサイズ…3_37c_B

★横長
Lサイズ…3_37d_B
Sサイズ…3_37e_B

3_37a_B

◆カラーは P65

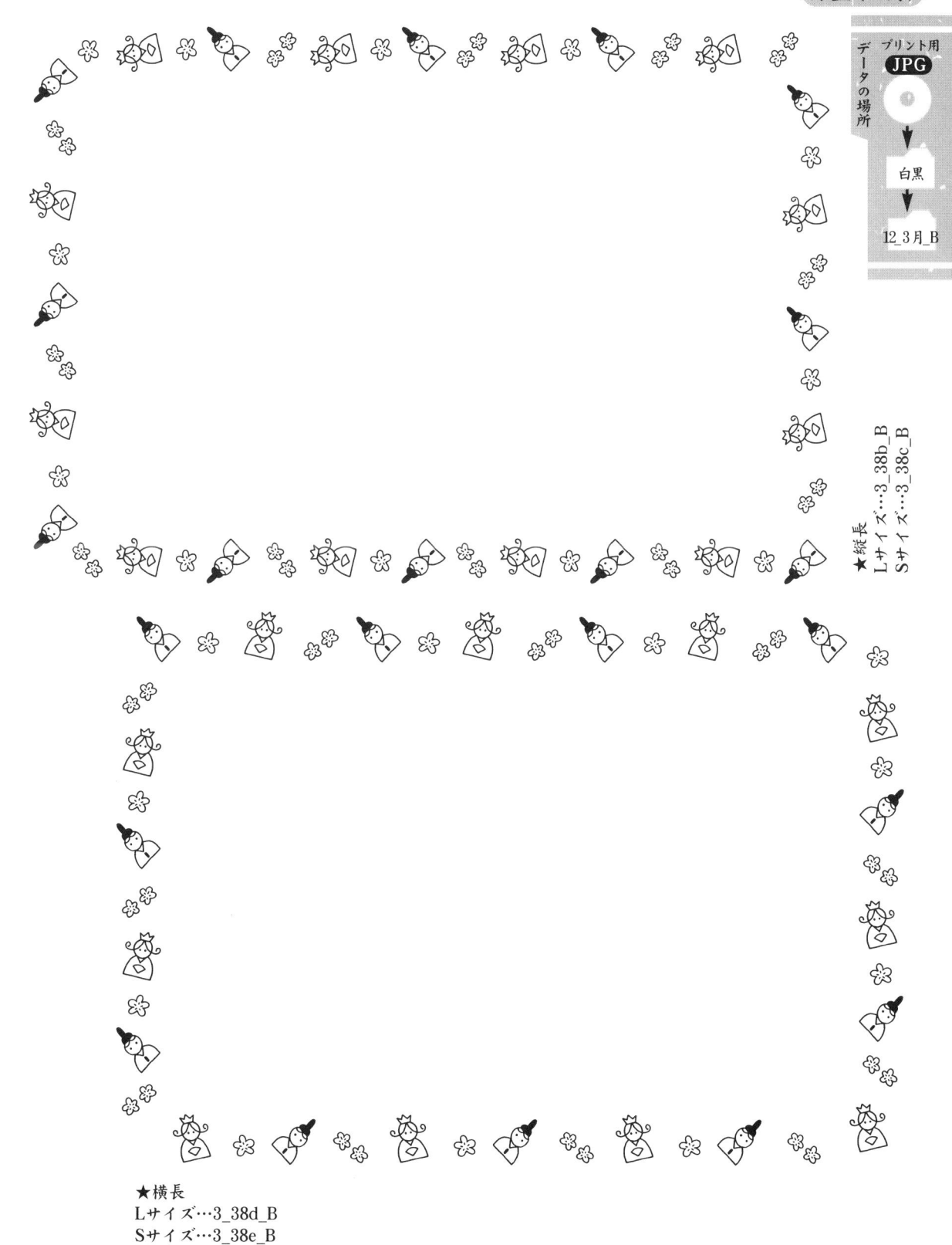

囲み罫／飾り罫　**弥生(三月)**

★縦長
Lサイズ…3_38b_B
Sサイズ…3_38c_B

★横長
Lサイズ…3_38d_B
Sサイズ…3_38e_B

プリント用データの場所
JPG
↓
白黒
↓
12_3月_B

3_38a_B

弥生(三月) 囲み罫／飾り罫　　　　　　　　　　　　　　　　　　　　　◆カラーは P65

★縦長
Lサイズ…3_39b_B
Sサイズ…3_39c_B

3_39a_B

★横長
Lサイズ…3_39d_B
Sサイズ…3_39e_B

◆カラーは P65

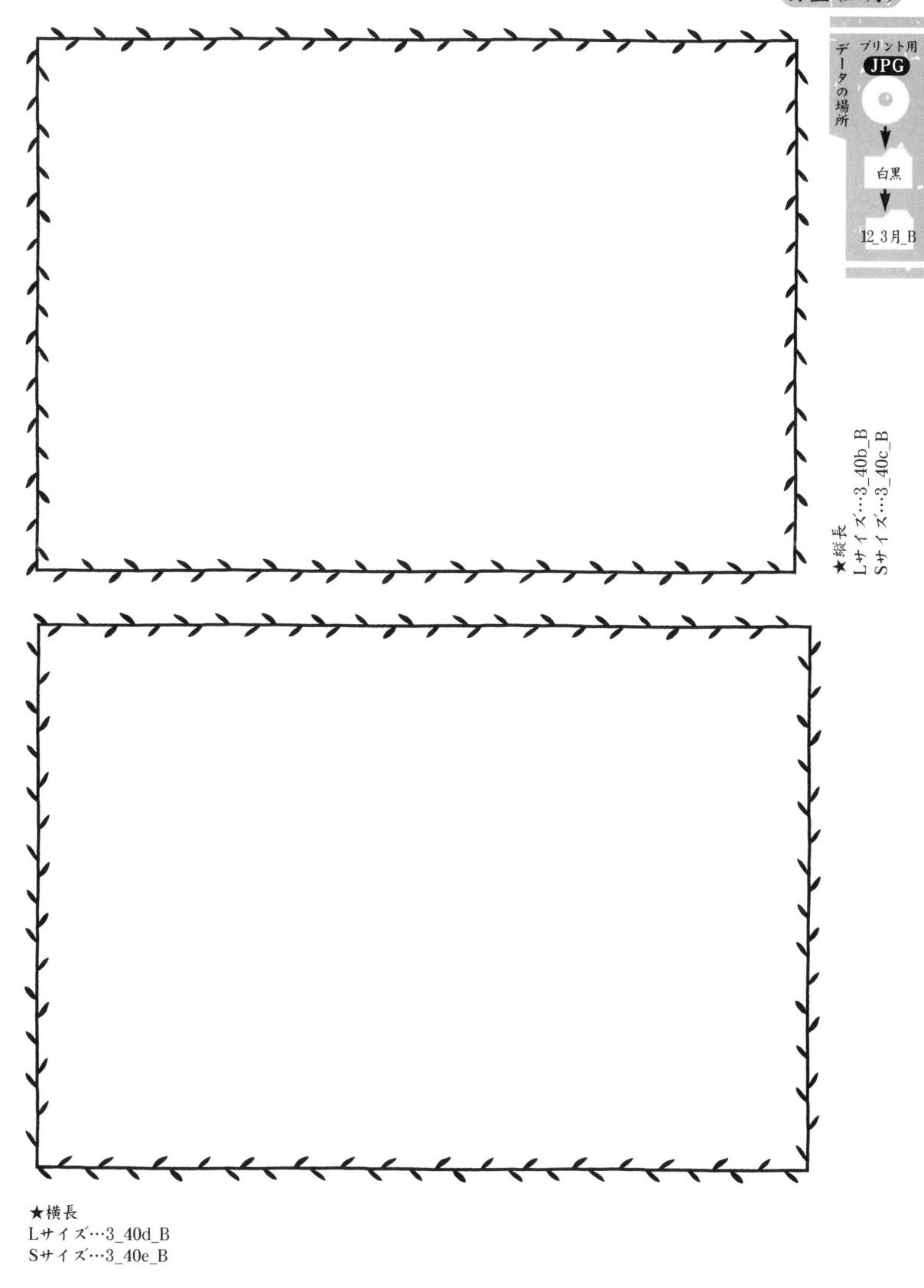

囲み罫／飾り罫 **弥生（三月）**

★縦長
Lサイズ…3_40b_B
Sサイズ…3_40c_B

★横長
Lサイズ…3_40d_B
Sサイズ…3_40e_B

3_40a_B

# 趣味

趣味／娯楽

◆カラーは P66

プリント用 JPG データの場所
↓
白黒
↓
13 趣味 B

syumi_01_B

syumi_02_B

syumi_03_B

syumi_04_B

syumi_05_B

syumi_07_B

syumi_08_B

二人セット…syumi_06a_B
男性のみ…syumi_06b_B
女性のみ…syumi_06c_B

二人セット…syumi_10a_B
男性のみ…syumi_10b_B
女性のみ…syumi_10c_B

syumi_11_B

syumi_09_B

syumi_12_B

syumi_13_B

syumi_14_B

syumi_15_B

◆カラーは P67

趣味／娯楽　趣味

プリント用 JPG
データの場所
↓
白黒
↓
13_趣味_B

syumi_16_B

syumi_17_B

syumi_18_B

syumi_19_B

syumi_20_B

syumi_21_B

syumi_22_B

syumi_23_B

syumi_24_B

syumi_25_B

syumi_26_B

syumi_27_B

syumi_28_B

syumi_29_B

syumi_30_B

syumi_31_B

193

健康　健康／安全　　　　　　　　　　　　　　　　　　　　　　　◆カラーは P68

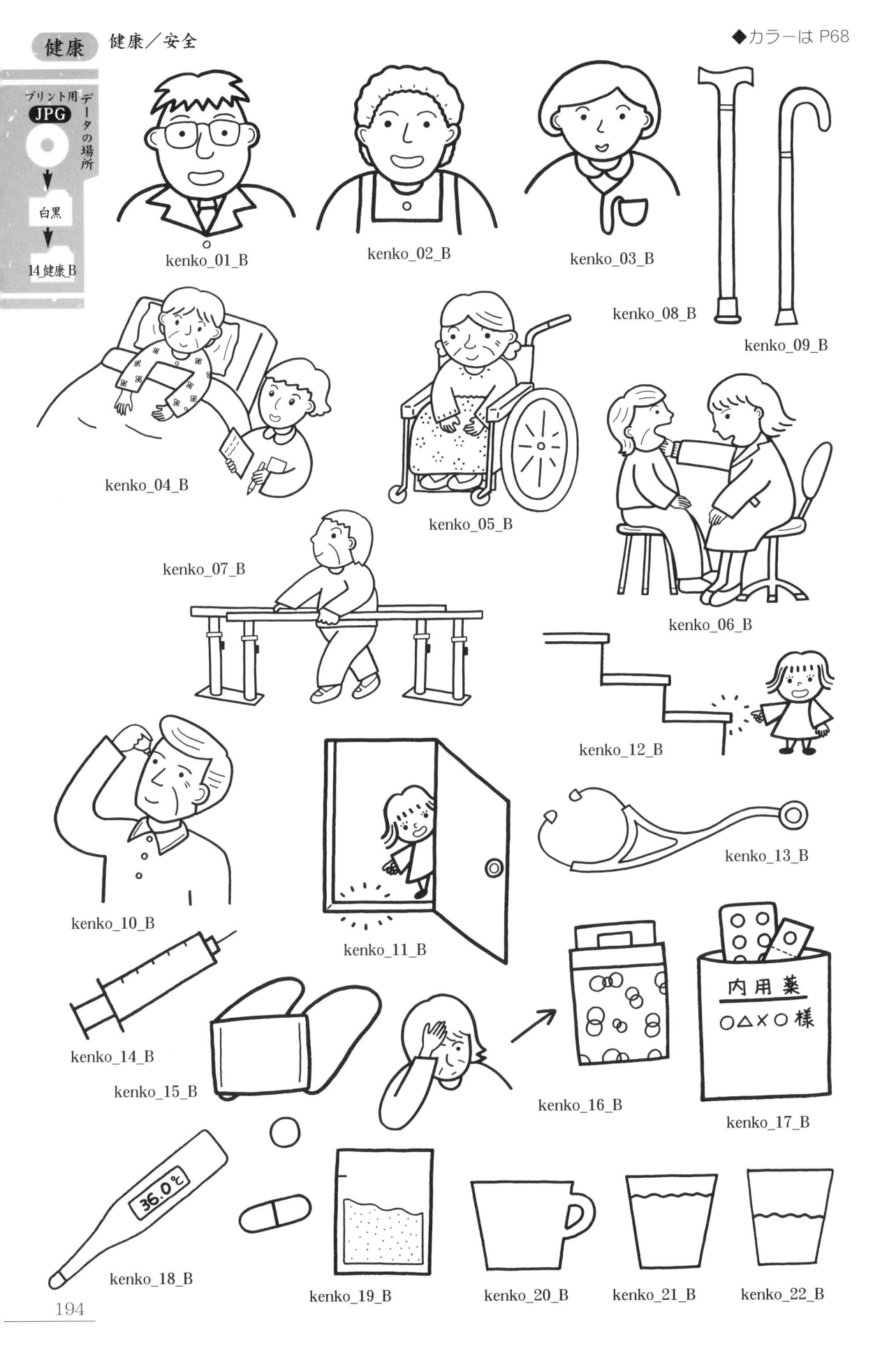

プリント用 JPG データの場所 → 白黒 → 14健康B

kenko_01_B
kenko_02_B
kenko_03_B
kenko_08_B
kenko_09_B
kenko_04_B
kenko_05_B
kenko_06_B
kenko_07_B
kenko_12_B
kenko_13_B
kenko_10_B
kenko_11_B
kenko_14_B
kenko_15_B
kenko_16_B
kenko_17_B
kenko_18_B
kenko_19_B
kenko_20_B
kenko_21_B
kenko_22_B

◆カラーは P68-69

健康

kenko_23_B

kenko_24_B

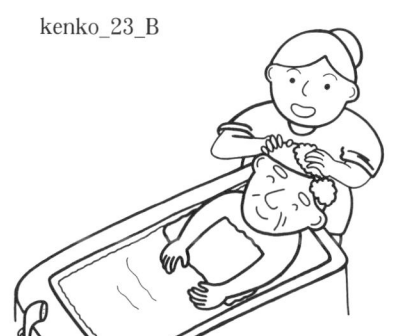

kenko_25_B

プリント用データの場所
JPG
↓
白黒
↓
14_健康_B

kenko_26_B

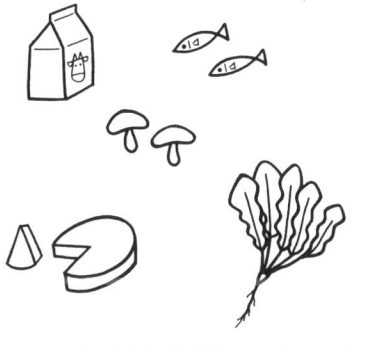

食事と運動で丈夫な骨に！

文字あり…kenko_29a_B
文字なし…kenko_29b_B

kenko_27_B

食事をしてから飲むお薬です

文字あり…kenko_30a_B
文字なし…kenko_30b_B

kenko_28_B

食事をする前に飲むお薬です

文字あり…kenko_31a_B
文字なし…kenko_31b_B

195

健康／囲み罫

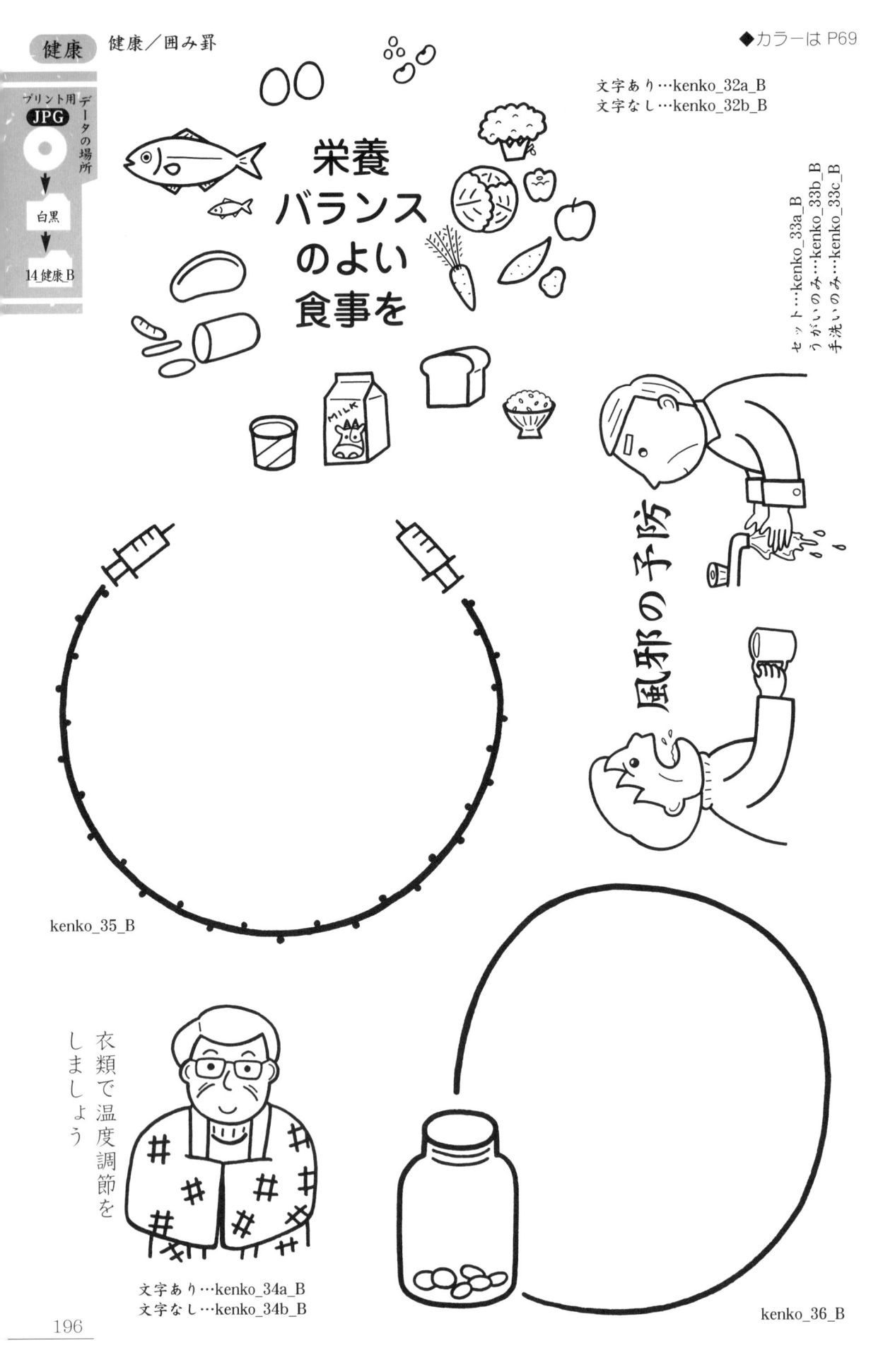

◆カラーは P69

文字あり…kenko_32a_B
文字なし…kenko_32b_B

栄養
バランス
のよい
食事を

セット…kenko_33a_B
うがいのみ…kenko_33b_B
手洗いのみ…kenko_33c_B

風邪の予防

kenko_35_B

衣類で温度調節を
しましょう

文字あり…kenko_34a_B
文字なし…kenko_34b_B

kenko_36_B

◆カラーは P69　　　　　　　　　　　　　囲み罫／飾り罫　　健康

プリント用データの場所 JPG → 白黒 → 14_健康_B

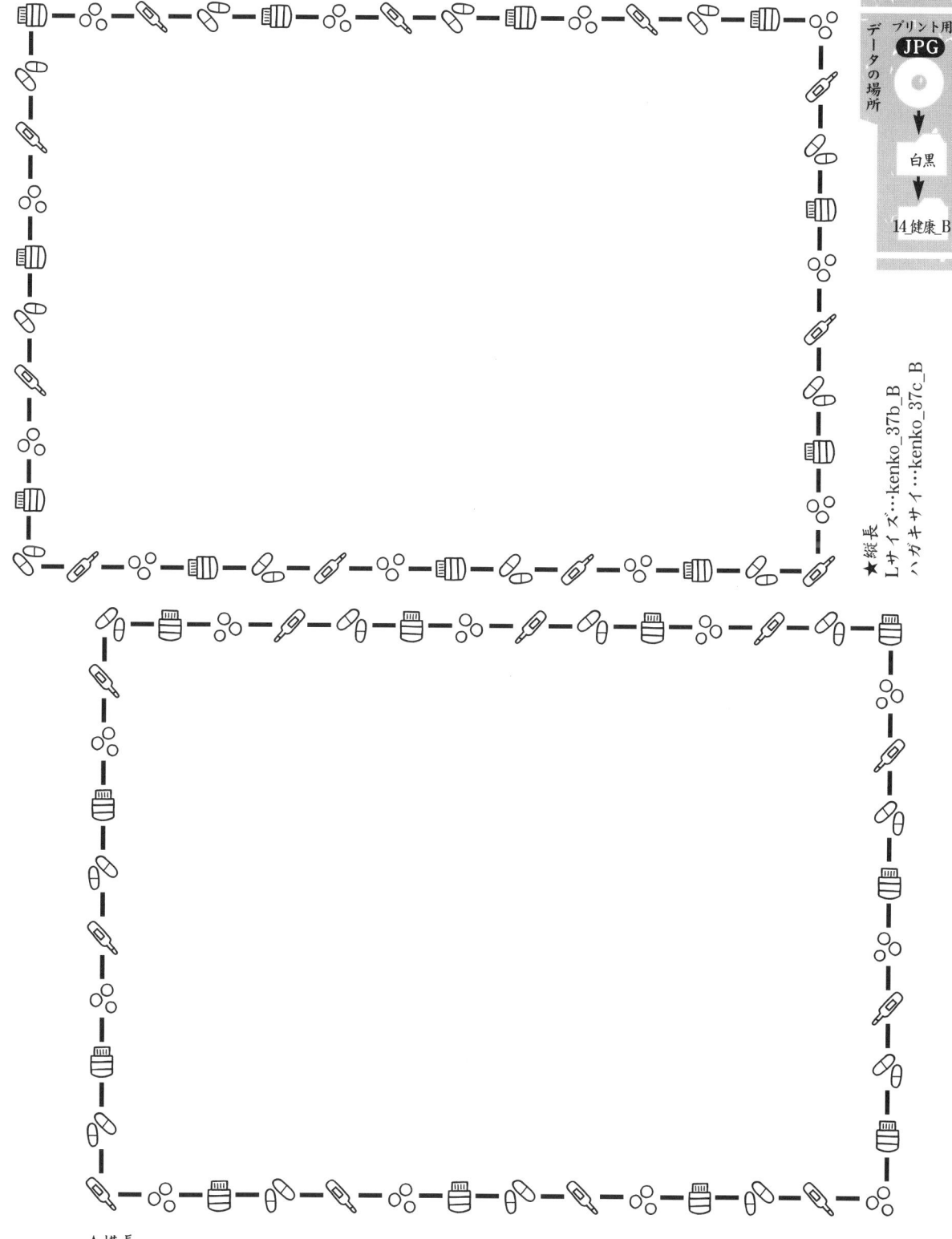

★縦長
Lサイズ…kenko_37b_B
ハガキサイズ…kenko_37c_B

★横長
Lサイズ…kenko_37d_B
Sサイズ…kenko_37e_B

kenko_37a_B

197

仕事

◆カラーは P70

プリント用 JPG データの場所
→ 白黒
→ 15_仕事_B

sigoto_01_B
sigoto_02_B
sigoto_03_B
sigoto_04_B
sigoto_05_B
sigoto_06_B
sigoto_07_B
sigoto_08_B
sigoto_09_B
sigoto_10_B
sigoto_11_B
sigoto_12_B
sigoto_13_B
sigoto_14_B
sigoto_15_B
sigoto_16_B
sigoto_17_B
sigoto_18_B
sigoto_19_B
sigoto_20_B
sigoto_21_B
sigoto_22_B
sigoto_23_B
sigoto_24_B
sigoto_25_B
sigoto_26_B

◆カラーは P71

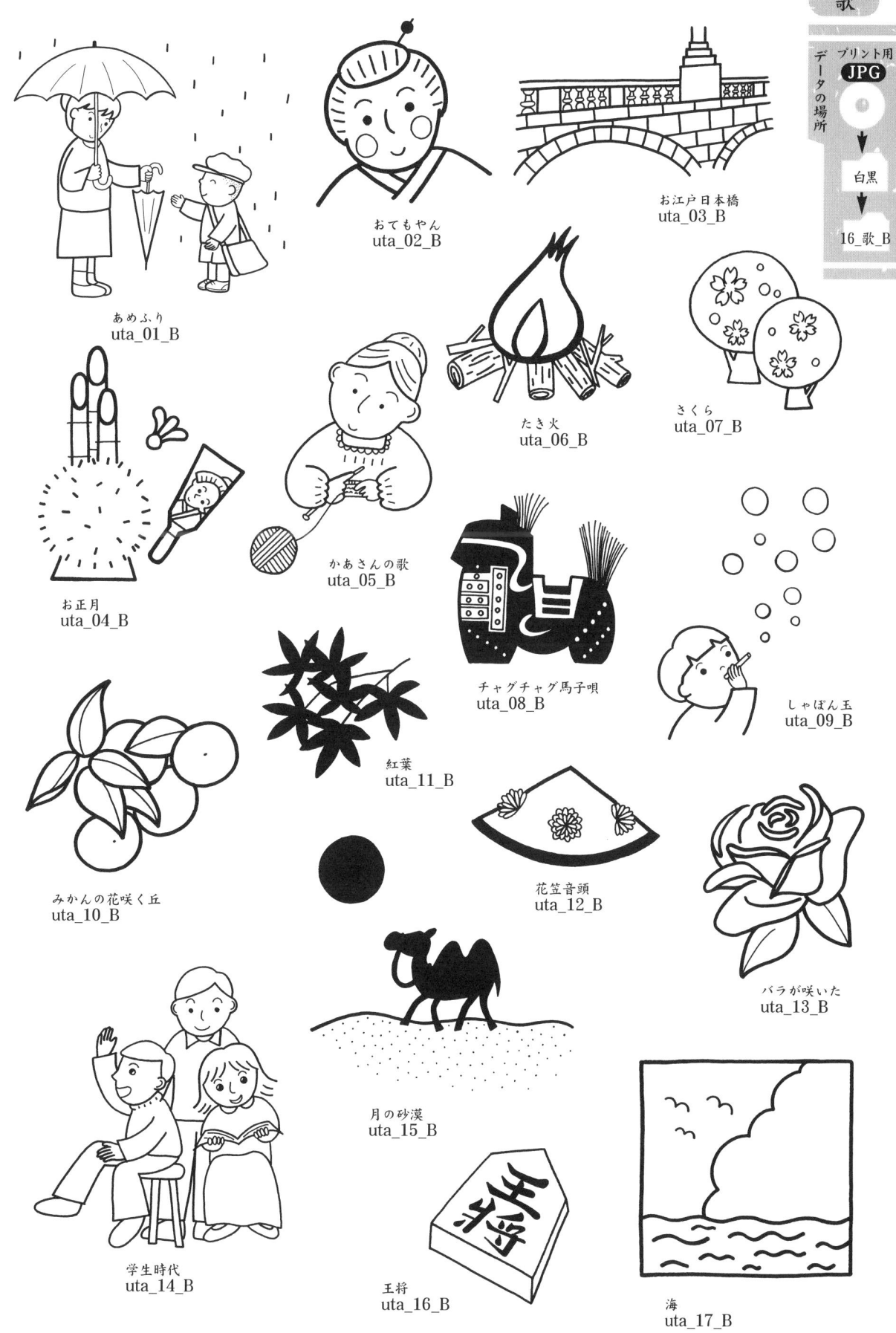

歌

プリント用 JPG データの場所
↓
白黒
↓
16_歌_B

あめふり
uta_01_B

おてもやん
uta_02_B

お江戸日本橋
uta_03_B

お正月
uta_04_B

かあさんの歌
uta_05_B

たき火
uta_06_B

さくら
uta_07_B

チャグチャグ馬子唄
uta_08_B

しゃぼん玉
uta_09_B

みかんの花咲く丘
uta_10_B

紅葉
uta_11_B

花笠音頭
uta_12_B

バラが咲いた
uta_13_B

学生時代
uta_14_B

月の砂漠
uta_15_B

王将
uta_16_B

海
uta_17_B

199

歌 ◆カラーは P71

プリント用データの場所
JPG
↓
白黒
↓
16_歌_B

柔
uta_18_B

憧れのハワイ航路
uta_19_B

春が来た
uta_20_B

黒田節
uta_21_B

鯉のぼり
uta_22_B

荒城の月
uta_23_B

仰げば尊し
uta_24_B

波浮の港
uta_25_B

通りゃんせ
uta_26_B

東京音頭
uta_27_B

背くらべ
uta_28_B

赤とんぼ
uta_29_B

悲しい酒
uta_30_B

湯の町エレジー
uta_31_B

青い山脈
uta_32_B

長崎の鐘
uta_33_B

瀬戸の花嫁
uta_34_B

◆カラーは P72

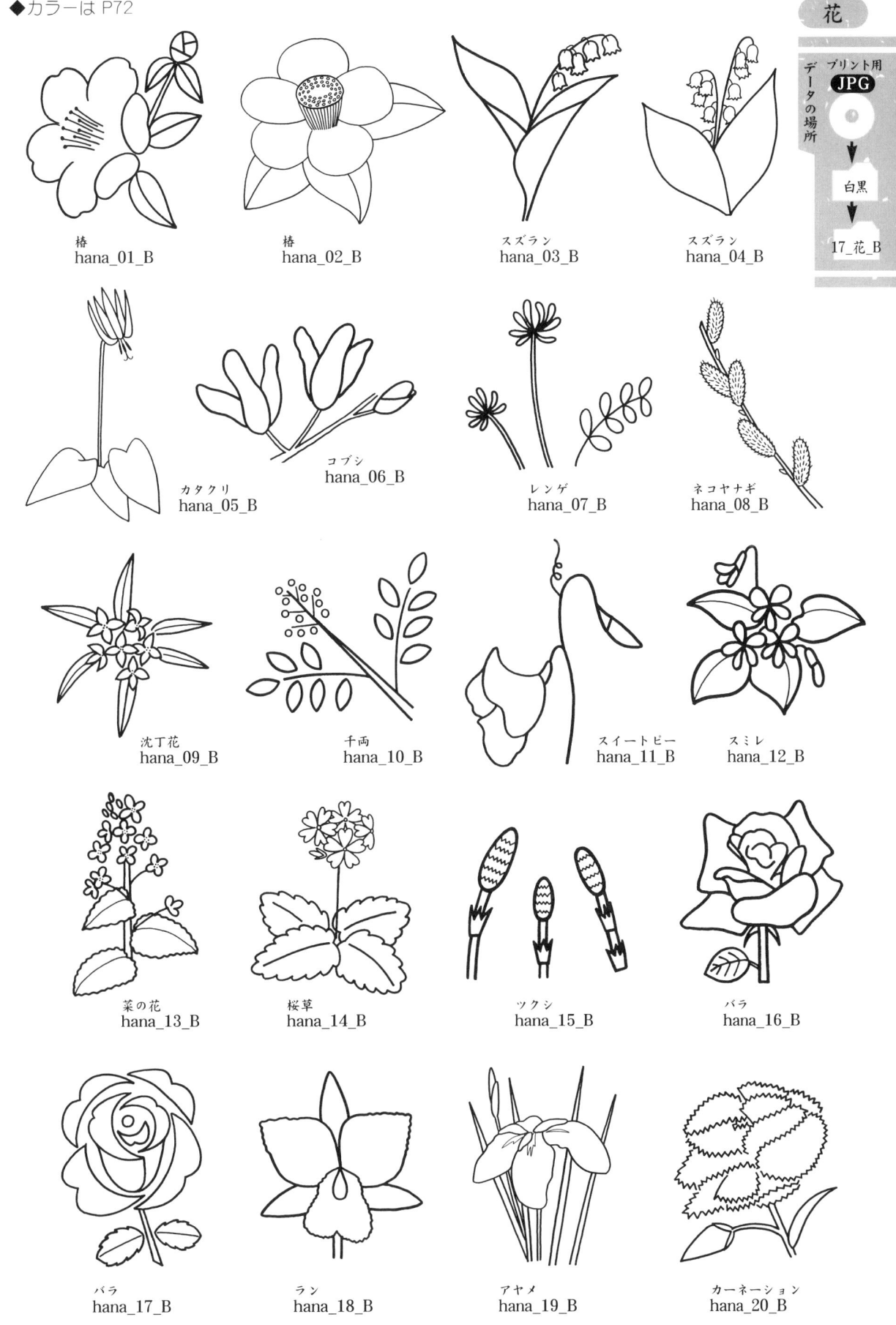

花

プリント用 JPG
データの場所
↓
白黒
↓
17_花_B

| | |
|---|---|
| 椿 hana_01_B | 椿 hana_02_B |
| スズラン hana_03_B | スズラン hana_04_B |
| カタクリ hana_05_B | コブシ hana_06_B |
| レンゲ hana_07_B | ネコヤナギ hana_08_B |
| 沈丁花 hana_09_B | 千両 hana_10_B |
| スイートピー hana_11_B | スミレ hana_12_B |
| 菜の花 hana_13_B | 桜草 hana_14_B |
| ツクシ hana_15_B | バラ hana_16_B |
| バラ hana_17_B | ラン hana_18_B |
| アヤメ hana_19_B | カーネーション hana_20_B |

201

花 ◆カラーは P72-73

プリント用データの場所 JPG → 白黒 → 17_花_B

| ツユクサ hana_21_B | サツキ hana_22_B | 萩 hana_23_B | フジ hana_24_B |

二人静 hana_25_B / アジサイ hana_26_B / アジサイ hana_27_B

サギ草 hana_28_B / ガマ hana_29_B / ハス hana_30_B / スイレン hana_31_B

アザミ hana_32_B / 朝顔 hana_33_B / ヒマワリ hana_34_B / ヒマワリ hana_35_B

ホタルブクロ hana_36_B / カワラナデシコ hana_37_B / キキョウ hana_38_B / キキョウ hana_39_B / 芙蓉 hana_40_B

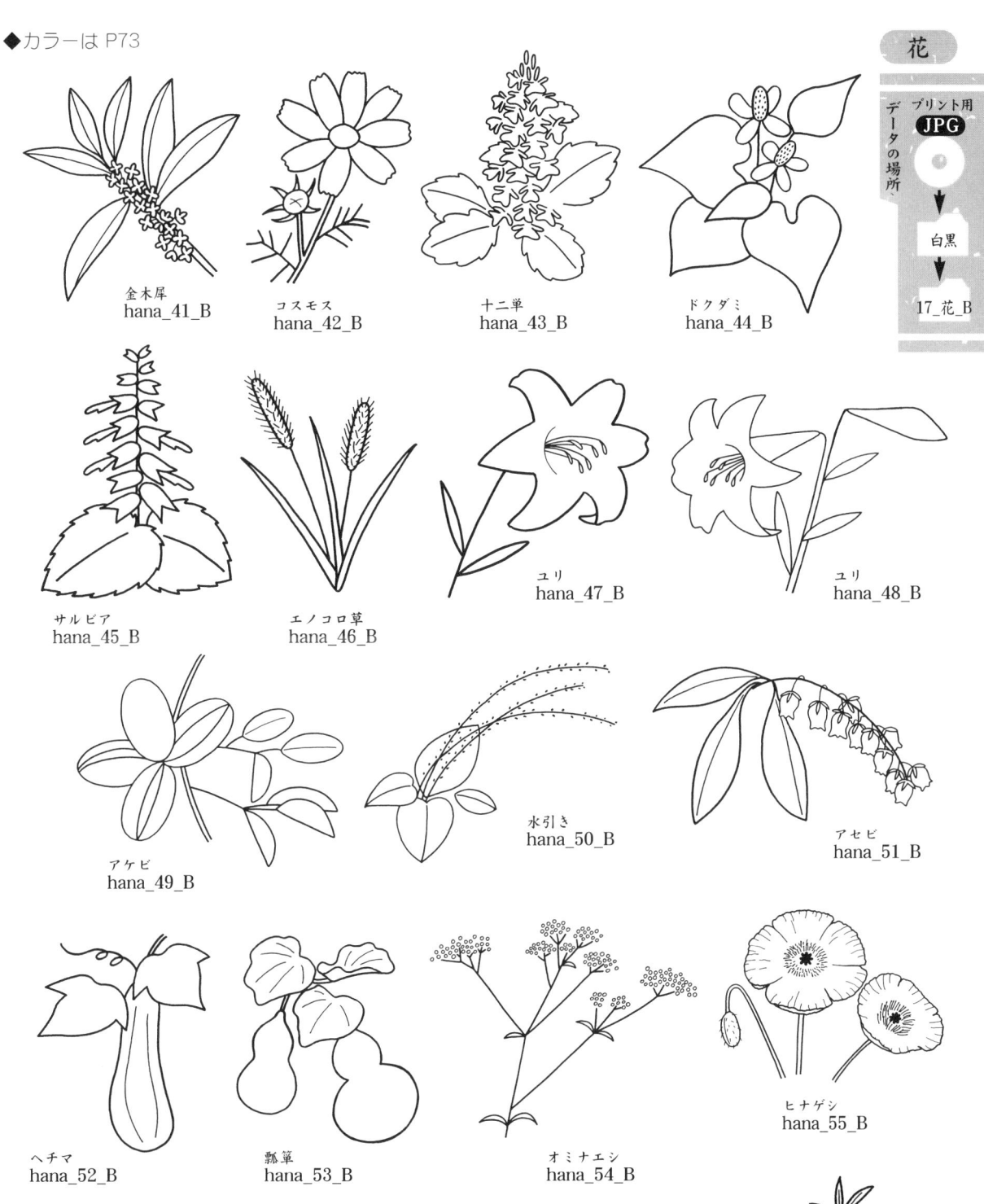

◆カラーは P73

花

プリント用 JPG
データの場所、
↓
白黒
↓
17_花_B

金木犀
hana_41_B

コスモス
hana_42_B

十二単
hana_43_B

ドクダミ
hana_44_B

サルビア
hana_45_B

エノコロ草
hana_46_B

ユリ
hana_47_B

ユリ
hana_48_B

アケビ
hana_49_B

水引き
hana_50_B

アセビ
hana_51_B

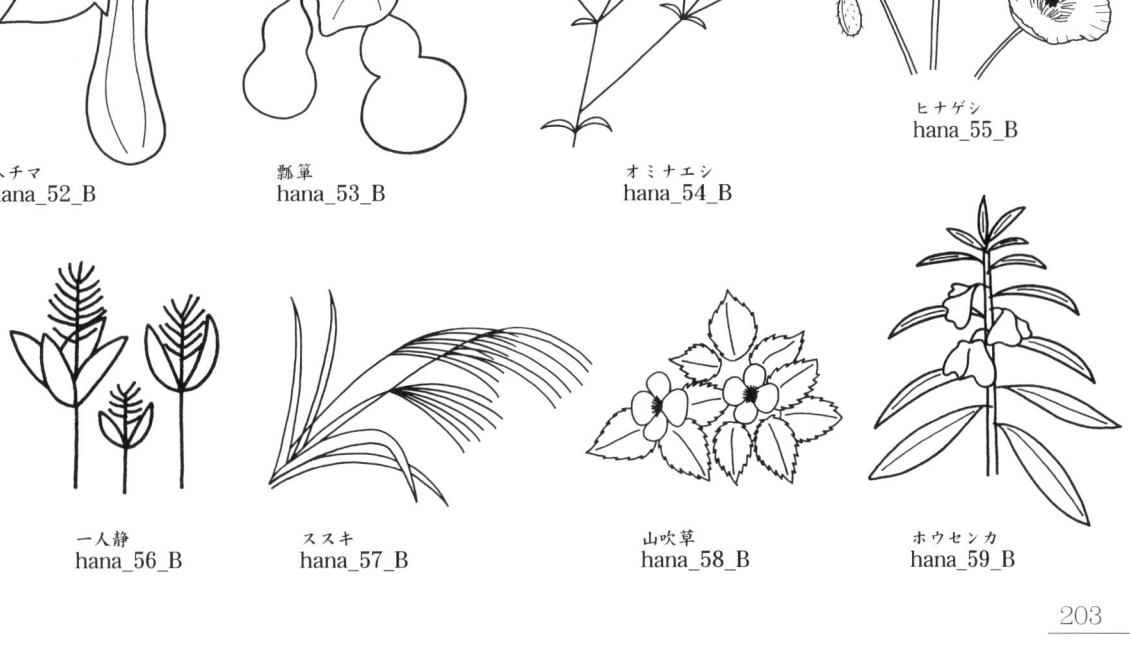

ヘチマ
hana_52_B

瓢箪
hana_53_B

オミナエシ
hana_54_B

ヒナゲシ
hana_55_B

一人静
hana_56_B

ススキ
hana_57_B

山吹草
hana_58_B

ホウセンカ
hana_59_B

203

祝 長寿祝い／誕生祝い ◆カラーは P74

iwai_01_B
iwai_02_B 
iwai_03_B 
iwai_04_B 
iwai_05_B 

賀寿祝い
iwai_06_B

iwai_07_B
iwai_08_B
iwai_09_B  
iwai_10_B

還暦 60 — iwai_11_B 
古希 70 — iwai_12_B 
喜寿 77 — iwai_13_B 
傘寿 80 — iwai_14_B 
米寿 88 — iwai_15_B

卒寿 90 — iwai_16_B 
白寿 99 — iwai_17_B 
百寿 100 — iwai_18_B 
百一賀 101 — iwai_19_B 
茶寿 108 — iwai_20_B

珍寿 110 — iwai_21_B 
皇寿 111 — iwai_22_B 
大還暦 120 — iwai_23_B 
長寿 — iwai_24_B 
賀寿 — iwai_25_B

◆カラーは P74-75　　　　　　　　　　　　　　　　長寿祝い／誕生祝い　　祝

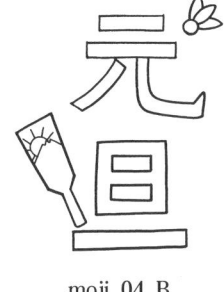

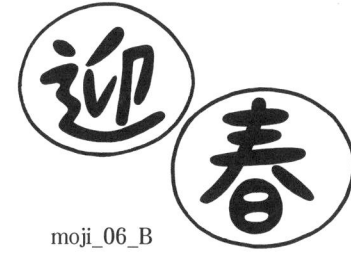

※半寿は傘寿と同じ80才

| 還暦 | 古希 | 喜寿 | 半寿 | 米寿 | 卒寿 |
|---|---|---|---|---|---|
| iwai_26_B | iwai_27_B | iwai_28_B | iwai_29_B | iwai_30_B | iwai_31_B |
| 白寿 | 百寿 | 百二賀 | 茶寿 | 珍寿 | 皇寿 |
| iwai_32_B | iwai_33_B | iwai_34_B | iwai_35_B | iwai_36_B | iwai_37_B |

プリント用 JPG → 白黒 → 18_祝_B

年賀／クリスマス　　文字

moji_01_B　あけましておめでとうございます

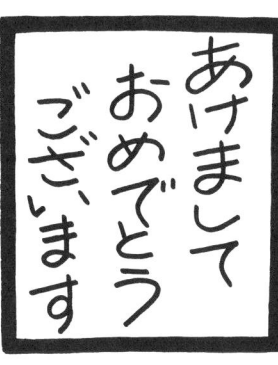

moji_02_B　明けましておめでとうございます

moji_03_B　賀正

プリント用 JPG → 白黒 → 19_文字_B

moji_04_B　元旦

moji_05_B　賀正

moji_06_B　迎春

moji_07_B　謹賀新年

moji_08_B　初春

moji_09_B　Merry Xmas

moji_10_B　Merry Xmas

205

# 文字 — 暑中・寒中お見舞い／タイトル文字

寒中お見舞い申し上げます
moji_11_B

残暑御見舞申し上げます
moji_12_B

暑中御見舞申し上げます
moji_13_B

ボランティア
moji_14_B

ボランティア
moji_15_B

おしらせ
moji_16_B

ニュース
moji_17_B

おしらせ
moji_18_B

ニュース
moji_19_B

おしらせ
moji_20_B

おしらせ
moji_21_B

だより
moji_22_B

◆カラーは P75

タイトル文字　**文字**

たより
moji_23_B

たより
moji_24_B

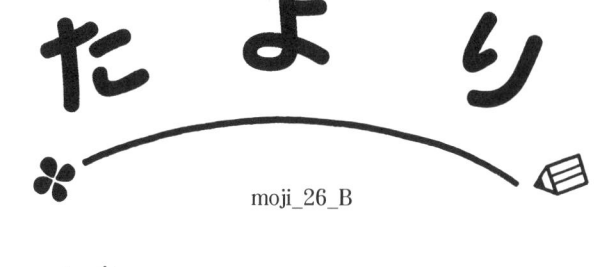

だより
moji_27_B

だより
moji_28_B

たより
moji_25_B

たより
moji_26_B

だより
moji_29_B

行事
moji_31_B

行　　事
moji_30_B

今月の行事
moji_32_B

今月の行事
moji_33_B

職員紹介
moji_34_B

職員
moji_35_B

207

| 罫 | ミニ囲み罫（名札などに） | ◆カラーは P76

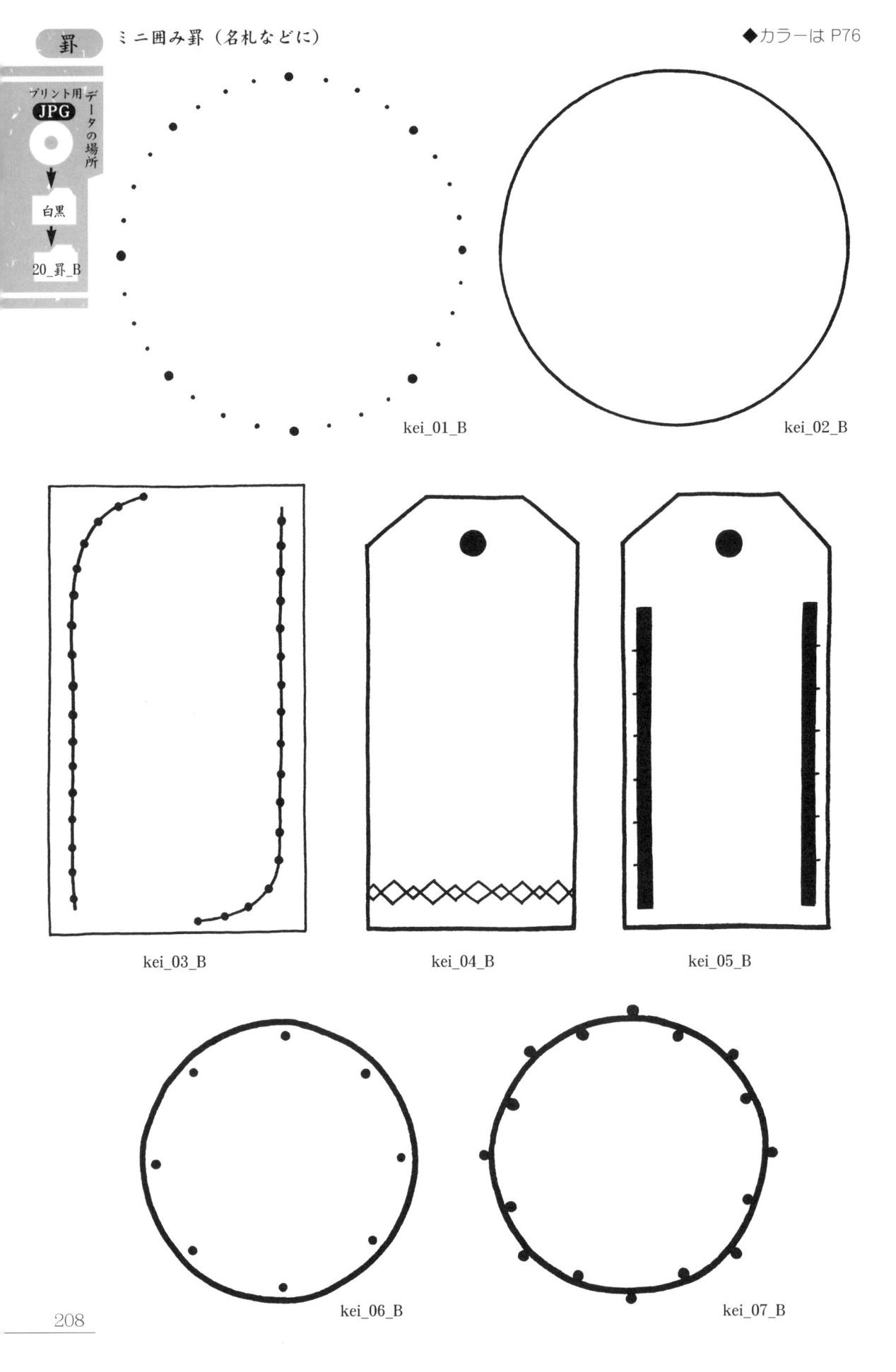

プリント用データの場所
JPG
↓
白黒
↓
20_罫_B

kei_01_B

kei_02_B

kei_03_B

kei_04_B

kei_05_B

kei_06_B

kei_07_B

◆カラーは P76-77

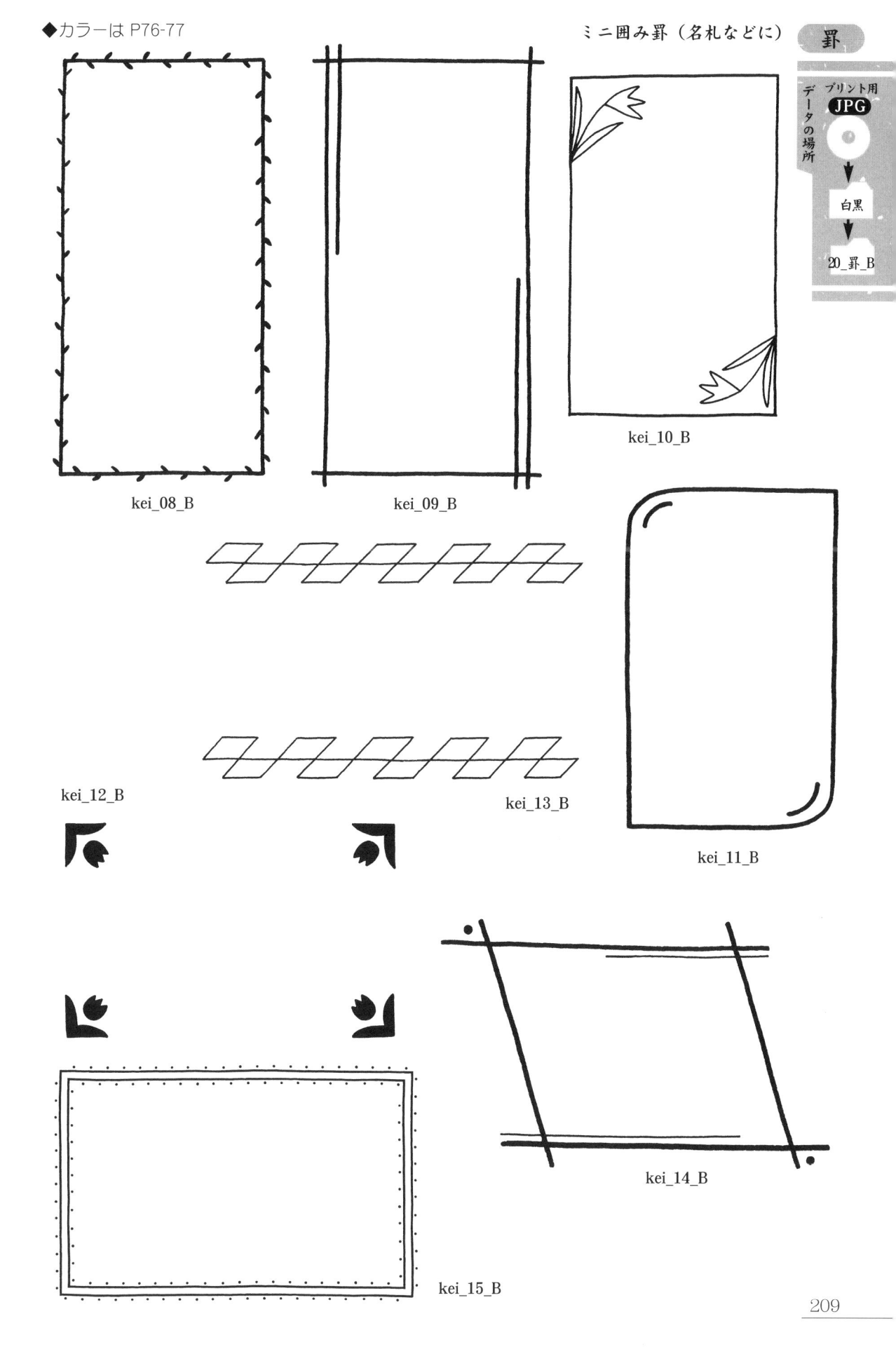

ミニ囲み罫（名札などに） 罫

データの場所 プリント用 JPG → 白黒 → 20_罫_B

kei_08_B

kei_09_B

kei_10_B

kei_12_B

kei_13_B

kei_11_B

kei_14_B

kei_15_B

209

罫　ミニ囲み罫（名札などに）　　　◆カラーは P77

プリント用データの場所
JPG
↓
白黒
↓
20_罫_B

kei_16_B

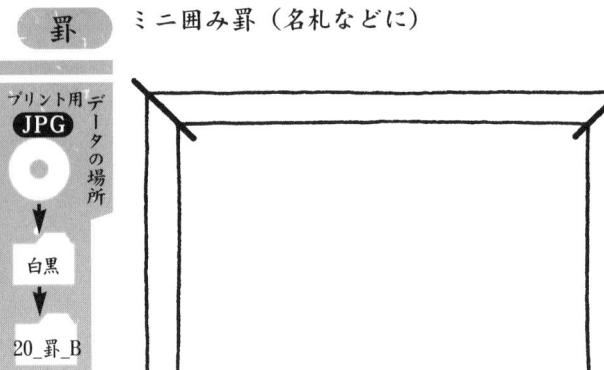

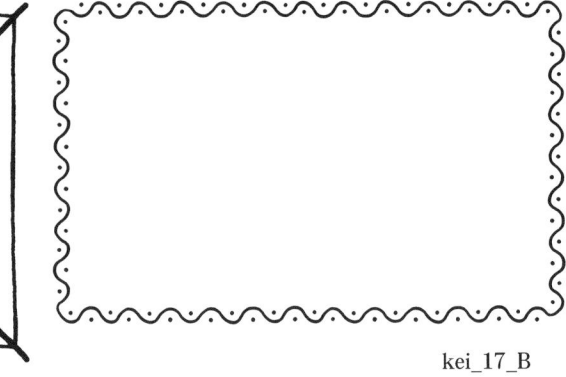

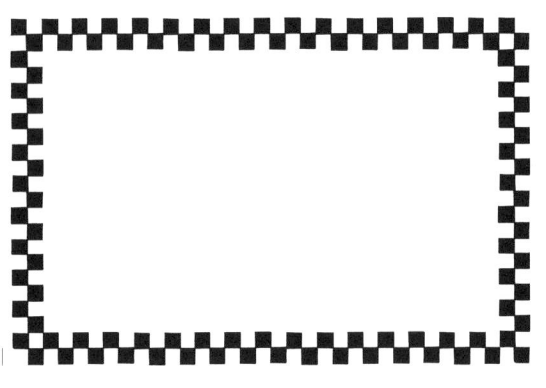

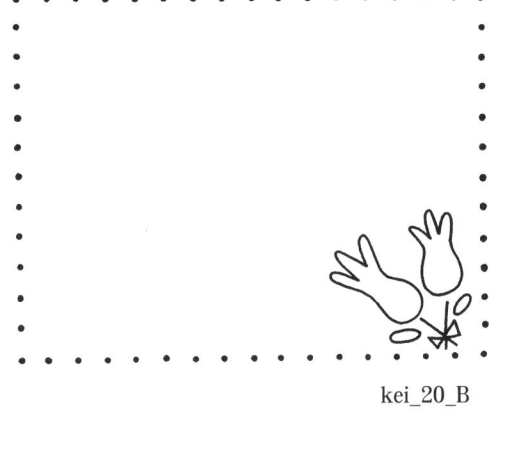

kei_17_B

kei_18_B

kei_19_B

kei_20_B

kei_21_B

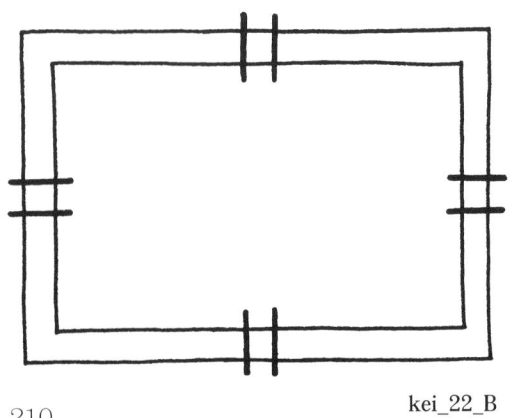

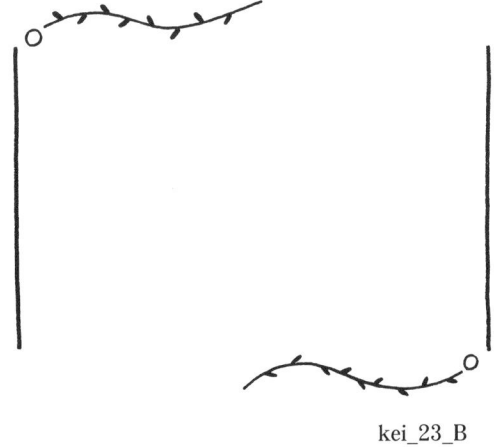

kei_22_B

kei_23_B

◆カラーは P77　　　ミニ囲み罫（名札などに）／飾り罫　罫

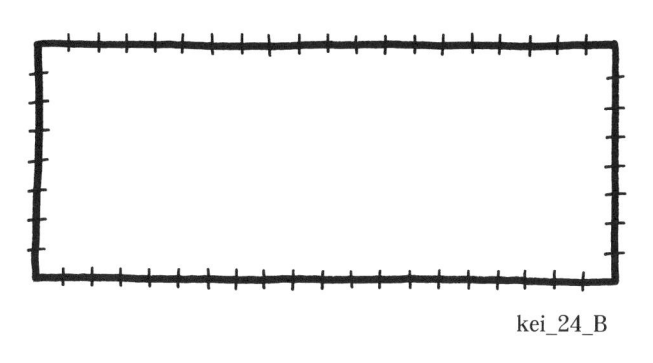

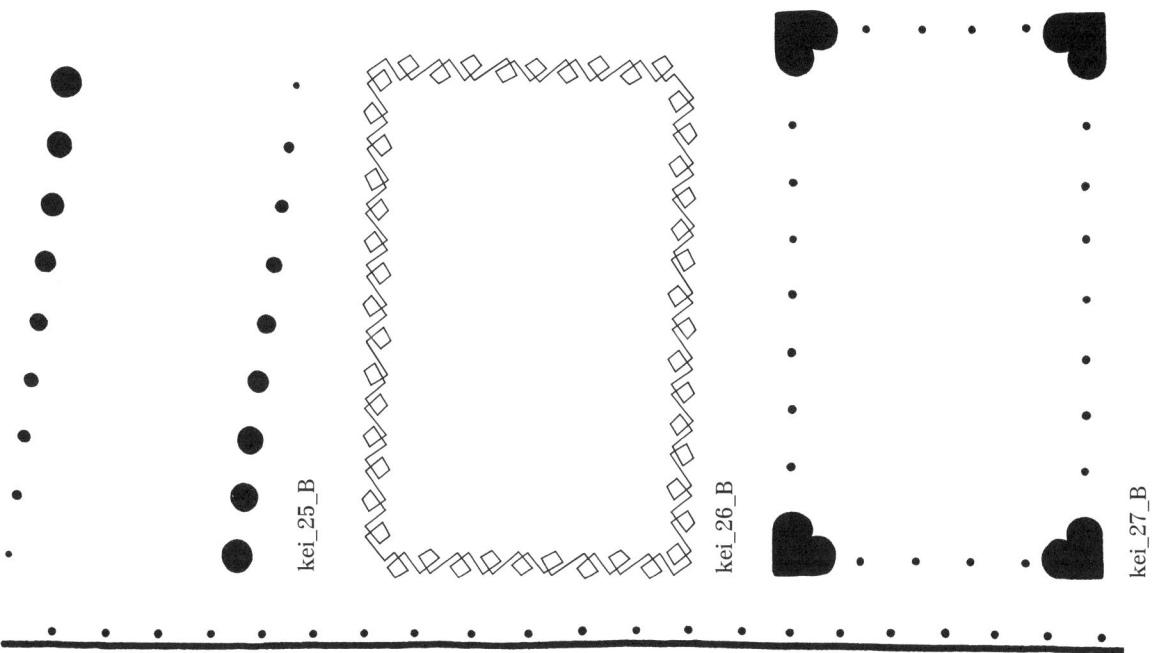

プリント用 JPG
データの場所
↓
白黒
↓
20_罫_B

kei_24_B

kei_25_B

kei_26_B

kei_27_B

kei_28_B

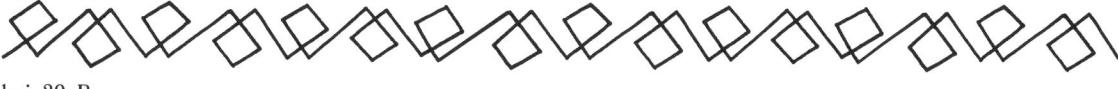

kei_29_B

kei_30_B

kei_31_B

kei_32_B

kei_33_B

罫　万能罫（何にでも使える囲み罫と飾り罫）　◆カラーはP78

プリント用 JPG
データの場所
白黒
↓
20_罫_B

★縦長・横長共通
Lサイズ…kei_34b_B
Sサイズ…kei_34c_B

kei_34a_B

★縦長・横長共通
Lサイズ…kei_35b_B
Sサイズ…kei_35c_B

kei_35a_B

◆カラーは P78

万能罫（何にでも使える囲み罫と飾り罫）

★縦長・横長共通
Lサイズ…kei_36b_B
Sサイズ…kei_36c_B

kei_36a_B

★縦長・横長共通
Lサイズ…kei_37b_B
Sサイズ…kei_37c_B

kei_37a_B

# 罫　万能罫（何にでも使える囲み罫と飾り罫）

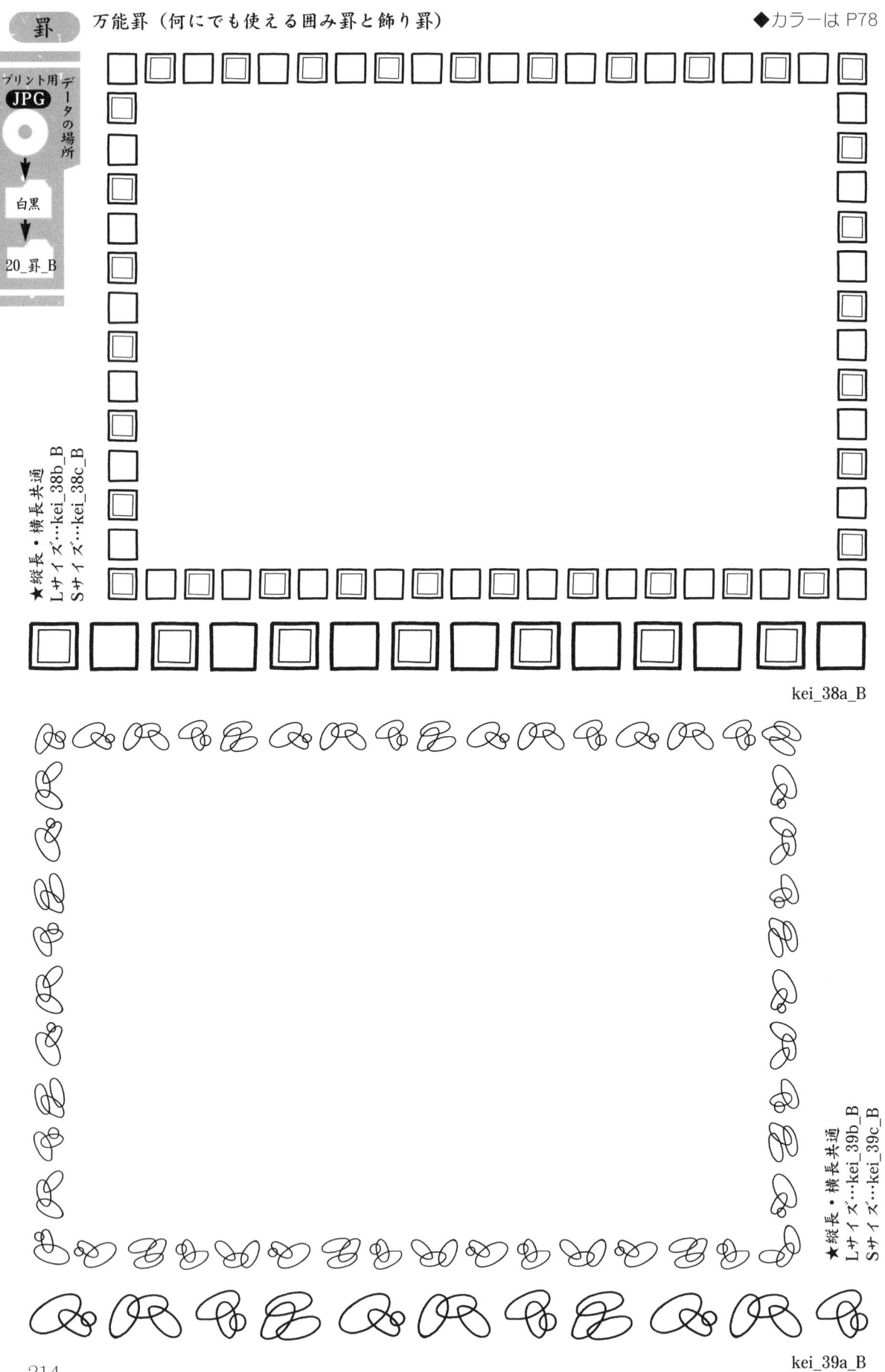

◆カラーは P78

★縦長・横長共通
Lサイズ…kei_38b_B
Sサイズ…kei_38c_B

kei_38a_B

★縦長・横長共通
Lサイズ…kei_39b_B
Sサイズ…kei_39c_B

kei_39a_B

◆カラーは P79　　　　　　　　　　　万能罫（何にでも使える囲み罫と飾り罫）　　罫

データの場所
プリント用 JPG
↓
白黒
↓
20_罫_B

★縦長・横長共通
Lサイズ…kei_40b_B
Sサイズ…kei_40c_B

kei_40a_B

★縦長・横長共通
Lサイズ…kei_41b_B
Sサイズ…kei_41c_B

kei_41a_B

215

| 罫 | 万能罫（何にでも使える囲み罫と飾り罫） | ◆カラーは P79

プリント用 JPG データの場所
白黒
20_罫_B

★縦長・横長共通
Lサイズ…kei_42b_B
Sサイズ…kei_42c_B

kei_42a_B

★縦長・横長共通
Lサイズ…kei_43b_B
Sサイズ…kei_43c_B

kei_43a_B

◆カラーは P79　　　万能罫（何にでも使える囲み罫と飾り罫）

プリント用データの場所　JPG → 白黒 → 20_罫_B

★縦長・横長共通　Lサイズ…kei_44b_B　Sサイズ…kei_44c_B

kei_44a_B

★縦長・横長共通　Lサイズ…kei_45b_B　Sサイズ…kei_45c_B

kei_45a_B

| 罫 | 万能罫（何にでも使える囲み罫と飾り罫） | ◆カラーは P80

プリント用 JPG データの場所
↓
白黒
↓
20_罫_B

★縦長・横長共通
Lサイズ…kei_46b_B
Sサイズ…kei_46c_B

kei_46a_B

★縦長・横長共通
Lサイズ…kei_47b_B
Sサイズ…kei_47c_B

kei_47a_B

◆カラーは P80　　　　　　　　万能罫（何にでも使える囲み罫と飾り罫）　　罫

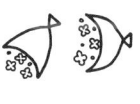

プリント用 JPG
データの場所
白黒
20_罫_B

★縦長
Lサイズ kei_48b_B
Sサイズ kei_48c_B

★横長
Lサイズ kei_48d_B
Sサイズ kei_48e_B

kei_48a_B

# 罫

**万能罫（何にでも使える囲み罫と飾り罫）** ◆カラーはP80

★縦長
Lサイズ…kei_49b_B
Sサイズ…kei_49c_B

★横長
Lサイズ…kei_49d_B
Sサイズ…kei_49e_B

kei_49a_B

◆カラーは P80　　　　　万能罫（何にでも使える囲み罫と飾り罫）

罫

データの場所　プリント用 JPG → 白黒 → 20_罫_B

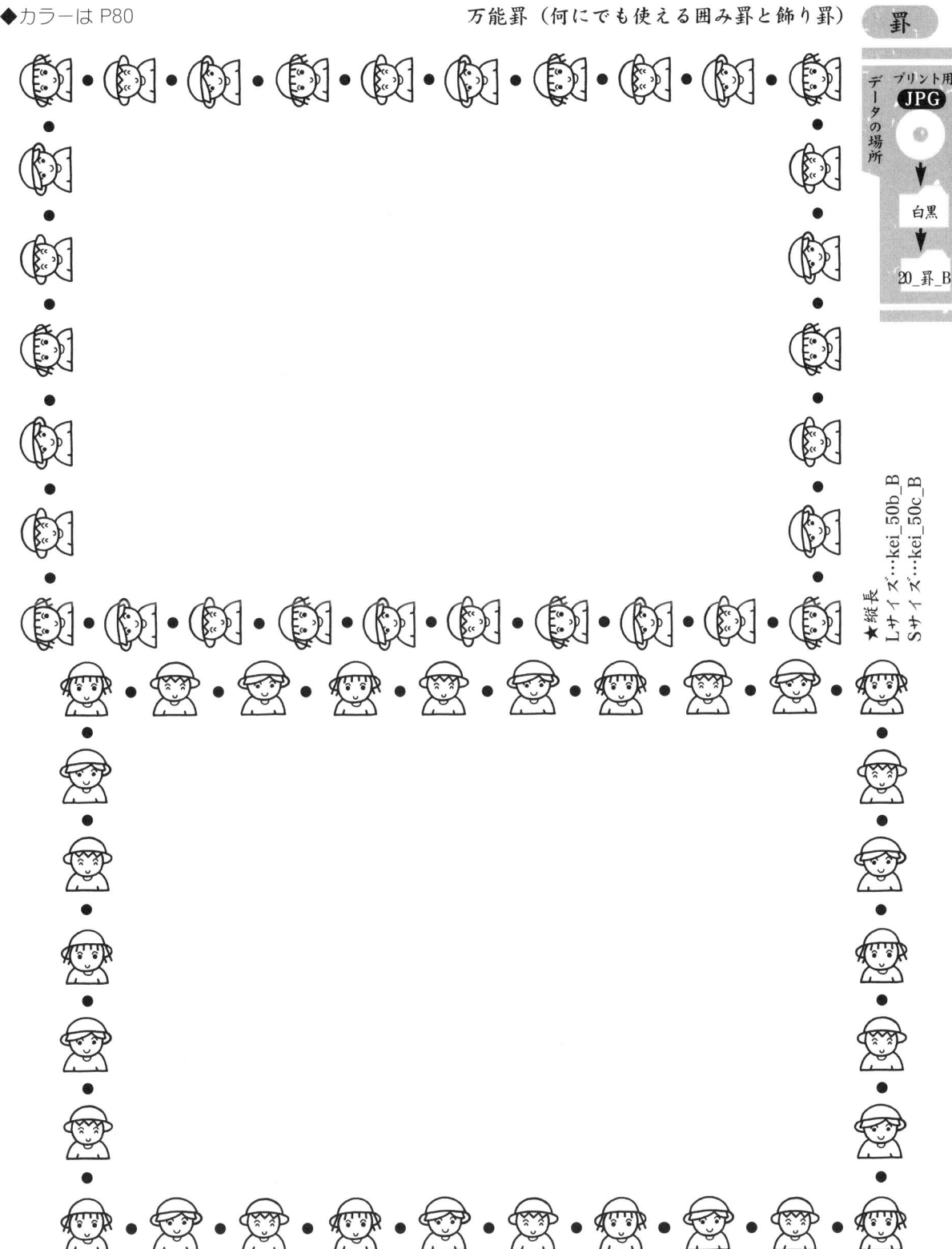

★縦長
Lサイズ…kei_50b_B
Sサイズ…kei_50c_B

★横長
Lサイズ…kei_50d_B
Sサイズ…kei_50e_B

kei_50a_B

塗り絵

◆カラーはありません

プリント用 JPG データの場所
→ 白黒
→ 21_塗り絵

★縦長
Lサイズ…nurie_1a
Sサイズ…nurie_1b

★縦長
Lサイズ…nurie_2a
Sサイズ…nurie_2b

◆カラーはありません

塗り絵

プリント用データの場所
JPG
↓
白黒
↓
21_塗り絵

★横長
Lサイズ…nurie_3a
Sサイズ…nurie_3b

★横長
Lサイズ…nurie_4a
Sサイズ…nurie_4b

223

## 佐久間ちかこ （Chikako Sakuma）

東京都三鷹市に生まれる。
イラストレーター、幼稚園教諭。
高齢者施設でボランティア活動も行っている。
子どもの頃から本の挿絵、キャラクターグッズに興味があり、同じように描いてみたり、オリジナルを考えて描いたりして楽しんでいた。
幼稚園教諭になり、いろいろな絵本に触れることで絵本が好きになる。
自らも「西武コミュニティーカレッジ・絵本創作ワークショップ」、「あとさき塾」で学び、絵本の創作活動も続けている。

「保育者とお母さんのための楽しい保育CD-ROM」（著）マール社
「Piccolo」学研　デザイン協力
保育者のための定期購読誌「幼稚園じほう」表紙デザイン
子どもサポータグッズ　イラストアイディア提供
Tシャツデザイン

### 使用許諾について

本製品の画像データはご自由にお使いいただくことができますが、本製品を利用しての出力サービスや、画像データそのものを主体とした製品の販売はできません。

### ソフトの解説について

本書ではCD-ROMの使い方を説明するにあたり、ソフトの解説を掲載していますが、ソフトの解説を目的とした本ではありません。ソフトについてのご質問にはお答えしかねますのでご了承ください。

---

高齢者の介護・地域活動に使える
**福祉イラストカット CD-ROM**

2007年 3月20日　第 1 刷発行
2013年 2月20日　第 4 刷発行

著　　者　　佐久間ちかこ
発 行 者　　山崎 正夫
印刷・製本　図書印刷株式会社
発 行 所　　株式会社マール社
　　　　　〒113-0033
　　　　　東京都文京区本郷 1-20-9
　　　　　TEL:03-3812-5437
　　　　　FAX:03-3814-8872
　　　　　http://www.maar.com/

ISBN978-4-8373-0757-0 Printed in Japan
©Chikako Sakuma 2007
乱丁・落丁の場合はお取り替えいたします。

■協力
　高齢者在宅サービスセンター
　「上井草ふれあいの家」
　社団法人
　東久留米市シルバー人材センター

■装丁
　小南真由美

■企画・編集
　角倉一枝（マール社）

※Microsoft® Windows®・Microsoft® Word®はマイクロソフト社の登録商標です。

※Macintosh®はアップル社の登録商標です。